제5판

Introduction to Hotel Management

호텔경영의 이해

이 정 학 저

기문사
www.kimoonsa.co.kr

머리말 - 제5판

「호텔경영의 이해」 제1판과 4판은 독자들로부터 기존의 교과서와는 차별화되었고, 실무에 도움이 되었다는 호평이 있었다. 우선 본서에 관심을 가져주신 모든 분들에게 본 지면을 통하여 감사의 말씀을 드리고자 한다. 제3판은 수정과 보완을 통하여 보다 완성도를 높였다. 본서 「호텔경영의 이해」 제4판을 출간하게 된 배경은 호텔관련 법규가 변경되었고, 호텔발전사에 대한 새로운 문헌의 등장으로 인하여 그에 대한 수정 및 보완이 요구되었기 때문이다. 제5판의 특징은 다음과 같다.

첫째, 관광진흥법 상에 변경된 관련법규를 수용하였다.
둘째, 기존의 내용을 수정 및 보완을 하여 완성도를 높였다.
셋째, 사례와 예제를 적절하게 곁들여 이해를 도왔다.
넷째, 호텔의 부서별 실무 매뉴얼로써 현장감을 살렸다.
다섯째, 각 장의 맨 끝에 호텔관련 자격증(호텔서비스사, 호텔관리사, 호텔경영사) 시험대비용 연습문제를 수록하였다.

또 한번 본서가 많은 독자들에게 사랑을 받길 바라며, 미래의 호텔리어(hotelier)를 꿈꾸는 학도들에게 도움이 되었으면 한다. 그리고 「호텔경영의 이해」를 지속적으로 출간하도록 도와주신 기문사 사장님 이하 직원들에게도 고마움을 표하고 싶다.

2018년 2월

연구실에서 저자 씀

- 차 례 -

제1장

호텔의 발전사

1. 고대 및 중세 숙박업 발전사
2. 근대 숙박업 발전사
3. 현대 호텔의 발전사
4. 한국의 호텔 발전사

호텔경영의 이해

제 1 장 호텔의 발전사

1 고대 및 중세 숙박업 발전사

초기 인류의 이동은 생존을 위한 필수였지만 시대적 · 사회적 변화에 따라 이동의 목적 · 범위 등이 다양한 행동양식으로 나타나면서 일시적으로 머물 수 있는 공간이 필요하게 되었다. 즉, 인간이 자신의 거주지를 떠나 돌아올 목적으로 이동이나 여행을 하면서 숙박의 기원이 시작되었다고 볼 수 있다. 그러나 이들의 이동에 따른 숙박은 생존을 위한 것으로 상업적 목적의 숙박시설을 사용한 것은 아니었다.

1.1 고대 그리스 시대(기원전 900년~200년경)

초기에는 신전참배를 위한 종교적 목적의 여행이 성행하여 주로 민박이나 신전을 이용하였지만, 기원전 776년 고대 아테네에서 개최된 고대 올림픽의 경우 선수는 물론 관광객이 대거 참가하게 되어 이들을 수용하기 위한 유료의 상업적인 숙박시설이 있었을 것으로 추측된다. 그 후 고대 이집트나 그리스시대에는 도시 사이를 연결하는 교통의 요지에 포장마차 형식의 이동식 숙박시설 형태인 캐러밴(caravan)이 등장하였고, 고대 중동지역 실크로드에는 캐러밴서리(caravansary)라는 상인들의 숙소가 있었는데, 중앙의 광장을 중심으로 숙박시설이 들어서 있는 형태였다. 이때부터 상업적 숙박시설이 본격화되었다.

캐러밴서리(caravansary)

1.2 고대 로마시대(기원전 500년~서기 300년경)

고대 로마 폼페이 유적 중 아치형 숙박시설로 추정되는 건물의 형태가 발견된 점으로 보아 상업적인 숙박시설이 있었음을 알 수 있고, 장거리 여행자를 위하여 당시에는 우체국(post house)으로 불렸던 숙박시설이 있었으며, 맨션(mansion)이라는 숙박시설은 상류층과 공용으로 출장을 다니는 관리 등이 이용하였다. 그리고 고대 로마시대에는 귀족과 부유층을 중심으로 식도락 여행을 즐겼는데, 이들이 비만해지면서 요양목적의 온천여행을 하였으므로 온천지역을 중심으로 숙박업이 발달하게 되었다.

이와 같이 고대 사회의 숙박업은 고대 그리스와 로마를 중심으로 공용, 상용, 요양목적의 여행자를 위한 숙박시설이 발달하였음을 알 수 있다.

1.3 중세 숙박업 발전사

로마제국 멸망 후 약 1000년간은 암흑의 시대(The Dark Age)라고 부른다. 이 시기에는 사람들의 가치관이나 생활양식이 종교의 영향력에 지배되었기 때문에 여행이나 세속적인 향락이 금지되었고, 오직 종교순례자들의 종교여행만이 주를 이루었으므로 숙박시설은 발달하지 못했다. 당시 순례자들의 숙박 장소로는 교회나 수도원이 사용되었다. 특히 "알베르게(Albergue)"라는 순례자를 위한 숙소가 있었는데, 대피소 및 간이 병원 역할도 하였다. 오늘날에도 알베르게는 스페인 등지에서 여행객들을 위한 호스텔(hostel), 게스트 하우스(guest house)와 같은 숙소의 명칭으로 사용하고 있다.

그러나 중세 후반 1200년대 말에는 동서양의 통상무역 및 문화교류가 확대되어 이들을 수용할 수 있는 "인(inn)"이라는 숙박시설이 등장하여 근대 숙박업의 기초를 제공하였다.

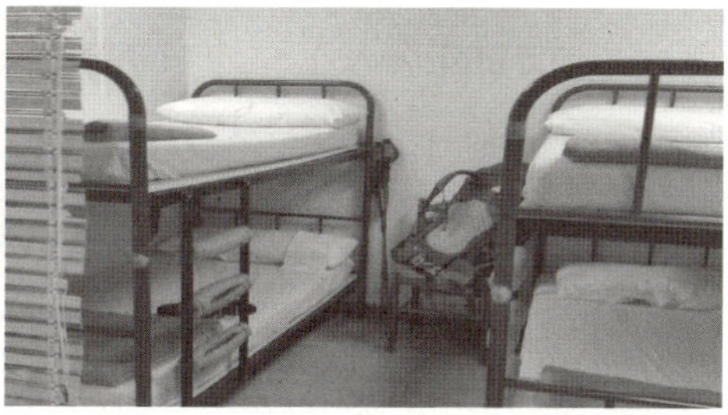

➔ 오늘날의 알베르게(Albergue)

2 근대 숙박업 발전사

2.1 인(inn)의 시대

14세기 초에 출간된 마르코 폴로의 동방견문록은 동방에 대한 호기심을 자극하였고, 이후 인도 항로의 발견, 아메리카 대륙의 발견, 마젤란의 세계 일주와 포르투갈과 에스파냐를 비롯한 유럽제국들의 해상을 통한 식민지 건설을 위한 신항로개척 및 중상주의 정책은 상업여행을 활발하게 하였다.

18세기 중반에 시작된 산업혁명은 증기선, 기차 등 교통수단의 발달로 인하여 관광여행을 보다 용이하게 만들었으며, 르네상스(문예부흥기)를 맞아 18~19세기에는 괴테를 비롯한 당시의 저명한 작가와 사상가들이 유럽대륙을 여행하면서 집필한 작품이 여행의 자극제가 되어 1613년~1785년 사이에는 유럽의 귀족 및 문예가들 사이에는 지식과 견문을 넓히고자 유럽의 여러 나라를 여행하는 것이 유행이었는데 이를 교양관광(Grand Tour)의 시대라고 부르며, 이 시기를 '여행의 황금시대(The Golden Age Travel)' 라고 일컫는다. 이때 사용된 숙박시설은 여인숙 또는 작은 여관이라고 할 수 있는 인(inn), 그리고 선술집에 숙박시설을 갖춘 형태의 터번(tavern) 등이었으며, 숙박시설의 기본 기능인 수면, 음식, 생명 및 재산보호를 위한 안전 등 최저 필요조건만 갖추어 놓은 형태였다.

2.2 근대 호텔의 출현

오늘날과 같은 기업의 형태로 호텔이 등장하게 된 것은 18세기 중엽 이후부터인데 영국의 산업혁명이 계기가 되어 인구가 도시에 집중하고, 철도와 기선 등의 교통수단이 발달하여 여행자 수가 급증하였기 때문이다. 특히 1841년에는 영국인 토마스 쿡(Thomas Cook)은 금주동맹의 대회에 참가하는 신도들을 모아 레이체스터(Leicester)에서 루부로(Loughborough)까지 왕복 기차여행을 제공하는 단체 대절열차의 운행을 시도하여 성공했는데 이러한 대량여행은 근대 호텔의 대량화를 가져오게 하는 계기가 되었다.

세계 최초의 호텔은 1794년에 건립된 미국의 시티호텔(City Hotel)이며, 오늘날 개념의 호텔 시초는 19세기 초 독일의 바덴바덴에 건립된 바디쉬호프(Badisch Hof) 호텔이다. 그리고 1829년에는 170개의 객실을 갖춘 트레몬트 하우스(Tremont House)가 미국의 보스톤에서 개관되었는데 호텔건축과 호텔경영의 모델을 제시하였다.

트레몬트 하우스가 최초로 실시한 호텔경영 기법

- 벨보이 제도 도입
- 객실에 개인욕조 설치
- 개인전용 객실 키
- 호텔간부채용 및 직원교육
- 싱글베드와 더블베드 사용
- 객실용 전화기 설치
- 객실 내 물주전자 제공

2.3 호화 호텔(Grand Hotel)의 시대

19세기 유럽에서는 왕정이 공화정으로 바뀌고 귀족세력이 점진적으로 붕괴되면서 사교모임이 궁전에서 밖으로 옮겨졌는데 새롭게 사교장으로 등장한 곳이 호텔이었다. 당시 호텔의 주요 고객은 왕족이나 귀족이었으므로 호텔의 건물 외관뿐만 아니라 가구, 인테리어, 기물, 직원들의 복장 등도 호화로울 수밖에 없었다. 이 시대의 대표적인 호텔은 1850년 파리에 건립된 그랜드호텔(Grand Hotel)이다. 호화 호텔의 시대를 'Grand Hotel의 시대' 라고 명명하는 것도 바로 이 그랜드호텔이 호화성의 성격을 잘 반영해주기 때문이다.

호화 호텔 시대의 대표적인 호텔 경영자(Hotelier)는 리츠(Cesar Ritz : 1850~1918)였다. 15세부터 호텔업계에 투신한 리츠가 호텔경영에 성공을 거두게 된 계기는 당대 최고의 요리사 에스코피에르(Escoffier)를 만남이었다. 이들은 사보이 호텔에서 함께 일하며 전성기를 맞이하였고, 1897년 호텔 리츠를 파리에 개업하면서 대성공을 거두었으며, 1899년에는 영국에 칼튼 호텔(Carlton Hotel)을 건립하였다. 이후 1902년에는 Ritz Development Company를 설립하여 파리, 런던, 마드리드 그리고 리스본에 리츠호텔 경영체인화를 추구하였는데 다소 원시적인 형태이지만 최초의 체인경영 호텔을 구성하게 되었다.

리츠의 호텔경영 방식과 성공요인

- "고객은 항상 옳다"(Guest is always right)라는 경영이념 하에 모든 초점을 고객에 맞추었다.
- 요리의 황제라고 불리는 에스코피에르와의 만남으로 인하여 호텔요리를 고급화하였다.
- 당시 법률로 금지되었던 일요일의 영업을 가능하게 하였고 부부동반으로 외식하는 풍조를 창조하였다.
- 고급호텔을 지향하고 유명인사를 접대하여 경영효율을 기하였다.
- 호텔경영을 소유와 경영의 분리를 통하여 전문성을 강조하고 체인화를 도모하였다.

리츠의 호텔경영 한계

- 소유와 경영은 분리되었지만 소유자의 자본투자에 대하여 경영자로서 책임을 다하지 못하였다. 즉 당시 호텔의 소유는 귀족의 전유물이었고 소유 그 자체가 상징이었지만 경영자는 이익창출을 위한 노력이 있어야 하는 것이다.
- 직원에게 적절한 대우를 해주지 못했다. 즉 호화 고객의 비위를 맞추는데 초점을 두었다.
- 호텔의 수요시장이 왕족과 귀족에 한정되어 일반 대중에게는 거리가 있었다.

2.4 상용 호텔(Commercial Hotel)의 시대

산업혁명 이후 경제활동의 활성화와 교통수단의 발달은 경제적 동기에서 비롯된 즉 상용여행의 증가를 가져오게 하였다. 20세기에 들어와서는 상용여행이 더욱 늘어났고 자연히 그들을 수용할 수 있는 저렴하고 쾌적한 숙박시설이 요구되었으며 미국을 중심으로 발전하게 되었다.

상용호텔이 호텔의 발상지인 유럽지역에서 크게 성장하지 못하고 신대륙인 미국에서 그 꽃을 피우게 된 이유는 유럽에서는 호텔을 귀족이나 부호의 전유물로 인식하였으나 미국에서는 지불능력만 있으면 누구든지 쉽게 이용할 수 있는 대중적인 것으로 간주하였기 때문이다. 또한 경영에서도 유럽은 격식을 중요시한 반면에 미국은 실용적인 사고에 의하여 합리적이고 진취적이었다. 따라서 호텔 요금 역시 유럽에 비해 훨씬 대중적이어서 여행을 자주 하는 미국인에게는 별 부담 없이 이용할 수 있었다.

미국에서 상용 호텔이 번성할 수 있었던 것은 대부분의 숙박고객의 목적이 상용 여행자였기 때문이다. 순수관광을 목적으로 하는 사람들은 친척이나 친구의 집, 별장, 캠프 등의 숙박시설을 주로 이용하였다. 오늘날 미국의 호텔산업은 지금도 상용고객을 주 타깃으로 경영을 하고 있다. 이와 같은 상용 호텔의 시대를 열게 한 사람은 '호텔의 황제 또는 왕' 이라고 불리는 스타틀러(Ellsworth Milton Statler : 1863~1928) 였다.

스타틀러는 13세 때 호텔 벨 보이(bell boy)부터 시작하여 1908년 미국의 버팔로에 300개의 객실과 욕실을 가진 당시로는 거대한 스타틀러 호텔을 탄생시켜 미국 호텔산업의 새로운 역사를 전개하였으며, 당시 "1.5달러에 욕실이 딸린 객실제공(A room and a bath for a dollar and a half)"이라는 슬로건을 통하여 호텔을 대중화시켰다. 이후 그는 미국의 클리브랜드, 디트로이트, 세인트루이스 등의 도시에서 1,000실 이상의 대규모 호텔을 건설하고 운영하여 큰 성공을 거두었고, 1929년 미국의 대공황 중에 전 미국의 85%의 호텔이 도산 상태에 빠졌지만 스타틀러 호텔사업은 계속 번창하였다. 그러나 1954년 스타틀러 호텔은 힐튼 호텔의 창시자 힐튼(Conrad N. Hilton)이 전부 인수함으로써 스타틀러 호텔시대는 막을 내리게 된다.

스타틀러의 호텔경영 방식이나 기법들은 오늘날에도 많은 부문에서 모델이 되고 있다. 예를 들면 ① 주방과 홀의 동선을 고려하여 홀에 서비스 스탠드 설치 ② 객실마다 전화기 설치 ③ 객실 내 독립조명 시설 ④ 타월을 사용한 후 계속 사용을 위해 욕실 거울 앞에 타월걸이 설치 ⑤ 객실에 신문 배부 등이 있다.

결국 스타틀러는 호텔경영의 목표를 3C(convenience : 편리, comfort : 안락, cleanness : 청결)에 두고, 양질의 서비스를 저렴한 가격으로 보다 많은 사람에게 제공하고자 노력하여 성공을 거두었다.

스타틀러의 호텔경영 성공요인

- 리츠와는 달리 적정한 요금으로 호텔이용의 대중화를 유도하였다.
- 테일러의 과학적 관리기법을 도입하여 업무의 표준화, 능률화, 합리화를 추구하였고, 경영이념을 편리성, 쾌적성, 가격의 타당성에 두었다.
- 호텔 건설 투자 시 계획단계에서부터 수익성을 고려하였다.
- 저가격을 실현하기 위하여 비용절감 노력을 하였다. 즉 박리다매와 체인의 장점을 살렸다.

[표 1-1] 근대 주요 호텔의 연대기

연도	호텔명	국가	특징
1794년	시티호텔(City Hotel)	미국	최초의 호텔
1800년대초	바디쉬호프(Badisch Hof)	독일	오늘날 개념의 호텔 시초
1829년	트레몬트 하우스 (Tremont House)	미국	호텔건축과 호텔경영의 모델 제시
1850년	그랑호텔 (Le Grand Hotel)	프랑스	회사조직에 의한 최초의 근대 호텔 출현. 이 호텔의 명칭은 오늘날에도 세계 각지에서 고급 호텔의 대명사로 사용되고 있다.
1889년	사보이호텔 (The Savoy Hotel)	영국	고급호텔의 창시자 리츠와 당시 위대한 요리사인 에스꼬피에와 공동으로 경영한 호텔. 욕실이 딸린 70개의 객실을 보유한 이 호텔은 당시 법률로 금지된 일요일에도 디너 서비스를 했으며 레스토랑에서는 정장을 의무화하였고 여성을 동반하지 않은 고객은 거절하기도 하였다.
1897년	리츠호텔(Ritz Hotel)	프랑스	호텔 서비스와 발전에 많은 영향을 주었고 현재까지도 유명하게 된 계기가 됨
1897년	월돌프 아스토리아호텔 (Waldolf-Astoria Hotel)	미국	당시 1000실(욕실이 딸린 룸은 765실)로 세계 제일의 규모와 호화로움을 자랑하였으나 이후 힐튼 체인에 인수되었음(현재는 50층 규모에 1900실)
1899년	칼튼호텔(The Carton)	영국	영국에서는 처음으로 전 객실에 욕실이 딸린 고급 호텔
1908년	버팔로 스타틀러 호텔 (Buffalo Statler Hotel)	미국	미국 최초로 전 객실 300실에 욕실완비, 당시 1달러 반으로 욕실이 딸린 객실 제공이라는 파격적인 가격제시로 대성공을 거둠
1920년	리츠칼튼호텔 (The Ritz-Carlton)	미국	최초의 프랜차이즈에 의한 체인호텔. 오늘날까지 고급호텔로 명맥유지

※ 자료 : 각종 자료를 참고하여 저자 작성

3 현대 호텔의 발전사

3.1 현대 호텔 발전사의 특징

최근 30년간의 세계경제 흐름은 세계화 추세에 따라 각 기업들은 국제화를 도모하고, 기업의 형태도 다국적화 및 경영다각화를 추구하게 되었으며, 국제 간 투자도 활발히 진행되었다. 관광산업의 한 축을 담당하고 있는 호텔산업 역시 이러한 흐름 속에 국제 간 호텔경영기술의 교류 및 체인화, 경영다각화 및 CRS(Computerized Reservation System) 등을 통하여 지구촌을 하나의 서비스 네트워크(net-works)로 만들었다. 따라서 2차 세계대전 이후 현대 호텔경영의 특징은 ① 체인화 ② 경영다각화 ③ CRS의 운용 등으로 요약된다.

체인화 미국을 중심으로 인수 · 합병과 프랜차이즈를 통한 대규모 호텔 체인망이 형성하게 된 이유는 ① 미국의 호텔산업은 1920년대에 호텔 건설 붐을 맞이하였으나 대공황 이후 호텔업계가 도산하여 매입할 수 있는 호텔이 많았기 때문이고 ② 쉐라톤의 창시자 헨더슨(Ernest Henderson)과 힐튼의 창시자 힐튼(Conrad N. Hilton) 등이 금융업과 부동산업에 정통하여 인수 · 합병을 통한 호텔사업을 추구하여 성공을 거두자 타 호텔사업자들도 이에 영향을 받았으며 ③ 결국 체인호텔은 단독호텔보다 비용절감의 이점 및 공동마케팅을 통하여 강한 경쟁력을 가질 수 있기 때문이었다.

경영다각화 유럽과 아시아 지역의 항공사 중심으로 자사의 여객을 목적지에 운송한 다음 그들을 숙박시키고자 호텔사업에 뛰어들었으며, 매리어트(Marriott) 호텔의 경우 단체급식사업에도 진출하였다. 즉 항공사업과 호텔사업, 호텔사업과 외식사업 등과 같이 연계하여 경영다각화를 시도함으로써 매출의 시너지 효과를 누리고자 하였다.

[표 1-2] **항공사의 호텔사업**

항공사	국가	호텔명
Air France	프랑스	Meridien
All Nippon Airway	일본	ANA Enterprises
British Airway	영국	BA Associated Hotels
Cathay Pacific	홍콩	Swire Group Operated Hotels
KLM	네덜란드	Golden Tulip
Luffthansa	독일	Kempinski, Penta
SAS	노르웨이/스웨덴/덴마크	SAS International Hotels
Swissair	스위스	Swissotel
JAL	일본	Nikko
KAL	한국	KAL Hotels

CRS Holiday Inn이 업계 최초로 할리덱스(HOLIDEX)라는 컴퓨터 예약시스템을 개발한 이후 IT기술과 인터넷을 통하여 급속도로 발달하게 되었다. 따라서 오늘날 호텔 예약은 시간과 공간의 제약 없이 온라인에서 CRS를 이용함으로써 실시간으로 예약을 할 수 있을 뿐만 아니라 다양한 정보를 제공받을 수 있는 서비스의 혁명이 이루어졌다.

3.2 주요 체인 호텔

힐튼(Hilton) 호텔 힐튼은 1938년 샌프란시스코의 서 프란시스 드레이크(The Sir Francis Drake), 1943년 뉴욕의 프라자 호텔(The Plaza Hotel), 1945년 스티븐스(The Stevens)와 팔머 하우스(The Palmer House), 1949년 뉴욕의 월돌프 아스토리아 호텔(The Waldolf-Astoria Hotel) 등 호텔을 매입하여 거대한 호텔체인망을 형성하는데 귀재였다. 1963년에는 뉴욕에서 공동출자의 형식으로 46층 건물에 2,000개의 객실을 갖춘 뉴욕 힐튼(The New York Hilton)을 개업하였는데, 이 호텔은 미국 최초의 본격적인 컨벤션 호텔이라고 할 수 있다. 이와 같이 힐튼은 거대한 호텔사업을 통하여 현대적 체인경영의 이론적 기초를 제공하였을 뿐만 아니라 다음과 같은 호텔경영 방식으로 성공을 거두게 되었다. 우리나라에는 서울(1983년)과 경주(1991년)에 힐튼 호텔이 진출해 있다.

힐튼의 호텔경영 성공요인

- 호텔 체인화 특히 경영협약(management contract)의 이론과 표본을 제시하였다.
- 호텔사업을 국제적인 사업활동으로 끌어 올렸다.
- 호텔 공간을 최대한 활용하여 영업장으로 만들어 수입의 극대화를 기하였다. 예를 들어 아케이드 상가를 호텔에 본격적으로 도입하였고 개성 없는 대형식당을 세분화하여 다수의 전문 레스토랑으로 만들었다.
- 호텔경영에 계수관리와 종업원에 대한 동작 및 연구를 도입하여 성과에 따른 능률주의를 실천하였다.

쉐라톤(Sheraton) 호텔 쉐라톤 호텔의 창시자인 헨더슨(Ernest Henderson)은 호텔업의 경험은 없었지만 1941년부터 부동산 획득 차원에서 호텔을 매입하고 건물을 개보수하여 가치를 향상시켜 오늘날 세계에서 가장 큰 체인 호텔 중에 하나인 쉐라톤을 탄생시켰다. 그는 적당한 거래가 이루어질 수 있다면 항상 호텔을 팔고 살 준비가 되어 있는 기회주의자로 평가되기도 한다. 그러나 그는 사업가의 수완뿐만 아니라 호텔경영에도 관심을 가지게 되었고 체인 호텔의 장점을 살려나갔다. 즉 체인 호텔이 단독경영호텔보다 경쟁에서 월등히 우월하다는 것이 그의 신념이었다. 쉐라톤 호텔은 현재 Starwood Hotels & Resorts Worldwide사에 인수되어 하나의 브랜드로 380개의 호텔 체인망을 구축하고 있다. 우리나라에는 워커힐 호텔이 쉐라톤과 체인경영을 맺고 있다.

쉐라톤 호텔경영 성공요인

- 구매, 인사, 예약, 판촉, 자금조달 등의 경영활동에 있어서 체인의 장점을 최대한 활용하였다.
- 경영합리화의 수단으로 참모조직을 배제하고 조직의 단순화를 기하였다.

홀리데이 인(Holiday Inn) 전 세계 숙박업계에서 최대의 체인망을 가진 기업 중에 하나는 1952년에 창설된 윌슨(Kemmons Wilson)의 모텔(motel)업인 홀리데이 인이다. 1968년에는 그 수가 1,000개에 이르렀고 현재는 영국에 본사를 둔 프랜차이즈 경영회사인 InterContinental Hotels Group사의 핵심 브랜드로 자리를 잡고 있다.

힐튼이 호텔업계에서 스타틀러의 계승자였다면 윌슨은 모텔이라는 새로운 분야에서 스타틀러의 경영이념을 계승하여 모텔업계의 황제로 칭한다.

새로운 숙박시설로 모텔(motel)이 급성장하게 된 이유는 첫째, 2차 세계대전 후 미국에서 승용차의 보급과 고속도로의 정비 및 확충에 따른 것이며 둘째, 호텔은 교통수단이 철도가 전성기였던 시대에 도시 중심부에 위치했으므로 주차장 시설이 부족하였고 자동차로 여행하는 상용 여행객이 증가했어도 그들을 수용할 수 없었기 때문이다. 우리나라에는 서울과 제주 등에 홀리데인 인 호텔이 진출해 있다.

윌슨의 모텔경영 방식과 성공요인

- 자동차 보급에 따른 시장환경을 적절하게 통찰하여 새로운 숙박형태를 창출하였다.
- 주차장을 겸비한 고급 호텔을 지향한 것이 아니라 저가의 숙박시설을 추구하였다.
- 셀프 서비스를 통하여 인건비 등의 비용절감을 실현하였다.
- 업계 최초로 할리덱스(HOLIDEX)라는 컴퓨터 예약시스템(CRS)을 도입하였다.
- 체인화 전략으로 프랜차이즈 시스템을 도입하였다.
- 인재양성을 위하여 홀리데이 인 대학을 설립하였다.

하얏트(Hyatt) 호텔 1957년 프리츠커(Jay Pritzker)가 로스엔젤레스 공항 부근의 소규모 호텔을 구입하여 처음으로 개관하여 지금은 약 500개에 가까운 호텔을 Grobal Hyatt Corporation 체제하에 운영하고 있다. 특히 하얏트 호텔은 그 호텔을 설립하는 나라와 도시의 환경에 잘 어울리게 디자인하며, 현대적이고 세련된 특징을 가지고 있으며, 직원에 대한 교육프로그램은 업계에 정평이 나 있다.

하얏트 호텔의 등급 종류는 그랜드 하얏트(Grand Hyatt), 하얏트 리젠시(Hyatt regency), 파크 하얏트(Park Hyatt), 하얏트 리조트(Hyatt Resort & Spas) 등 4가지의 브랜드로 구분되는데, 그 특징은 〈표 1-3〉과 같다. 우리나라에는 서울(1978년)과 제주(1982년)에 하얏트 체인이 진출해 있으며, 부산에도 1988년도 진출하였으나 지금은 다른 체인경영호텔로 바뀌었다.

[표 1-3] **하얏트 호텔의 브랜드**

구 분	특 징
그랜드 하얏트 (Grand Hyatt)	그 나라 대표 도시의 최고 지역과 상업 중심지에 위치하고 있으며, 일반적으로 300개 이상의 객실에 요금은 비싼 편이다. 건축외관뿐만 아니라 로비, 다양한 식음료 업장, 연회장 등이 웅장하며, 탁월한 개인적인 서비스를 제공하고 있다.
파크 하얏트파크 (Park Hyatt)	하얏트 호텔 역시 대표적인 도시의 최고 고급 지역에 위치하고 있으며, 객실료는 그 도시에서 가장 비싼 편이며, 최고의 객실시설을 자랑하고 있다.
하얏트 리젠시 (Hyatt regency)	유명 비즈니스와 리조트 지역에 건립되는 가장 보편적인 브랜드이다.
하얏트 리조트 & 스파 (Hyatt Resort & Spas)	유명 리조트나 스파 지역에 건립되며, 휴양고객을 표적으로 하고 있다.

인터컨티넨탈(InterContinental) 호텔 미국과 남미와의 유대강화 차원에서 관광과 무역을 증진시킬 목적으로 1946년 팬암 항공사가 창립하였다. 이후 중동, 유럽, 북미, 아시아 등 전 세계로 확장하여 120개의 호텔을 보유하고 있는데 현재는 홀리데이인과 마찬가지로 InterContinental Hotels Group사 소속의 브랜드가 되었다. 우리나라에는 1988년 서울에 진출하였다.

리츠칼튼(Ritz-Carlton) 호텔 리츠칼튼사는 보스톤에 있는 기존의 리츠칼튼 호텔을 매입하여 1983년에 새롭게 설립하여 체인화를 시도했는데 후발주자로서 체인운영에 대한 노하우(Know-how)는 짧지만 나름대로 고급호텔 지향과 서비스 품질경영을 통하여 1992년에는 미국의 상공부로부터 유수한 제조업체를 제치고 품질경영대상(Malcolm Baldrige National Quality Award)을 수상하기도 하였다.

현재는 매리어트 인터내셔널(Marriott Internatioal) 그룹사의 브랜드로 전 세계 30여 개의 호텔을 보유하고 있다. Marriott International사는 매리어트 호텔계열을 비롯하여 리츠칼튼, 르네상스, 라마다 호텔 등의 브랜드를 가지고 있는데, 전 세계 380,000여 개의 객실을 보유하여 3위를 기록하고 있다. 우리나라에는 1995년 서울에 진출하였다.

매리어트(Marriott) 호텔 1957년 매리어트(J.W Marriott)에 의하여 자동차 여행객을 대상으로 하는 트윈 브리지스(365실 규모)를 버지니아 주의 알링턴에서 개관함으로써 출발하였다. 이후 호텔 임대, 인수, 합병 등을 통하여 오늘날 거대 호텔사업체로 부상하여 1995년에는 세계적으로 브랜드 가치를 지닌 리츠칼튼, 1997년에는 르네상스 호텔그룹을 인수하였다. 매리어트 호텔은 숙박뿐만 아니라 외식사업에도 많은 진출을 하여 최대의 항공기내식 사업자, 미국 내 최대의 단체급식업체로 성장하였다. 특히 매리어트 호텔은 서비스 정신을 강조하여 명성을 얻게 되었는데 전 세계 서비스산업 종사들로부터 연구대상이 되기도 한다. 우리나라에는 2000년 서울에 JW Marriott가 진출하였다.

아코르(ACCOR) 그룹 아코르 그룹은 호텔분야 외에 레스토랑, 케이터링(catering)업, 여행업, 서비스 바우처(voucher), 렌터카 등 다양한 관광사업을 전개했는데 이러한 사업들은 상호 관련성에 따라 경영상의 이점이 있었으며 특히 예약을 전 세계에 호환성 있게 사용할 수 있는 라잔떼라는 중앙집중식 컴퓨터 예약시스템이 있었기 때문이다.

아코르 그룹의 브랜드는 퍼스트 클래스(first class)급인 소피텔(Sofitel)과 비즈니스 클래스(business class)급인 노보텔(Novotel) 등 4가지의 등급이 있다.

[표 1-4] 아코르 그룹 주요 브랜드와 특징

구 분	특 징
소피텔	전 세계 주요 비즈니스 및 리조트 지역에 위치하며, 최고의 시설과 서비스를 제공한다.
노보텔	비즈니스와 리조트형의 호텔로써 아시아 태평양 지역에 많이 진출해 있으며, 기업체 인센티브와 휴가 여행객을 표적으로 하고 있다.
이비스	캐주얼한 서비스를 제공하여 가격대비 만족도가 높은 호텔이며, 대부분 비즈니스 지역과 외곽지역에 위치하고 있다.
포뮬1	대부분 도시 및 외곽지역의 교통이나 음식점 등이 밀접한 곳에 위치하고 있으며, 저렴한 요금과 모텔급 수준의 숙박시설이다.

사례 **세계 최고의 호텔 – 아랍에미레이트 두바이의 버즈 알 아랍 호텔**

자칭 '세계 유일의 7성급 호텔'이라고 불리는 이 호텔은 높이가 321m로서 세계 최고의 높이를 자랑한다. 객실 수는 202개이고, 모든 객실이 2층으로 된 스위트룸으로 되어 있으며, 아랍 왕실의 궁전처럼 꾸며 놓았다. 2개의 로얄 스위트룸은 요금이 3500만 원 정도이며, 가장 작은 스위트룸에만 전화기가 14개가 있고, 침실 모든 방에는 당구대도 설치되어 있다. 침대 옆에 있는 '화장실 가는 길'이라는 버튼을 누르면 화장실까지 가는 복도의 조명이 비추어지는 등 최고급 시설을 자랑한다. 만약 외부인이 호텔을 구경하려면 입장료 200디르함(한화로 약 7만원)을 내야 들어갈 수 있다.

특히 이 호텔은 '골프황제' 타이거 우즈가 이 호텔 옥상 헬기착륙장에서 드라이버 샷을 날리고 있는 사진이 공개돼 전 세계인의 이목을 집중시켰다. 이 호텔은 돛대모양의 독특한 디자인은 물론 벽과 기둥 장식에 금을 사용하였고, 헬리콥터가 공항에서 호텔까지 서비스 수단으로 제공된다. 룸 외에 200m 상공에 레스토랑이 위치해 있고, 잠수함을 타고 가야 하는 물밑 레스토랑도 있다. 로비는 60층 규모의 수족관으로 둘러싸여 있고, 그 안에는 500여 종의 희귀 동 · 식물이 살고 있다.

4 한국의 호텔 발전사

4.1 해방 전의 호텔사

인천지역 호텔 개화기 인천(당시 제물포)은 서울의 관문역할을 하면서 외국과의 교역 중심지였다. 따라서 이 지역에서 우리나라 최초로 호텔이 등장하였다. 1884년 일본인 다이부츠(Dai Butzu)는 외국 선교사와 상인을 대상으로 장사를 하기 위해 2층 규모의 일본식 목조건물로 숙박시설을 만들었는데, 일본식 야도야(宿屋) 즉 여인숙 형태로 시설이 좋은 편은 아니었지만 외국인들 사이에는 "다이부츠(Dai Butzu ; 대불의 일본식 발음)" 호텔로 명칭되었다. 이후 1887년 건물을 새로 짓기 시작하여 1888년 3층 규모의 서양식 양관(객실 11실)으로 신축하여 개관하였다.

이와 같이 1884년에 개관한 대불호텔은 이용자들이 호텔이라는 명칭을 사용하였지만 시설 측면에서 호텔이라고 하기에는 무리가 있으며, 1888년에 개관한 대불호텔은 최초의 서양식 호텔이라고 할 수 있다(이정학, 2013). 따라서 우리나라 최초의 호텔은 대불호텔임에 틀림없으나 그 개관 시기는 논란이 있을 수 있다.

대불호텔이 성업을 이루자 인근에서 상점을 운영하던 청나라 사람 이태(怡泰)는 같은 해 자신의 건물 2층에 8실 규모의 스튜어드(Steward) 호텔을 개관하였다. 이후 1890년경 헝가리인 소유의 호텔 드 꼬레(Hotel de Coree ; 4실 규모)를 비롯하여 오리엔탈 호텔(Oriental Hotel), 터미나스 호텔(Terminas Hotel) 등이 개관하여 인천은 우리나라 초기 호텔을 주도하였다(이정학, 2013).

서울지역 호텔 서울지역 호텔은 1899년 경인선 철도의 개설을 전후로 하여 등장하기 시작하였다. 1898년 1월 4일 독립신문 영문판 광고에 서울호텔(Seoul Hotel)이 소개되어 서울지역 최초의 호텔은 서울호텔(Seoul Hotel)이라고 할 수 있다. 이 호텔은 넓고 편리한 침대방을 보유하였고, 요리는 최상의 프랑스식으로 제공되었으며 소유주는 이탈리아인 삐이노(F. Bijno)였다. 이후 1901년 프랑스인 마르탱(L. Martin) 소유의 팔레호텔(Hotel du Palais)이 대안문 앞에 개관하였고, 같은 해 영국출신의 엠벌리(Emberly) 부

➔ 왼쪽의 높은 3층 건물이 당시의 대불호텔

부가 주인이었던 스테이션 호텔(Station Hotel)이 개관하였는데 이 호텔은 1층 기와집으로 되어 있었다.

1902년 개관하였다고 알려진 손탁호텔은 당시 왕실의 손님을 접객하였던 영빈관이었다. 이는 당시 자료에도 영빈관으로 소개되었고, 또한 신문에 손탁호텔이 개관했다는 기사가 전혀 없었다는 점에서 확인할 수 있다. 이 영빈관은 러시아풍의 2층 건물로 되어 있었으며, 독일 여인 손탁이 왕실로부터 하사를 받아 이곳에 거주하면서 운영하였다. 1909년 9월 18일 프랑스인 호텔경영업자 보에르(J. Boher)가 손탁의 영빈관을 인수하여 '손탁호텔'로 명명하고 광고도 하였으며, 일반인을 대상으로 실제적인 영업을 하면서 비로소 호텔로 탄생한 것이다. 객실은 약 30개 정도였고, 커피숍은 외교 및 사교의 장소로 인기가 높았으며, 최초로 프렌치 레스토랑이 갖추어져 서양요리가 제공되었다(이정학, 2013). 결국 1902년 손탁의 영빈관은 손탁호텔의 전신이라고 할 수 있다.

➔ 1909년 보에르(J. Boher)가 경영한 손탁호텔

1914년에는 서울에 조선호텔(당시 69실)이 건립되었는데, 지하 1층, 지상 4층 규모의 건물로 당시 가장 화려하고 고급스런 서양식 건물이었다. 또한 최초로 수직엘리베이터가 설치되었을 뿐만 아니라 수세식 화장실이 딸린 객실과 난방시스템을 갖추었으며, 300여 명을 수용할 수 있는 연회장도 보유하였다. 조선호텔은 재건축 등을 통하여 오늘날까지 명맥을 유지하고 있다.

우리나라 호텔사에 전환기를 가져오게 한 호텔은 1936년 서구식 숙박시설의 반도호텔이다. 이 호텔은 당시 8층 높이에 최대규모(111실)의 객실을 갖추었으며, 대중적인 상용호텔(commercial hotel)을 표방하였다.

조선호텔

반도호텔

➔ 개관 당시의 조선호텔과 반도호텔

기타지역 호텔 일제강점기 시절 일본이 만주 및 중국대륙의 침략을 위해 한반도를 교두보로 이용할 목적으로 철도를 건설하였을 뿐만 아니라 철도역 주변에 철도호텔을 짓게 되었는데, 당시 건립된 호텔로는 1912년 부산 철도호텔과 역사를 겸한 서구식 철도호텔인 신의주호텔 등을 들 수 있다. 1915년 이후에는 금강산에 금강산호텔을 시작으로 지방 도시와 유명 휴양지에 호텔이 건립되는데, 목포의 목포호텔, 부산의 동래호텔 등이 대표적인 호텔이라고 할 수 있다.

4.2 해방 후의 호텔사

1945년부터 1960년의 호텔(암흑기) 어수선한 정국으로 인하여 호텔발전의 진전이 거의 없었는데 주한 외국인의 단체관광이 처음으로 발생하여 전국 명승지에 호텔들이 건립되었다. 이 시기에 건립된 호텔은 온양호텔, 불국사호텔, 서귀포호텔, 설악산호텔, 해운대호텔 등이다.

1960년대의 호텔(도입기) 이 시기부터 정부의 관광사업 정책 및 지원에 따라 수준급의 호텔이 등장하였고 1963년도에는 당시 최대규모(254실)의 워커힐 호텔이 개관되었는데 1965년에 국제적 관광기구인 제14차 아시아태평양지역 관광협회(PATA) 총회를 개최하여 우리나라 호텔산업에 현대적 의미를 가져다 준 계기가 되었다. 이후 이 호텔은 1977년 쉐라톤(Sheraton)과 프랜차이즈 계약을 맺고 증축을 통하여 오늘날까지 대형호텔로서 명맥을 유지하고 있다. 1965년 한일국교정상화는 일본 관광객에게 문호를 개방함으로써 우리나라 호텔산업도 발전을 거듭하게 되었다.

1970년대의 호텔(성장기) 경제발전 성장과 함께 호텔산업도 제도적 보완은 물론 체계적으로 발전하게 되었고, 외화획득 수단으로 호텔을 비롯한 관광산업의 중요성이 강조되기 시작하였다. 이 시기에는 전국적으로 관광호텔의 등급화를 실시하여 심사를 하였고, 관광호텔 지배인 자격시험제도를 실시하여 호텔 전문경영자의 확보와 질적 향상을 기하고, 호텔서비스를 국제화하는데 기여하였다. 1970년대 중후반에는 정부의 관광진흥정책에 따라 경주보문단지(74~79년)와 제주 중문단지(78~86년) 등의 관광단지가 개발되어 호텔산업에도 영향을 주었다.

1980년대의 호텔(도약기) 국민관광과 국제관광의 조화발전, 서비스수준의 향상, 국제회의의 국내유치 촉진, 86아시안게임, 88서울올림픽 등을 통하여 우리나라 관광산업이 일대 도약을 하는데 관광산업의 중추적인 역할을 하는 호텔산업도 이에 부응하게 되었다. 특히 이 시기에 국제적인 체인호텔이 우리나라에 대거 들어와 호텔경영과 문화를 한 단계 끌어 올렸다. 외국계 체인호텔이 국내 호텔경영에 미친 영향은 ① 서비스의 국제화 ② 호텔경영 노하우 및 능력의 습득 ③ 호텔관리 능력의 향상 ④ 호텔 이용의 대중화 ⑤ 호텔 종업원의 임금 및 복지 향상 ⑥ 부패 · 부조리의 척결 등을 들 수 있다.

1990년대의 호텔(침체기) 국내외적으로 관광이 활성화되었지만 1997년 IMF의 찬바람은 호텔업계에도 시련을 안겨주었다.

2000년대의 호텔(재도약기) 21세기에 들어와서는 2001년 인천국제공항 개항, 한류열풍, 2002년 월드컵 개최, 2005년 아시아태평양협력체(APEC : Asian-Pacific Economic Cooperation) 정상회담 개최 등 기회요인과 대형 국제행사를 계기로 호텔산업은 재도약을 맞이하였다.

2010년대 이후의 호텔(호황기) 중국 관광객들의 대거 입국하기 시작하면서 수도권을 중심으로 숙박난이 제기될 정도에 이르렀다. 특히 2014년에는 외국인 관광객 1400만 명(이 중 중국관광객은 570만여 명)을 돌파하여 이들을 수용하는 호텔업계는 호황기를 누리게 되었다. 또한 관광시장의 다변화로 인하여 의료관광호텔업, 소형호텔업 등 관광숙박업의 종류도 다양해지기 시작하였다.

[표 1-6] 우리나라 호텔의 발전사

구분	연도 및 시대	주요 호텔명	주요 특징
해방 전	1884년	인천 대불호텔	우리나라 최초로 외국인 접객 숙박시설
	1888년	인천 대불호텔(신축)	우리나라 최초의 서양식 호텔
	1898년	서울호텔	서울 최초의 호텔
	1909년	손탁호텔	최초로 호텔 내 프렌치레스토랑 운영
	1914년	조선호텔	현존하는 최고(最古)의 호텔
	1915년	금강산호텔 동래호텔	휴양지 호텔 등장
	1936년	반도호텔	상용호텔의 시대 개막
해방 후	1945~60년 (암흑기)	온양호텔 불국사호텔 서귀포호텔 설악산호텔 해운대호텔 등	주한 외국인의 단체관광을 위해 호텔 건립
	1960년대(도입기)	워커힐호텔 등	국제 수준의 호텔 등장
	1970년대 (성장기)	경주코오롱 경주조선 경주도뀨 등	외국 관광객 유치를 위하여 경주보문단지와 제주중문단지 등에 호텔 건립
	1980년대 (도약기)	서울힐튼호텔 르네상스호텔 인터컨티넨탈호텔 스위스그랜드호텔 등	88올림픽을 계기로 외국계 체인호텔 대거 진출
	1990년대(침체기)	경주힐튼 경주현대호텔 해운대그랜드호텔 등	IMF 영향으로 호텔산업 전반 침체
	2000년대 (재도약기)	파크하얏트서울 인터불고호텔 인천하얏트 등	월드컵, 한류, 국제행사 유치 등으로 호텔산업 활성화
	2010년대 (호황기)	대량 관광객 유치에 따른 호텔업의 호황 및 시장의 다변화로 인한 의료관광호텔업, 소형호텔업의 등장	

연습문제(호텔관련 종사원 자격시험 대비)

1. 근대숙박시설로 오늘날 여인숙과 같은 형태의 숙박시설은?

① Pension ② Inn

③ Tavern ④ Mansion

2. 중세 순례자를 위한 숙소는?

① Caravansary ② Inn

③ Mansion ④ Albergue

3. 오늘날 호텔경영의 모델이 된 트레몬트 하우스의 경영기법이 아닌 것은?

① 벨보이 제도 ② 비즈니스센터 운영

③ 객실 개인욕조설치 ④ 객실 내 물주전자 제공

4. 오늘날 호텔개념의 시초가 된 호텔은?

① Badisch Hof ② City Hotel

③ Ritz Hotel ④ Grand Hotel

5. 호화호텔의 호텔리어는?

① Hilton ② Ritz

③ Hyatt ④ Wilson

6. 리츠가 당대 최고의 요리사 에스코피에르(Escoffier)와 함께 경영을 한 호텔은?

① 리츠호텔 ② 그랜드 호텔

③ 칼튼 호텔 ④ 사보이 호텔

7. Statler의 호텔경영 성공 요인이 아닌 것은?

① 호텔의 대중화 ② 테일러의 과학적 관리기법
③ 투자 시 수익성 고려 ④ 체인 사업

8. 최초로 호텔 체인화 사업을 한 호텔리어는?

① Hilton ② Ritz
③ Hyatt ④ Marriott

9. 스타틀러가 처음으로 시도한 호텔경영 방식이나 기법이 아닌 것은?

① 홀에 서비스 스탠드 설치 ② 싱글베드와 더블베드의 도입
③ 객실 내 독립 조명 시설 ④ 욕실 거울 앞에 타월걸이 설치

10. 호텔업계 최초로 할리덱스(HOLIDEX)라는 컴퓨터 예약시스템(CRS)을 도입한 호텔은?

① Hilton ② Holiday inn
③ Sheraton ④ Hyatt

11. 호텔 체인화에서 경영협약(management contract)의 이론과 표본을 제시한 호텔은?

① Hyatt ② Ritz-Carlton
③ Sheraton ④ Hilton

12. 단체급식사업을 통하여 경영다각화를 시도한 호텔은?

① Hilton ② Sheraton
③ Marriott ④ Hyatt

13. 우리나라 최초의 호텔은?

① 대불호텔 ② 손탁호텔
③ 조선호텔 ④ 반도호텔

14. 손탁호텔에 대한 설명 중 틀린 것은?

① 손탁호텔의 전신은 1902년 개관한 영빈관이었다.
② 1909년 보에르(J. Boher)에 의해 개관되었다.
③ 프렌치레스토랑을 갖추었다
④ 서울지역 최초의 호텔이었다.

15. 2차 세계대전 이후 현대 호텔경영의 특징이 아닌 것은?

① 체인화 ② 경영다각화
③ CRS의 운용 ④ 상용호텔의 지향

16. 리츠의 호텔경영 방식에 대한 장단점에 대하여 설명하시오.

17. 스타틀러의 호텔경영 방식에 대하여 설명하시오.

18. 현대적 개념의 호텔 기능에 대하여 설명하시오.

제2장

호텔의 개요

1. 호텔의 정의와 기능
2. 호텔의 분류
3. 호텔사업의 특성
4. 호텔의 조직도와 업무개요

호텔경영의 이해

제 2 장 호텔의 개요

1 호텔의 정의와 기능

1.1 호텔의 정의

호텔은 18세기 이후 영국의 산업혁명에 의하여 인구의 도시화 집중과 대량이동에 따라 인(inn)의 형태에서 발전된 숙박시설이다. 호텔(hotel)이란 용어는 라틴어 호스피스(hospes)에서 유래되었는데, 이방인, 외국인 등 손님을 보호해주는 일종의 숙소 · 대피소 · 수용소라는 의미이다. 호스피스(hospes)에서 파생된 단어 호스피티움(hospitium)은 환대(hospitality)라는 뜻인데, 이방인, 외국인 등 손님을 환영하여 친절하게 영접하는 숙소(수용소)를 의미하였다. 여기서 병원(hospital), 호텔(hotel), 호스텔(hostel)이라는 단어가 파생되었다. 오늘날 호텔산업을 환대산업이라고 하는 이유도 여기에 있다. 또한 병원(hospital)의 어원도 그 맥을 같이 하는데, 호텔과 비교해 보면 환자와 고객, 병실과 침실, 병실과 객실에 식사제공, 침대시트 등의 린넨 등 유사한 기능을 가지고 있음을 알 수 있다.

호텔의 정의는 법적인 시설 규정과 이용자 측면에서 살펴볼 수 있다. 먼저 법적인 시설규정 차원은 세계 각국이 대부분 일정한 시설을 갖추는 것으로 자국의 법령으로 호텔을 규정하고 있다. 우리나라의 경우 관광진흥법 시행령에 의하면 관광호텔업을 "관광객의 숙박에 적합한 시설을 갖추어 이를 관광객에게 이용하게 하고 숙박에 부수되는 음식 · 운동 · 휴양 · 공연 · 오락 또는 연수에 적합한 시설을 함께 갖추어 이를 이용하게 하는 업"으로 규정하고 있다.

이용자 측면에서 호텔의 개념은 이용목적에 따라 달라질 수 있는데, 즉 비즈니스 고객이라면 호텔을 집을 떠난 또 하나의 집(home away from home), 집처럼 아늑한 느낌(feel at home) 등과 같이 자신의 집처럼 편안하면서 안전하기를 원하고, 낯설지 않게 환대해 주기를 원할 것이다. 반면에 위락목적의 고객이라면 일상생활에서 벗어나서 자유롭고 색다른 것을 경험해 볼 수 있는 신기성(novelty)을 요구할 것이다.

따라서 호텔을 법적인 시설규정과 이용자 측면을 고려하여 정의하면 "호텔이란 거주지를 떠나 객실, 식음료, 부대시설 등 호텔시설을 이용하고자 하는 고객에게 환대나 신기성을 제공하여 욕구를 충족시켜 주고 그 대가를 받아 경영을 하는 서비스기업이다."라고 할 수 있다.

1.2 호텔의 기능

근대적 개념의 호텔 기능 초기 호텔은 객실 위주로 영업을 하였다. 그러나 여행자들이 외부에서의 식사가 어렵고 불편하여 호텔 내에 아침 식사를 요구함에 따라 점차적으로 식음료업장을 갖추게 되었다. 또한 호텔 이용자들은 숙박과 식사 기능 외에 신변과 도난 등의 안전을 위하여 호텔을 찾았다. 따라서 근대적 개념의 호텔 기능은 집을 떠나 여행을 하는 여행자들에게 가장 기본적인 숙박, 음식, 안전만을 충족시켜 주는 단순한 공간이었다.

현대적 개념의 호텔 기능 현대에 와서 호텔의 이용객들이 국제화 및 대중화됨에 따라 기존의 숙식제공과 안전의 기능만을 가지고는 그들의 다양한 욕구를 충족시켜 줄 수 없게 되었다. 즉 호텔 이용자들은 호텔에서 여가활동, 건강단련, 가족 및 사교모임, 비즈니스 등을 할 수 있는 다양한 기능을 요구하게 되었다. 따라서 현대적 개념의 호텔에서는 기존의 숙식이나 안전의 기능 외에 여가, 오락, 휴식, 문화, 건강, 사교, 비즈니스 공간 등 복합적인 기능뿐만 아니라 공공성 및 지역사회와 함께 할 수 있는 프로그램도 제공할 수 있어야 한다.

[그림 2-1] **호텔의 기능**

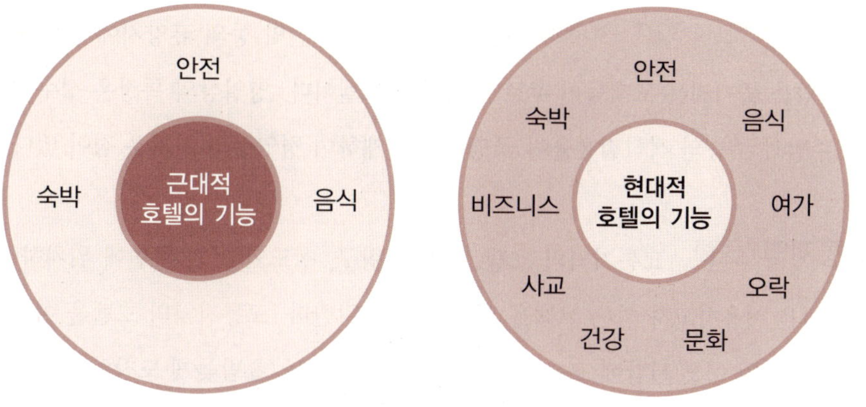

2 호텔의 분류

2.1 위치에 의한 분류

도심지 호텔(business hotel) 도심지 호텔(downtown hotel, city hotel, metropolitan hotel)은 도시 중심가에 위치하여 주로 비즈니스 고객이나 레스토랑 · 연회장 등의 식음료 고객들이 즐겨 찾는 호텔이다. 영업상 특징은 주중 객실점유율이 주말보다 높은 편이며, 식음료 매출이 다른 지역의 호텔보다 비교적 높은 편이다. 도심지 호텔 중에서도 비즈니스 고객들을 위하여 비즈니스센터 등을 갖추고 있는 호텔을 비즈니스 호텔(business hotel) 또는 커머셜 호텔(commercial hotel)이라고도 한다.

비즈니스 호텔 중에서도 장기체재 고객을 위한 호텔을 레지덴셜 호텔(residential hotel), 단기체재 고객을 위한 호텔을 트랜지언트 호텔(transient hotel)이라고 한다. 대부분의 비즈니스 호텔은 단기체재 호텔인데, 장기체재 호텔은 보통 15일에서 많게는 수개월 이상의 장기 숙박고객(long term guest)을 대상으로 영업을 한다. 장기체재 호텔은 객실청소를 해주는 룸메이드 서비스(room maid service)와 최소한의 식사와 음료서비스가 제공되는 식당을 갖추고 있으며, 소규모 회의실 등 비즈니스 공간이 있다는 점에서 아파트먼트와는 차이가 있다. 숙소를 장기간 임대할 수 없는 외국인에게 특히 선호되는 호텔이다.

리조트 호텔(resort hotel) 해안, 호수, 온천, 산악 등의 휴양지에 위치하여 휴가나 휴양을 즐기려는 고객들이 주로 이용하는 호텔이다. 영업상의 특징은 성수기와 비수기, 주말과 주중의 객실점유율이 극명하게 존재하여 경영상의 어려운 점이 있다.

교통지역 호텔 교통지역의 호텔은 공항, 항구, 철도역 등의 주변에 위치하여 각 교통수단을 이용하고자 하는 고객을 위한 호텔을 말한다. 교통지역의 호텔을 이용하는 경우는 ① 익일 이른 시간에 교통수단을 이용하기 위하여 ② 밤늦게 도착하여 부득이 숙박을 하기 위하여 ③ 일기관계로 예정된 출발이 늦어진 경우 ④ 각 교통수단의 승무원이 숙박을 하는 등이다. 구체적으로 공항 근처의 호텔을 에어포트 호텔(airport hotel), 항구의 부두 근처에 시포트 호텔(seaport hotel), 철도역 근처의 스테이션 호텔(station hotel) 등이 있다.

모텔(motel)과 모터 호텔(motor hotel) 모텔(motel)은 'motor' 와 'hotel' 의 합성어로 자동차 여행객을 위하여 고속도로나 국도 주변에 위치한 호텔인데, 대부분 객실 수가 50실 미만이며, 객실 이외에는 특별한 시설과 인적 서비스가 없어 가격이 저렴하다. 모터 호텔(motor hotel)은 모텔이 진화된 것으로 객실 수가 50~70실 규모이며, 모텔보다 고급스럽고 커피숍 등 편의시설을 갖추고 있다.

모텔(motel)과 모터 호텔(motor hotel)은 자동차 호텔이라는 의미에서 같은 용어이나 1920년대 미국 캘리포니아를 중심으로 모텔(motel)이라는 용어가 처음 사용되었으며, 2차세계대전 후 자동차의 대량 보급과 모텔 내에 편의시설들이 갖추어지면서 미국 전역에 모터 호텔(motor hotel)이라는 용어를 사용하였다. 오늘날 두 용어가 공존하는 것은 결국 모텔과 모터 호텔 간의 시설 차이라고 해석된다. 모텔과 같은 숙박형태로 요금이 저렴한 호텔을 버젯 호텔(budget hotel)이라고도 한다.

펜션(pension)과 B&B Pension(영 ; 펜션, 불 ; 팡숑)은 프랑스를 중심으로 유럽국가에서 은퇴한 노인들이 연금(pension)을 이용하여 전원지역에 민박형의 숙박시설을 짓고, 관광객을 대상으로 영업을 하는 것에서 유래되어 대중화된 숙박시설이다. 펜션과 유사한 숙박시설로 B&B(bed & breakfast)가 있는데 주로 영국 등 영어권 국가에서 사용하는 명칭이다. 펜션과 B&B는 대부분 20실 미만의 객실규모에 일체의 편의시설은 없고, 주인이 직접 아침식사를 서비스하며, 호스트와 대화를 나눌 수 있는 것이 특징이다.

오늘날 '호텔형 민박', '콘도형 민박', '별장형 민박' 이라고 부르는 펜션은 가족단위에 적합한 건전한 레저 숙박시설로 자신의 별장과 같은 편안한 분위기와 다양한 자연체험이 가능한 공간이며, 주변의 레포츠시설 및 관광지를 연계할 수 있어 동적인 체험관광을 추구하는 관광자에게 적합하고, 대부분 전원 등지에 입지하고 있으므로 도심생활을 일탈하고 싶은 도시인들에게는 자연친화적인 레저문화를 즐길 수 있는 숙박시설이라고 할 수 있다. 또한 주인의 따뜻한 환대서비스를 받을 수 있는 것도 장점이다. 이와 같이 펜션은 향후 호텔, 콘도, 여관, 민박 등의 대안숙박시설로, 가족지향적이고, 체험지향적이며, 자연친화적인 숙박시설로 각광받을 것으로 예상된다.

우리나라의 경우 1999년부터 펜션이 본격적으로 도입되기 시작하여 최근 몇 년 사이 급속히 팽창하고 있다. 이와 같이 급속도로 팽창하는 펜션을 관리하고, 관광사업체로써 제도권으로 흡수하기 위하여 정부는 2004년부터 관광진흥법상에 펜션을 관광편의시설업으로 지정하였다. 법규상의 관광펜션업은 숙박시설을 운영하고 있는 자로 자연 · 문화체험관광에 적합한 시설을 갖추어 이를 관광객에게 이용하게 하는 업을 말하며, 지정기준은 다음과 같다.

관광펜션업의 법적 기준

- 자연 및 주변환경과 조화를 이루는 3층 이하의 건축물일 것
- 객실이 30실 이하일 것
- 취사 및 숙박에 필요한 설비를 갖출 것
- 바비큐장, 캠프파이어장 등 주인의 환대가 가능한 1종류 이상의 이용시설을 갖추고 있을 것(다만, 관광펜션이 여러 개의 건물 동으로 이루어진 경우에는 그 시설을 공동으로 설치할 수 있다)
- 숙박시설 및 이용시설에 대하여 외국어 안내표기를 할 것

콘도미니엄(condominium) 유럽에서 시작된 숙박형태로 객실에서 취사를 할 수 있는 것이 가장 큰 특징이다. 기본형태는 호텔을 객실단위로 분양하며, 구입자는 본인이 쓰지 않는 기간에 관리회사에 객실 관리 · 운영을 위탁하여 임대료 수입의 일부를 받는다. 우리나라는 1980년 경주 보문단지 내에 한국콘도미니엄이 설립된 뒤 많은 기업이 콘도미니엄 사업에 참여하여 가족단위의 관광휴양 숙박시설로 정착되었다. 콘도미니엄은 공유제(ownership)와 회원제(membership)로 운영되는데 공유제는 객실을 분양받아 사용권과 지분소유권을 모두 가지고 있는데 비하여 회원제는 소유권은 없고 단지 시설이용권만 가지고 있는 경우를 말한다.

우리나라의 관광진흥법상의 휴양콘도미니엄업은 관광객의 숙박과 취사에 적합한 시설을 갖추어 이를 당해 시설의 회원 · 공유자 기타 관광객에게 제공하거나 숙박에 부수되는 음식 · 운동 · 오락 · 휴양 · 공연 또는 연수에 적합한 시설 등을 함께 갖추어 이를 이용하게 하는 업을 말하며 세부 등록기준은 다음 표와 같다.

[표 2-1] **휴양콘도미니엄의 법적 기준**

구 분	법적 기준
객실	• 동일 단지 안에 객실이 50실 이상일 것 • 관광객의 취사 · 체재 및 숙박에 필요한 설비를 갖추고 있을 것
매점	매점 또는 간이매장이 있을 것. 다만, 여러 개의 동으로 단지를 구성할 경우에는 공동으로 설치할 수 있다.
문화체육공간	공연장 · 전시관 · 미술관 · 박물관 · 수영장 · 테니스장 · 축구장 · 농구장 기타 관광객의 이용에 적합한 문화체육공간을 1개소 이상 갖출 것. 다만 여러 개의 동으로 단지를 구성할 경우에는 공동으로 설치할 수 있으며 관광지 · 관광단지 또는 종합휴양업의 시설 안에 소재할 경우에는 이를 설치하지 아니할 수 있다.

2.2 호텔등급에 의한 분류

호텔은 규모나 시설, 서비스 수준에 따라 등급화되어 있다. 크게는 고급 호텔(deluxe hotel)과 보통 호텔(standard hotel)급으로 구분되지만 대부분 국가에서는 자국의 법에 따라 세분화하고 있다. 우리나라 관광호텔업의 등급은 2015년부터 규모나 시설, 서비스수준 등에 따라 5등급으로 구분하고 별(star)로 표시하고 있다.

[표 2-2] **관광호텔의 등급 및 표시**

등급	별 수
5성급	★★★★★
4성급	★★★★
3성급	★★★
2성급	★★
1성급	★

2.3 관광법규상의 분류

우리나라 관광진흥법에서는 호텔업의 종류를 다음과 같이 분류하고 있다.

관광호텔업 관광객의 숙박에 적합한 시설을 갖추어 관광객에게 이용하게 하고 숙박에 딸린 음식 · 운동 · 오락 · 휴양 · 공연 또는 연수에 적합한 시설 등을 함께 갖추어 관광객에게 이용하게 하는 업을 말한다. 관광호텔업의 주요 등록요건은 욕실이나 샤워시설을 갖춘 객실을 30실 이상 갖추어야 하며, 외국인에게 서비스를 제공할 수 있는 체제를 갖추어야 한다.

수상관광호텔업 수상에 구조물 또는 선박을 고정하거나 매어 놓고 관광객의 숙박에 적합한 시설을 갖추거나 부대시설을 함께 갖추어 관광객에게 이용하게 하는 업을 말하며, 등록기준은 다음과 같다.

- 수상관광호텔이 위치하는 수면은 「공유수면 관리 및 매립에 관한 법률」 또는 「하천법」에 따라 관리청으로부터 점용허가를 받을 것
- 욕실이나 샤워시설을 갖춘 객실이 30실 이상일 것
- 외국인에게 서비스를 제공할 수 있는 체제를 갖추고 있을 것
- 수상오염을 방지하기 위한 오수 저장 · 처리시설과 폐기물처리시설을 갖추고 있을 것
- 구조물 및 선박의 소유권 또는 사용권을 확보하고 있을 것. 다만, 회원을 모집하는 경우에는 소유권을 확보하여야 한다.

➔ 충남당진의 수상관광호텔

한국전통호텔업 한국전통의 건축물에 관광객의 숙박에 적합한 시설을 갖추거나 부대시설을 함께 갖추어 관광객에게 이용하게 하는 업을 말하며, 등록기준은 다음과 같다.

- 건축물의 외관은 전통가옥의 형태를 갖추고 있을 것
- 이용자의 불편이 없도록 욕실이나 샤워시설을 갖추고 있을 것
- 외국인에게 서비스를 제공할 수 있는 체제를 갖추고 있을 것
- 대지 및 건물의 소유권 또는 사용권을 확보하고 있을 것. 다만, 회원을 모집하는 경우에는 소유권을 확보하여야 한다.

가족호텔업 가족단위 관광객의 숙박에 적합한 시설 및 취사도구를 갖추어 관광객에게 이용하게 하거나 숙박에 딸린 음식 · 운동 · 휴양 또는 연수에 적합한 시설을 함께 갖추어 관광객에게 이용하게 하는 업을 말하며, 등록기준은 다음과 같다.

- 가족단위 관광객이 이용할 수 있는 취사시설이 객실별로 설치되어 있거나 층별로 공동취사장이 설치되어 있을 것
- 욕실이나 샤워시설을 갖춘 객실이 30실 이상일 것
- 객실별 면적이 19제곱미터 이상일 것
- 외국인에게 서비스를 제공할 수 있는 체제를 갖추고 있을 것
- 대지 및 건물의 소유권 또는 사용권을 확보하고 있을 것. 다만, 회원을 모집하는 경우에는 소유권을 확보하여야 한다.

호스텔업 배낭여행객 등 개별 관광객의 숙박에 적합한 시설로 샤워장, 취사장 등의 편의시설과 외국인 및 내국인 관광객을 위한 문화 · 정보 교류시설 등을 함께 갖추어 이용하게 하는 업을 말하며, 등록기준은 다음과 같다.

- 배낭여행객 등 개별 관광객의 숙박에 적합한 객실을 갖추고 있을 것
- 이용자의 불편이 없도록 화장실, 샤워장, 취사장 등의 편의시설을 갖추고 있을 것. 다만, 이러한 편의시설은 공동으로 이용하게 할 수 있다.
- 외국인 및 내국인 관광객에게 서비스를 제공할 수 있는 문화 · 정보 교류시설을 갖추고 있을 것
- 대지 및 건물의 소유권 또는 사용권을 확보하고 있을 것

소형호텔업 관광객의 숙박에 적합한 시설을 소규모로 갖추고 숙박에 딸린 음식 · 운동 · 휴양 또는 연수에 적합한 시설을 함께 갖추어 관광객에게 이용하게 하는 업을 말하며, 등록기준은 다음과 같다.

- 욕실이나 샤워시설을 갖춘 객실을 20실 이상 30실 미만으로 갖추고 있을 것
- 부대시설의 면적 합계가 건축 연면적의 50퍼센트 이하일 것
- 두 종류 이상의 부대시설을 갖출 것. 다만, 단란주점영업, 유흥주점영업 사행행위를 위한 시설은 둘 수 없다.
- 조식 제공, 외국어 구사인력 고용 등 외국인에게 서비스를 제공할 수 있는 체제를 갖추고 있을 것
- 대지 및 건물의 소유권 또는 사용권을 확보하고 있을 것. 다만, 회원을 모집하는 경우에는 소유권을 확보하여야 한다.

의료관광호텔업 의료관광객의 숙박에 적합한 시설 및 취사도구를 갖추거나 숙박에 딸린 음식 · 운동 또는 휴양에 적합한 시설을 함께 갖추어 주로 외국인 관광객에게 이용하게 하는 업을 말하며, 등록기준은 다음과 같다.

- 의료관광객이 이용할 수 있는 취사시설이 객실별로 설치되어 있거나 층별로 공동 취사장이 설치되어 있을 것
- 욕실이나 샤워시설을 갖춘 객실이 20실 이상일 것
- 객실별 면적이 19제곱미터 이상일 것
- 의료관광객의 출입이 편리한 체계를 갖추고 있을 것
- 외국어 구사인력 고용 등 외국인에게 서비스를 제공할 수 있는 체제를 갖추고 있을 것

3 호텔사업의 특성

3.1 시설의 특성

초기투자비용의 과다 호텔은 건물이나 시설 자체가 매력이 있는 상품이기 때문에 부분적 또는 연차적 투자는 어렵고, 개관하기 전에 거액의 자본이 일시에 투자되어야 한다. 즉 호텔은 토지, 건물, 집기, 비품 등 고정자산의 비중이 70% 정도로 높아서 초기에 투자비용이 과다하게 높은 특성을 가지고 있다.

시설의 조기 진부화 호텔의 시설은 많은 고객이 사용하는 상품이기 때문에 훼손이나 마모가 빠르다. 낡은 시설로는 고객유치 및 유지가 어려우므로 지속적으로 개보수(renovation)를 해야 하는 어려움이 따른다. 일반적인 건물의 생명은 60년 정도이지만 호텔 건물의 생명(life time)은 40년 정도로 예상된다. 특히 객실 내부 시설 및 인테리어의 생명은 10년 정도이므로 10년 주기로 가구, 카펫, 벽지 등을 교체 또는 개보수를 해 주어야 한다.

비생산적인 공간의 확보 호텔의 로비(lobby)는 직접 수익을 올리는 영업공간이 아니지만 고객의 편의를 위한 공공장소로 넓은 공간을 확보해야 하고, 고급 인테리어 등을 해야 하므로 그에 따른 고액의 투자비용도 소요된다.

3.2 경영의 특성

인적 서비스 의존성 제조업은 대량생산을 하기 위해 기계에 의존하고 있으나 호텔의 서비스는 기계가 대신 할 수 없고, 사람에 의하여 제공되므로 인적 의존성이 높다. 즉 호텔의 객실을 판매하기 위해서는 예약 업무, 프런트 업무, 벨 및 도어 서비스, 객실 청소 등 많은 인적 서비스가 요구되며, 또한 식음료를 판매하기 위해서도 주방에서 음식을 만드는 직원과 홀에서 서빙하는 직원 등의 인적 서비스가 요구된다. 이와 같이 호텔은 많은 인원을 보유하고 있으므로 과다한 인건비(전체 매출 중에서 인건비의 비율은 35~40% 정도)는 경영악화의 요인이 되기도 한다.

고정비의 과다 호텔은 인건비, 냉난방비, 시설관리유지비 등의 고정비가 높아 경영상 어려운 점이 있다. 즉 영업의 성과와 관계없이 고정비는 지속적으로 지출되어야 한다.

연중무휴 영업 호텔은 서비스업으로써 고객이 원하는 날짜에 언제든지 이용할 수 있도록 일 년 365일 하루도 쉬지 않고 영업을 한다. 특히 객실판매부서인 프런트의 경우 하루 24시간 영업을 하기도 한다.

성 · 비수기의 존재 호텔은 성수기(on season)와 비수기(off season) 또는 주말과 주중 등 영업이 특정 계절이나 특정일에 편중되는 경향이 있다. 즉 성수기에는 초과수요를 수용하지 못하여 사업기회를 상실하고, 비수기에는 수요가 적은데 비하여 높은 고정비는 지출되어야 하므로 경영상의 어려운 점이 따른다. 특히 리조트 호텔의 경우 호텔경영자의 입장에서 비수기 타개는 항상 과제로 남는다.

3.3 상품의 특성

호텔의 상품은 크게 객실상품, 식음료상품 그리고 사우나 등의 부대시설상품 등으로 구성되는데, 이들 상품은 비유통성, 비표준성, 비저장성, 비이전성, 비단독성, 비탄력성 등의 특성을 가지고 있다. 호텔경영자는 이러한 특성을 잘 고려하여 적절한 경영활동을 수행해야 한다.

비유통성 제조업의 상품은 생산자와 소비자 사이에 유통과정 있지만 호텔상품은 소비자가 호텔에 직접 와서 구매하므로 유통과정이 없다. 또한 호텔상품은 고객의 주문에 의하여 생산을 하고, 고객이 생산과정에도 참여하며, 생산과 소비가 분리되지 않는 동시성을 가지고 있다.

예를 들면 호텔 레스토랑에서 스테이크를 먹기 위해서는 소비자가 현장까지 와야 하며, 소비자가 주문해야만 주방에서 생산을 하고, 스테이크 굽기를 미디엄(중간정도 익히기)으로 해달라는 등 소비자가 생산과정에 참여하며, 인적 서비스에 의하여 전달되면 소비자는 그 자리에서 소비한다.

비표준성 제조업의 제품은 생산의 투입요소가 달라지지 않는 한 동질성을 유지할 수 있으나 호텔상품은 주문에 의하여 생산하는데, 소비자의 욕구, 기호, 성격, 관습 등이 제각기 다르기 때문에 표준화하여 대량생산을 할 수 없다.

비저장성 제조업의 상품은 판매가 되지 않으면 재고로 보관하여 반복 판매가 가능하지만 호텔상품은 저장판매가 되지 않는다. 즉 당일 판매되지 않은 객실은 시간과 함께 소멸되어 영원히 판매할 수 없다.

비이전성 제조업의 상품은 판매가 되면 소유권이 구매자에게 이전되지만 호텔상품은 소유할 수 있는 것이 아니라 단지 시설을 일정 기간 이용하고 호텔을 나서는 순간 무소유가 되므로 소유권의 이전이 안 된다.

비단독성 제조업의 상품은 하나의 개체로 존재하고 판매될 수 있지만 호텔상품은 반드시 인적 서비스가 곁들여져야 하고, 일련의 서비스 과정(process) 자체가 하나의 상품으로 존재한다. 즉 주방에서 아무리 맛있는 음식을 만들어도 인적 서비스가 곁들여지지 않으면 판매할 수 없고, 객실상품의 경우 체크인(check-in)에서부터 체크아웃(check-out) 할 때까지 여러 서비스 과정이 존재하는데, 고객은 서비스 전 과정을 경험하고 그 대가를 지불한다.

비탄력성 제조업의 상품은 수요가 갑자기 늘면 연장근무 등을 통하여 생산해 낼 수 있지만 호텔상품은 객실 수와 레스토랑의 수용력이 한정되어 있기 때문에 수요가 초과할 경우 즉석에서 대처할 수 없으므로 공급 측면에서 비탄력적이다.

3.4 호텔 서비스의 특성

인적 서비스(human service) 종사원에 의하여 제공되는 수고와 노동이다. 인적 서비스는 고객접점에서 발생되는 직접적인 서비스인데 서비스 행위 자체뿐만 아니라 종사원의 용모, 복장, 태도, 환대정신까지도 포함한다. 따라서 호텔 경영자는 종사원의 용모, 복장, 태도, 환대정신 등에 관심을 가지고 인적 서비스 품질을 향상시켜야 하며, 종사원은 자신의 용모 · 복장 · 태도 · 환대정신 등이 곧 호텔의 상품이라는 것을 명심해야 한다.

물적 서비스(physical service) 호텔의 외관, 시설, 분위기, 공간배치, 소품, 가구, 비품, 인테리어 그리고 유형의 음식과 음료 등을 말하며, 고객이 서비스 구매과정에서 수없이 접하게 된다. 특히 호텔기업에서 물적 서비스는 유형성을 높여주는 가장 강력한 수단이고, 실제 구매 포인트로써 상당한 역할을 한다. 아무리 인적 서비스가 훌륭하다고 하여도 물적 서비스가 불량하면 호텔서비스 품질 전체가 불량으로 평가된다.

예를 들어 호텔의 레스토랑에서 아무리 맛있는 식사를 하고 인적 서비스를 잘 받아도 실내의 청소상태 및 테이블 클로스, 냅킨, 나이프나 포크 등의 기물이 불결하다면 호텔서비스 품질과 수준은 의심을 받게 될 것이다.

시스템적 서비스(systematic service) 고객이 구매선택하고 이용하는데 간접적으로 영향을 주는 것을 말한다. 즉, 지식, 정보, 아이디어에 의한 흐름, 절차, 체계, 제도 등으로 제공되는 편익을 의미한다. 이러한 것도 고객의 입장에서는 비가시적인 접점의 대상이 되는 것이다.

시스템적 서비스의 구체적인 예

- 호텔 조직 자체의 커뮤니케이션의 체계 유지
- 판촉 및 홍보를 통한 고객간의 정보 커뮤니케이션의 경로구축 (인터넷 정보 서비스 등)
- 고객의 다양한 욕구에 대응하는 서비스 개발 및 상품화
- 업무의 프로세스, 매뉴얼화로 시간 단축 및 서비스의 표준화 실현
- 노동, 비용, 시간 등의 절약으로 효율적인 생산 및 수익성 제고
- 고객을 위한 쾌적하고 안전한 주차 서비스

3.5 호텔 서비스 품질관리

서비스품질에 관한 연구는 파라수라만(Parasursman), 자이타믈(Zeithaml), 베리(Berry) 연구팀에 의하여 정형화되기 시작하였다. 이들은 서비스품질 평가를 위하여 ① 신뢰성 ② 반응성 ③ 보장성 ④ 공감성 ⑤ 유형성 등의 5가지 구성요소를 개발하였으며, 이 구성요소는 서비스업의 품질을 측정하는데 유용하게 사용되고 있다. 따라서 호텔 서비스 품질도 이 구성요소에 의하여 관리할 필요성이 있다.

신뢰성(reliability) 5가지 구성요소 중 서비스품질을 지각하는데 가장 중요한 요소이다. 신뢰성이란 약속한 서비스를 정확히 제공하는 능력. 즉 서비스제공 내용, 가격 등 직·간접적으로 약속한 것을 제대로 이행하는 것을 말한다.

반응성(responsiveness) 고객을 도와주려는 의지와 신속히 서비스를 제공하고자 하는 의지의 표현을 말한다. 고객은 자신의 요구사항, 질문, 불만, 문제의 제기에 신속히 응대해 주기를 원한다.

보장성(assurance) 고객이 안심하고 이용할 수 있도록 확신을 심어주기 위한 노력을 말한다.

공감성(empathy) 종사원이 고객 개개인에 관심을 가지고 주의(attention)를 하여 환대를 보여주는 주는 것을 말한다. 특히 고객이 요구하기 전에 먼저 알아서 욕구충족을 시켜준다면 공감성은 높다고 할 수 있다.

유형성(tangible) 호텔이 가지고 있는 물리적 시설(건물, 인테리어, 비품, 가구 등)이나 종업원의 복장 · 외모 · 태도 등의 가시적인 표현을 말한다. 유형성은 특히 신규고객에게는 첫인상을 좌우할 뿐만 아니라 서비스의 수준과 능력을 가늠할 수 있다는 점에서 중요한 요소로 작용한다.

[표 2-3] **호텔 서비스 품질평가 구성요소와 내용**

구성요소	내 용
신뢰성	광고 및 홍보물의 약속이행, 예약 및 주문사항에 대한 준수 여부 등
반응성	고객의 요구 및 불평에 대하여 신속한 대응하는 정도
보장성	안전, 보안 및 위생 등
공감성	고객 개개인에 대한 관심과 노약자 및 장애인 고객을 위한 배려 등
유형성	종업원의 복장과 용모를 비롯한 호텔 내 · 외의 시설 및 비품의 상태

3.6 호텔 서비스 품질관리의 중요성

고객이 호텔 서비스를 이용하여 만족하면 재이용한다. 호텔 측의 입장에서는 고정고객을 확보할 수 있으며, 이들이 주변에 좋은 구전을 전파하여 신규고객도 창출되어 결국 매출이 증대된다. 또한 기존고객이 반복 이용하고, 구전에 의하여 신규고객이 창출되어 판매비 · 광고비 등의 비용절감도 할 수 있다. 그러나 불만족하게 되면 재이용이 중단되어 고객을 상실하고, 나쁜 구전을 주변에 전파해 잠재고객까지도 상실하므로 매출의 감소를 가져다준다.

[그림 2-2] **호텔 서비스 만족 · 불만족의 결과**

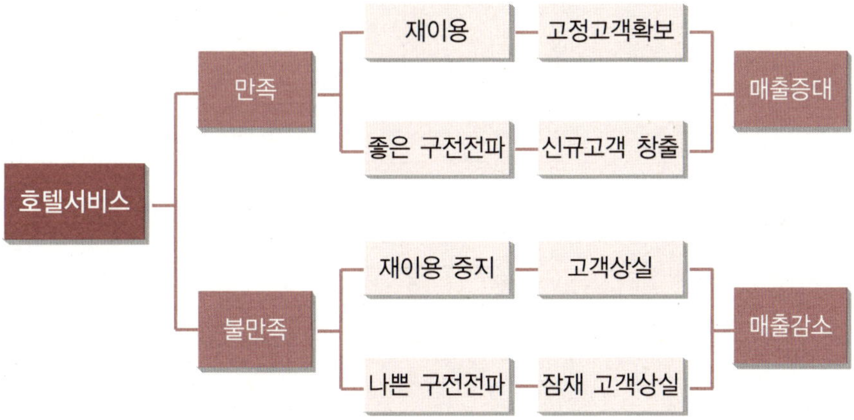

4 호텔의 조직도와 업무개요

4.1 호텔의 조직도

어느 기업이든지 기업을 유지 · 발전시키고 경영목표를 달성하기 위해서는 조직이 필요하며, 조직은 기업의 내 · 외부 환경을 고려하여 적절히 구성해야 한다. 호텔의 고객은 안전한 숙박시설, 깨끗하고 안락한 객실 및 식음료 업장, 친절한 서비스, 잘 갖추어진 부대시설 등을 요구하므로 이에 맞는 조직의 목표를 수립해야 한다.

호텔의 조직기구는 객실규모, 부대시설규모, 입지 그리고 경영특성에 따라 달라지는데, 일반적인 조직도는 총지배인을 정점으로 판촉부, 객실부, 식음료부, 조리부 등 영업을 담당하는 영업부서와 총무부, 경리부, 시설부 등 영업을 지원하는 관리부서로 나누어진다. 대규모 호텔을 기준으로 조직도를 살펴보면 〈그림 2-3〉과 같다.

[그림 2-3] **호텔의 조직도**

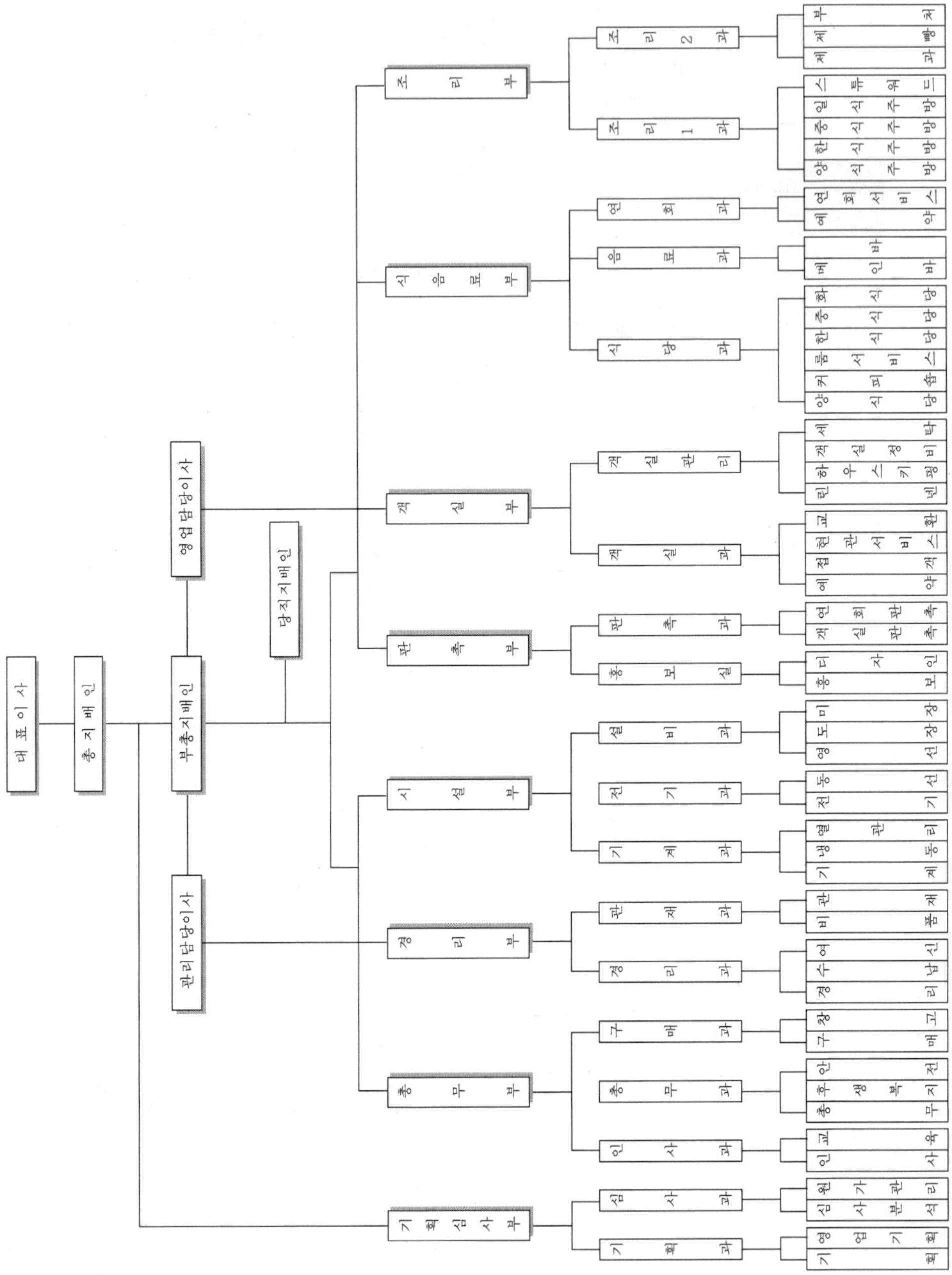
대표이사
총지배인
부총지배인
영업담당이사
관리담당이사
당직지배인
조리부
식음료부
객실부
판촉부
시설부
경리부
총무부
기획심사부
조리2과
조리1과
연회과
음료과
식당과
객실관리
객실과
판촉과
홍보실
설비과
전기과
기계과
관재과
경리과
구매과
총무과
인사과
심사과
기획과

4.2 조직도에 의한 업무개요

총지배인(GM : general manager) 주주나 오너(owner)로부터 책임을 위임받은 경영상 최고 책임자로 호텔의 영업 전반에 대하여 지휘, 감독을 한다.

부총지배인(executive assistant manager) 총지배인을 보좌하고 부재 시 그 업무를 대행한다. 일반적으로 영업이사가 겸직하기도 하고, 직제 자체가 없는 경우도 있다.

당직지배인(duty manager) 총지배인을 대신하여 고객을 접객하거나 고객 불평을 처리하고, 대내적으로는 순찰업무를 담당한다. 주요업무는 ① 당일의 VIP 확인 ② 당일 단체 투숙상황 확인 ③ 고객 불평불만 처리 ④ 매 시간 호텔 전관 순찰 ⑤ 야간 근무자의 감독 ⑥ 긴급사태의 신속한 처리 및 보고 ⑦ 당직 일지 기록 등이다.

기획심사부(department of planning & audit) 관리부나 영업부 등 특정 부서에 속한 것이 아니라 총지배인 또는 대표이사 직속의 별도 부서로 존재하며, 기획과와 심사과로 나누어진다. 기획과는 경영기획과 영업기획을 하며, 심사과는 영업 전반에 대한 심사를 한다.

객실부(room division) 호텔의 주 상품인 객실을 생산하고 판매하는 부서이다. 객실 판매를 담당하는 객실영업(front office)과에는 프런트 데스크(front desk), 현관서비스, 예약실, 교환실, 비즈니스센터로 구성되어 있고, 객실생산을 담당하는 객실정비(housekeeping)과에는 객실정비(room maid), 린넨(linen)실, 세탁실 그리고 헬스클럽 · 사우나 · 수영장 등을 관리하는 피트니스센터(fitness center) 등으로 구성되어 있다.

식음료부(department of food & beverage) 식사(food)와 음료(beverage)를 판매하는 부서이다. 음식을 위주로 판매하는 식당과와 음료를 관리하고 판매하는 음료과 그리고 연회장에서 단체 연회행사를 담당하는 연회과로 나누어져 있다.

조리부(department of food production) 음식을 생산하는 부서이다. 각 식당 종류별로 주방이 있으며, 제과 · 제빵을 만드는 베이커리, 기본적인 요리 아이템을 조리하여 각 주방에 공급하는 메인 주방(main kitchen), 기본적인 찬 음식을 각 주방에 공급하는 콜드 키친(cold kitchen), 모든 주방에 육류를 다듬어 제공하는 부처(Butcher) 그리고 접시 등의 기물을 관리하고 세척하는 기물관리(steward)실로 구성되어 있다.

판촉부(department of sales & marketing) 호텔의 상품을 판매 촉진시키고 홍보를 담당한다. 객실상품을 주로 판매하는 객실판촉과와 연회행사를 유치하는 연회판촉과 그리고 대외홍보업무와 인쇄물 제작을 담당하는 홍보과로 구성되어 있다. 호텔에 따라서는 마케팅실을 별도로 두기도 한다.

인사/총무부(department of human resources/general affairs) 인사/총무부는 직원 채용 · 배치 · 관리 그리고 교육을 담당하는 인사과, 경비 · 공무 · 후생복지를 담당하는 총무과 그리고 호텔 내의 전산망을 담당하는 전산실로 구성되어 있다.

경리부(department of accounting) 호텔회계, 수납, 여신 업무를 담당하는 경리과, 재산 및 비품을 관리하는 관재과, 구매 및 창고를 담당하는 구매과로 구성되어 있다.

시설부(department of engineering) 기계 · 냉동 · 열관리를 하는 기계과, 전기와 음향 · 조명을 담당하는 전기과, 목공 · 도장 · 미장 등을 담당하는 영선과로 구성되어 있다.

연습문제(호텔관련 종사원 자격시험 대비)

1. 다음 중 관계가 없는 호텔 하나는?

① motel ② metropolitan hotel
③ downtown hotel ④ business hotel

2. 영업상 성수기와 비수기, 주말과 주중의 객실점유율이 극명하게 존재하는 호텔은?

① motel ② resort hotel
③ city hotel ④ airport hotel

3. B&B 숙박시설의 영어 뜻은?

① Bed & Bread ② Bed & Breakfast
③ Bed & Bathroom ④ Bread & Breakfast

4. 관광펜션업의 지정기준이 아닌 것은?

① 자연 및 주변환경과 조화를 이루는 3층 이하의 건축물일 것
② 객실이 30실 이하일 것
③ 취사 및 숙박에 필요한 설비를 갖출 것
④ 바베큐장, 캠프파이어장 등 주인의 환대가 가능한 2종류 이상의 이용시설을 갖추고 있을 것

5. 휴양콘도미니엄의 법적 시설기준이 아닌 것은?

① 놀이기구 1개 이상 ② 객실 내 취사시설
③ 매점 ④ 문화체육공간 1개소 이상

6. 호텔의 시설상 특성이 아닌 것은?

① 초고층화 지향 ② 초기투자비용의 과다
③ 시설의 조기 진부화 ④ 비생산적인 공간의 확보

7. 호텔의 경영상 특성이 아닌 것은?

① 인적 서비스 의존성 ② 변동비의 과다
③ 연중무휴영업 ④ 성 · 비수기의 존재

8. duty manager란?

① 업장지배인 ② 총지배인
③ 당직지배인 ④ 프런트 지배인

9. 호텔상품의 특성에 대하여 설명하시오.

10. 호텔 서비스 속성 중에서 시스템적 서비스(systematic service)란?

11. 호텔 서비스 품질평가 구성요소에 대하여 설명하시오.

12. 호텔 서비스 품질관리의 중요성에 대하여 설명하시오.

제3장

호텔경영의 형태

1. 체인경영 호텔
2. 단독경영 호텔과 리퍼럴그룹경영 호텔
3. 임차경영/합작투자경영/업무제휴경영 호텔

호텔경영의 이해

제 3 장 호텔경영의 형태

1 체인경영 호텔

1.1 체인경영 호텔의 개요

체인경영 호텔(chain hotel)이란 체인본사와 가맹호텔이 계약을 통하여 경영하는 호텔 또는 하나의 소유주가 2개 이상의 호텔을 공유하여 경영을 하는 것을 말한다.

체인경영 호텔은 2차 세계대전 이후 단독경영 호텔들이 기존의 대형호텔 그룹에 합병되고, 미국의 판 아메리칸 월드 에어 웨이스(Pan American World Airways)와 같은 항공사가 그들의 항공노선을 따라 주요 도시에 인터콘티넨탈 호텔을 건설하면서 활발히 진행되었다. 초기에는 주요 호텔 체인들이 자체 소유의 호텔을 건설하여 본사직영의 체인호텔이 주를 이루었으나, 1950년대에 들어와서 홀리데이 인(Holiday Inns)을 중심으로 한 모텔회사와 쉐라톤(Sheraton), 라마다 인(Ramada Inns) 등의 호텔이 프랜차이즈 시스템(franchise system)이라는 새로운 경영방식이 본격화되었다. 1960년대 이후에는 힐튼(Hilton), 쉐라톤(Sheraton), 홀리데이 인(Holiday Inns), 웨스턴(Westin), 하얏트(Hyatt), 매리어트(Mariott) 등의 국제적인 호텔 기업이 세계 여러 곳에 체인망을 형성하면서 위탁경영계약(management contract) 형태의 체인호텔이 대거 등장하게 되었다.

특히 매리어트는 전 세계 1,500개 호텔에 150,000개 이상의 객실을 갖춘 체인시스템에 보유하고 있지만 자사가 직접 소유하고 있는 호텔이 불과 6개에 불과하며, 대부분 위탁경영계약을 통해서 경영을 하고 있다. 이는 90여 년에 걸친 호텔경영의 노하우를 통해 '호텔 경영에 관한 어떠한 소유회사보다 이윤을 보장한다' 라는 이미지를 구축했기 때문이다.

체인경영 호텔은 높은 브랜드의 인지도를 통하여 조기에 영업력을 확보하고, 규모의 경제(economics of scale)를 최대한 살릴 수 있는 경영방식으로 선진 호텔에서는 대부분이 방식을 도입하여 운용하고 있다. 체인경영 호텔은 호텔경영에 경험이 없어도 체인본부로부터 시장조사, 입지선정, 건축기술 지원, 전산시스템, 종업원의 교육, 개관업무, 각종 영업 매뉴얼을 통한 서비스 표준화 등의 지원을 받을 수 있으므로 단독경영 호텔보다 호텔사업의 진출이 용이하며, 조기에 영업목표를 달성할 수 있는 장점이 있다.

[그림 3-1] **체인경영의 형태**

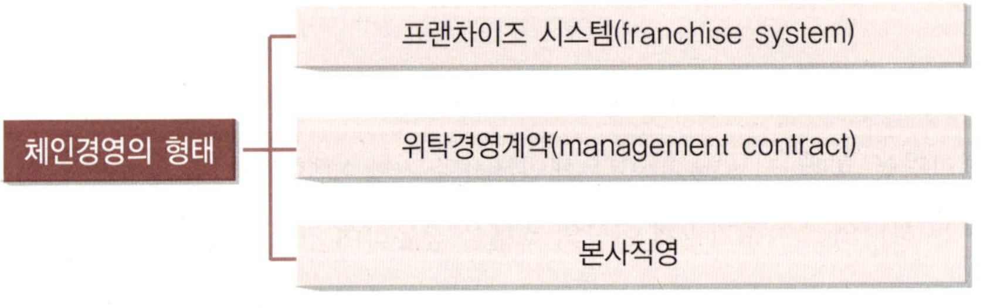

1.2 프랜차이즈 호텔 시스템

프랜차이즈 시스템의 개요 프랜차이즈 호텔(franchise hotel) 시스템은 본사(franchisor)와 가맹점 호텔(franchisee) 간에 계약을 맺어 본사는 상표사용권, 예약시스템, 경영 노하우를 제공하고 가맹점 호텔은 그에 따른 수수료를 지불하는 형태이다. 소유회사인 가맹점 호텔의 경영권은 독립성이 유지된다.

본사가 가맹점 호텔에게 제공하는 기술지도는 ① 호텔 설계 노하우 제공 ② 호텔운영을 위한 전산 시스템 제공 ③ 호텔 전 부서의 표준화된 운영지침(manual) 제공 ④ 직원 교육 매뉴얼 제공 ⑤ 개업전후 시장조사 및 기술지원 ⑥ 수익분석 등 종합적 운영계획 제공 ⑦ 개업 후 유지관리 매뉴얼 제공 등이다. 이에 대한 기본적인 수수료의 형태는 최초 가입비(initial fee), 객실매출액에 대한 4~5% 정도의 로열티(royalty), 예약 건당 수수료 등이 있고, 계약 내용에 따라 개관준비, 광고 · 홍보 등의 마케팅, 교육 · 훈련, 기타 경영자문 등의 수수료가 추가될 수도 있다.

[그림 3-2] **프랜차이즈 시스템**

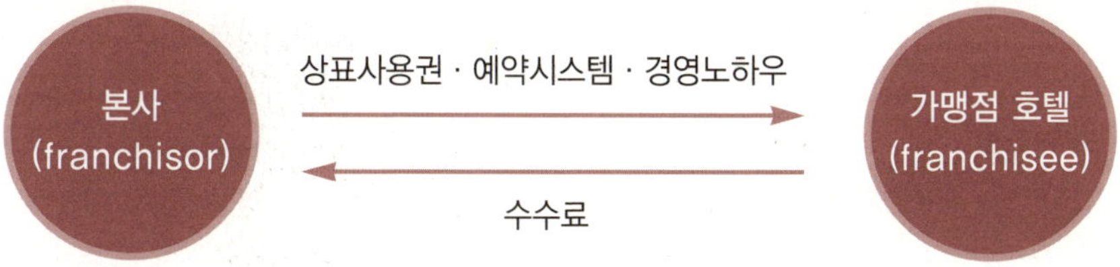

프랜차이즈 시스템 호텔의 장단점 프랜차이즈 시스템 호텔의 장점은 호텔 소유주의 입장에서는 경험이 없어도 호텔사업 진출이 용이하고, 인지도 높은 브랜드의 사용으로 초기에 신뢰성을 확보할 수 있으며, 세계 각국의 동일 프랜차이즈 호텔의 예약망을 이용한 객실판매의 증대를 기할 수 있다. 단점으로는 과도한 로열티의 지불, 본사로부터 지나친 통제 등을 들 수 있다.

[표 3-1] **프랜차이즈 호텔의 장단점**

장 점	단 점
• 호텔사업 진출의 용이	• 과다한 로얄티의 지불
• 인지도 높은 브랜드의 사용으로 초기에 신뢰성 확보	• 프랜차이즈의 브랜드가 약해지거나 부정적 이미지로 바뀌면 영업력 하락
• 체인 예약망을 이용한 객실판매의 증대	• 지역특성을 고려한 독자상품 개발 및 판매의 제한
• 공동 광고 효과	• 동일 지역 내 가맹점 남발 우려
• 대량구매에 의한 원가절감	• 본사로부터 지나친 통제
• 금융권으로부터 자금조달의 용이	• 계약 종료 후 이미지 저하
	• 본사와의 갈등

[표 3-2] 국내 프랜차이즈 호텔의 현황

소유회사	호텔명	기술제공자	계약기간	수수료 내역 및 비고
(주)워커힐	워커힐 호텔	쉐라톤	2001년까지	• 가맹금 : $15,000 • 예약망 가입수수료 : 이용가능 객실수×$6 • 마케팅수수료 : 총객실수입의 4%
(주)서한사	앰배서드	아코르	1988~1997년	• 가맹금 : $430,000 • 해외홍보비 88년 : 객실수입의 1.5% 89년 이후 : 객실수입의 3% • 해외예약망 이용 수수료 88년 : 객실수입의 0.2% 89년 이후 : 객실수입의 0.5%
전원산업 (주)	홀리데이인(제주)	홀리데이인	2007년까지	• 객실 총수입의 3% 및 기타

※ 자료 : 한국산업기술진흥협회(1999), 기술도입. 수출현황 자료집에서 저자 재구성

※ 계약기간이 지난 호텔은 대부분 재계약이 된 상태임

1.3 위탁경영계약 호텔

위탁경영계약 호텔(management contract hotel)의 시스템은 1949년 힐튼 인터내셔널(Hilton International)이 미국의 힐튼 본사로부터 독립하여 위탁경영 전문회사를 만들어 최초로 시작하였다고 하여 일명 힐튼 방식이라고도 하며, 번역하여 경영대리 호텔이라고도 한다. 위탁경영계약 호텔은 경영호텔과 호텔소유주와 계약을 맺어 경영호텔은 상표사용권과 위탁경영을 제공하고 호텔소유주는 그에 따른 수수료를 지불하는 형태이다.

즉 소유회사와 경영회사 간 위탁경영계약을 통해 소유회사는 자산관리에만 전념하고, 경영회사는 인사권 등 일체의 경영권을 행사하여 총지배인 등 핵심간부들을 파견하여 호텔소유주로부터 위탁을 받아 경영하는 것이다. 위탁경영 호텔은 호텔소유주의 경영권이 상실된다는 점에서 프랜차이즈 호텔과 차이점이 있다. 위탁경영계약 호텔의 장단점을 소유자의 입장에서 정리하면 다음 표와 같다.

[표 3-3] 위탁경영계약 호텔의 장단점

장 점	단 점
• 호텔경영의 전문성 확보	• 경영의 독립성 상실
• 인지도 높은 브랜드의 사용으로 신뢰성 확보	• 과다한 수수료의 지불
• 체인 예약망 활용	• 계약 종료 후 이미지 저하
• 공동 광고 효과	• 경영호텔과의 갈등
• 경영노하우의 습득	• 경영호텔의 브랜드가 약해지거나 부정적 이미지로 바뀌면 영업력 하락
• 금융권으로부터 자금조달의 용이	
	• 불합리한 계약조건에도 불구하고 장기간의 계약기간에는 손실감수

위탁경영계약 호텔의 수수료 형태는 일반적으로 광고 · 홍보 등의 마케팅비 그리고 손익에 관계없이 고정적으로 총 매출액에 1~3% 정도를 받는 경영수수료(managementf fee)와 영업이익(GOP : Gross Operating Profit)을 올렸을 경우 인센티브 형식으로 10~15% 정도를 받는 경영 성과수수료(incentive fee) 등이 있는데, 프랜차이즈의 수수료 비용보다는 높은 편이다. 일반적으로 소유호텔은 영업이익에 대한 수수료를 선호하고, 경영호텔은 영업이익과 관계없이 총 매출액에 대한 수수료를 선호하게 되는데, 결국 양측의 협상력이 요구된다.

호텔소유주의 입장에서는 위탁경영계약 형태가 반드시 수익을 가져다주는 것은 아니므로 협상에 앞서 경영계약체결이 수익성 증가에 미치는 영향을 평가하거나 경영계약 체결로 인한 자산가치의 증가 가능성 등 경제성을 고려하여 한다.

[그림 3-3] 위탁경영계약 호텔의 관계

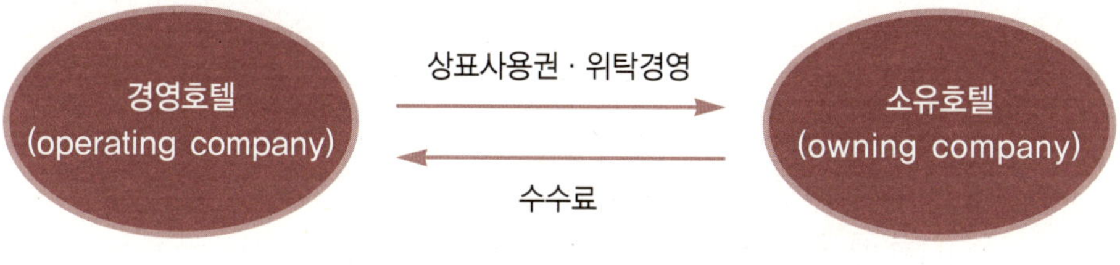

예제1

A호텔의 소유주는 B경영호텔과 위탁경영계약을 체결하면서 총 매출액의 3%, 영업이익의 10%를 수수료로 주기로 했다. A호텔의 연간 총 매출액이 500억 원, 영업이익이 40억 원 발생했다면 A호텔은 B경영호텔에 얼마의 수수료를 지불해야 하는가?

➡ (500억 원×3%) + (40억 원×10%) = 15억 원 + 4억 원 = 19억 원

위탁경영계약을 하게 되면 호텔개관 전후로 다음과 같이 다양한 경영 노하우를 받을 수 있다. 먼저 호텔개관 전에는 ① 각종 시장조사 ② 예상 사업수익 ③ 건설계획과 지도 ④ 실내 인테리어 지도 ⑤ 운영지침 대한 각종 매뉴얼(manual) 제공 ⑥ 자재구매 ⑦ 부서별 전문 운영관리자의 파견 등의 지원을 받아 체계적인 개관준비를 할 수 있다.

그리고 개관 후에는 ① 호텔명칭사용권 ② 관리자 등의 직원파견③ 판매관리 서비스 ④ 종업원 교육·훈련 ⑤ 물품조달 ⑥ 영업추이분석 및 마케팅 지원 ⑦ 예약망 지원 등을 통하여 조기에 영업력을 확보할 수 있다. 국내 주요 위탁경영계약 호텔의 현황을 살펴보면 〈표 3-4〉와 같다.

사례 **파크 하얏트의 위탁경영**

호텔 아이파크(주)는 '파크 하얏트'란 브랜드로 경영회사 하얏트와 2005년부터 15년간 위탁경영을 체결했다. 계약의 구체적인 내용은 영업이익에 대한 로열티를 1~5년차에는 10%, 6~10년차에는 12.5%, 11~15년차에는 15%를 주기로 했다.

1.4 본사직영 체인호텔

본사직영 체인호텔이란 하나의 소유주가 2개 이상의 호텔을 체인화한 형태이다. 예를 들어 우리나라 롯데호텔의 경우 서울 명동에 호텔롯데를 개관하여 단독경영호텔로 출발하였지만 잠실, 대덕, 부산, 제주, 울산 등지에 직영 호텔을 건립해 체인호텔이 되

었다. 즉 소유와 경영이 일치하고, 본사와 가맹호텔이라는 계약관계는 없지만 체인경영의 장점을 그대로 살릴 수 있으므로 이를 본사직영 체인호텔이라고 한다.

[표 3-4] 국내 주요 본사직영 체인호텔 현황

본사 호텔명	본사직영 체인호텔명(개관일)	
롯데	롯데호텔(1979) 롯데호텔 부산(1997) 롯데호텔 울산(2002) 롯데호텔 모스크바	롯데호텔 월드(1988) 롯데호텔 제주(2000) 롯데시티호텔 마포(2009)
신라	신라호텔(1979)	제주신라호텔(1998)
파라다이스	파라다이스호텔 부산(1981) 파라다이스호텔 도고(1998)	파라다이스호텔 제주(1990) 파라다이스 오림포스호텔(2000)
현대	호텔현대 경포대(1971) 호텔현대 경주(1992)	호텔현대 울산(1983) 호텔현대 블라디보스톡(1997)

사례 **롯데호텔, 위탁경영방식으로 해외 진출 가속화**

롯데호텔에 따르면 해외 호텔 오너들이 롯데호텔에 위탁경영을 맡기려는 러브콜을 보내고 있다. 롯데호텔 관계자는 "최근 해외에서 위탁경영해달라는 문의가 중국을 중심으로 잇따르고 있다"고 전했다. 롯데호텔은 현재 해외에 한 곳뿐인 위탁경영 호텔을 2017년 미얀마 양곤, 중국 옌타이(煙臺) · 선양(瀋陽), 2018년 러시아 사마라(Samara) 등으로 확대할 계획이다.

위탁경영 호텔이 늘어나는 이유는 롯데호텔의 호텔 경영과 서비스가 해외에서 주목받고 있는 것으로 분석된다. 실제로 롯데호텔이 위탁경영방식으로 운영하는 우즈베키스탄 '롯데시티호텔 타슈켄트 팰리스'를 통해 호텔의 노하우를 인정받았다. 롯데시티호텔 타슈켄트팰리스는 롯데호텔 모스크바와의 교육제휴를 통해 직원 서비스 교육, 직무 및 전산 교육을 진행했으며 시설은 특1급 호텔 수준이지만 서비스를 간소화해 '프리미엄 비즈니스 호텔'로 문을 열었다.

롯데시티호텔 타슈켄트 팰리스 대표이사는 "롯데호텔이 위탁경영을 시작한 이래로 롯데 스탠다드에 맞춰 서비스 품질, 시설, 어메니티 등 전반적인 호텔 수준이 크게 발전했다"며 "다양한 국적의 고객들이 롯데 브랜드를 인지하고 우리 호텔을 찾기 시작했다"고 전했다. 이어 "타슈켄트 호텔 직원들이 롯데호텔서울과 롯데호텔 모스크바를 벤치마킹해 서비스 마인드와 로열티가 크게 향상됐다"며 "위탁경영 전 주요 고객은 관광객들이었지만 현재는 비즈니스맨들도 선호하는 호텔이 돼 미화 매출이 전보다 5배 이상 증가했다"고 덧붙였다.

롯데호텔 관계자는 "2020년까지 국내외에 50여 개의 호텔을 갖출 것"이라며 "단순히 호텔만 늘리는 것이 아닌 고객 편의를 위한 차별화된 시설과 기대 이상의 감동을 전하는 서비스로 해당 지역 최고의 호텔로 자리매김하겠다"고 전했다(연합뉴스).

2 단독경영 호텔과 리퍼럴그룹경영 호텔

2.1 단독경영 호텔

단독경영 호텔은 독립호텔(independent hotel) 소유자가 제3자로부터 자금지원이나 경영지원 없이 독자적으로 경영을 하는 형태이다. 이 형태는 호텔 소유주가 직접 경영을 함으로써 ① 의사결정 등을 신속하게 처리할 수 있고 ② 독창적인 경영기법을 개발할 수 있으며 ③ 위탁경영비 및 상표사용 등의 수수료가 들지 않는 등의 장점이 있으나, 단점으로는 ① 투자에 대한 위험부담이 높고 ② 호텔건설 및 경영 노하우의 부족 ③ 해외 마케팅의 한계 ④ 선진 호텔문화 및 서비스 도입의 한계 등을 들 수 있다.

2.2 리퍼럴그룹경영 호텔

리퍼럴그룹(referral group)경영 호텔은 단독경영 호텔들이 강력한 체인호텔에 대항하기 위하여 상호 연합하는 형태이다. 즉 각각의 호텔은 독자적인 경영권을 유지하면서 체인의 이점을 살리기 위해 회원사를 조직하여 체인화하는 것이다. 본사직영 체인호텔의 경우 한정적인 판촉망을 확대(worldwide)하기 위하여 리퍼럴그룹에 가입하기도 한다.

리퍼럴그룹 소속(association)하의 가맹호텔(member)들은 체인호텔처럼 상호 협력하여 공동 구매 · 선전 · 판촉, 예약서비스 공유, 정보교환 등을 하고 이에 대한 비용을 충당하기 위하여 회원사로부터 고정금액이나 객실판매액비율로 회비를 징수한다. 물론 회원사의 자격을 획득하기 위해서는 시설이나 서비스 등의 자격요건을 갖추어야 한다.

최근의 리퍼럴그룹은 독립호텔간의 단순한 협력관계를 유지하는 차원이 아니라 국제적으로 예약 체인망을 갖춘 전문 Association 회사가 등장하여 전 세계 비체인 호텔을 대상으로 가맹호텔을 받아들이고 있다. 예를 들어 가장 큰 리퍼럴 조직의 하나인 SRS(Steigenberger Reservation Service) 그룹은 전 세계 64개국에 264개 회원 호텔로 구성되어 있으며, 국내 호텔로는 롯데호텔이 가입하고 있다. 이와 같은 국제적인 리퍼럴 그룹은 로열티의 액수가 저렴하고, 계약기간이 짧은 것이 특징이며, 주로 중저가 호텔이 이를 선호하고 있다.

[표 3-5] 국내 주요 리퍼럴그룹 호텔의 현황

호텔명	리퍼럴그룹명	계약조건	계약내용
신라	LHW(미국)	연회비 : $18,000(1개 도시)	투숙객 송객 예약편의 제공 공동광고
	UTELL(영국)	연회비 : $1,400	
	NIKKO(일본)	연회비 : $24,000(1개 도시)	
프라자	LRI(미국)	연회비 : $5,400	투숙객 송객 예약편의 제공 공동광고
	SNR(유럽)	연회비 : $2,000	
	DELTON INT' L(홍콩)	연회비 가입조건 없음	
	PRINCE HOTEL INT 'L(일본)	일본 프린스호텔 체인가입예약망 이용	
롯데	PHW(미국)	연회비 : $52,000(1개 도시)	투숙객 송객 예약편의 제공 공동광고
	SRS(독일)	연회비 : $30,000(1개 도시)	
	UTELL(영국)	연회비 없음, 송객실당수수료, 공동광고선전비	

※ 자료 : 한국산업기술진흥협회(1998) 전게서에서 저자 재구성
※ 현재는 UTELL이 SUMMIT로 바뀌는 등 계약내용이 다를 수 있음

사례 **국내 리퍼럴그룹 – 베니키아**

2007년도에 출범한 베니키아(BENIKEA)는 외국인들에게 좋은 위치의 호텔을 합리적인 가격과 동시에 최고의 서비스를 제공하고자 생긴, 한국관광공사에서 운영하는 국내 최초의 관광호텔 체인브랜드로, "최고의 휴식을 선사하는 한국의 대표 호텔"이라는 의미인 "Best Night In Korea"의 이니셜을 따고 있다.

베니키아의 심볼마크

이와 같은 베니키아는 체인호텔처럼 규모의 경제를 추구하기 어렵고 지명도가 낮은 특2급 호텔에서 3급까지의 중 · 소 호텔이 회원으로 가입하여 체인호텔의 장점을 살리고자 하는 일종의 리퍼럴그룹이라고 할 수 있다.

베니키아 체인 가입 호텔은 베니키아 단독 예약 시스템(BCRS), 운영매뉴얼, 서비스 관리 및 교육 등의 지원을 받는다. 회원으로 가입하면 한국관광공사가 제작하는 각종 온-오프라인 간행물에 소개됨은 물론, 베니키아 브랜드 공중파 광고, 온라인 키워드 광고, 공사 해외지사를 통한 전시회, 프레스 투어, 여행업자 팸투어 등 다양한 홍보마케팅 혜택을 받을 수 있다. 현재 서울 가야호텔, 강원도 드래곤밸리호텔, 충북 단양호텔 등을 비롯하여 약 40개의 호텔이 가입되어 있다.

3 임차경영/합작투자경영/업무제휴경영 호텔

3.1 임차경영 호텔

임차경영 호텔(leased hotel)은 호텔경영전문 회사가 호텔소유회사의 호텔을 임차하여 운영하는 형태이다. 호텔소유자 입장에서는 호텔 경영능력의 부족으로 인한 경영의 불투명을 해소할 수 있고, 호텔경영회사의 입장에서는 많은 자본의 투자 없이 호텔을 경영할 수 있기 때문에 양자의 이해가 맞아떨어질 수 있다.

임대차는 임대인(호텔소유회사)은 호텔 내 · 외부 시설 및 비품 · 가구 등을 제공하고, 임차인(호텔경영회사)은 그에 대한 임차료를 지불하는 것으로 이루어진다. 계약내용은 보통 영업실적에 관계없이 일정액을 임차료로 내는 경우와 영업실적에 따라 일정비율로 내는 경우가 있는데 두 가지를 혼합하여 최소액의 임차료와 영업실적에 따른 매출액의 일정 비율을 내는 경우도 있다. 대부분 체인을 가진 호텔들이 체인확장을 위해서 많이 시도하고 있다.

[그림 3-4] **임차경영 호텔의 관계**

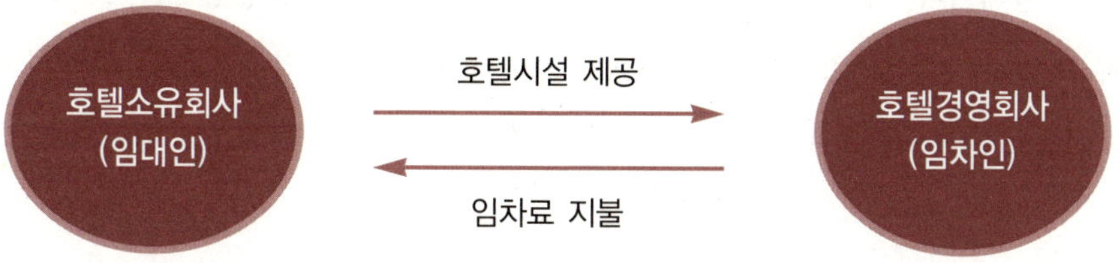

3.2 합작투자경영 호텔

합작투자(joint venture)경영 호텔은 자본을 제휴하는 것인데 소유회사와 경영회사 사이에 자본을 일정 비율에 따라 투자하여 운영하는 형태이다. 프랜차이즈와 위탁경영계약 호텔 등과 같은 체인호텔의 경우가 경영을 위한 체인이라면 합작투자 호텔은 자본체인이라고 할 수 있다. 그러나 많은 합작투자 호텔은 자본과 경영을 동시에 체인화를 추구하고 있다.

우리나라의 경우 외자도입법에 의하여 외국인이 투자를 하게 되면 소득세, 법인세, 취득세 및 재산세가 감면된다는 점에서 합작투자경영 호텔을 많이 시도하고 있다.

[표 3-6] **국내 주요 호텔의 외국인 투자 현황**

호텔명	투자회사	투자비율
신라호텔	일본 日商岩井(株) 외	19.15%
조선호텔	미국 Westin Hotel	50%
스위스 그랜드호텔	스위스 Sodereai	40%
라마다 르네상스	홍콩 Lamada Pacific 외	34%
인터컨티넨탈	미국 Inter-Continental	6%
힐튼호텔	미국 Hilton	12.4%
호텔롯데	일본 (주)롯데 외	100%

※ 자료 : 한국산업기술진흥협회(1998) 전게서에서 저자 재구성
※ 현재는 UTELL이 SUMMIT로 바뀌는 등 계약내용이 다를 수 있음

3.3 업무제휴경영 호텔

업무제휴(affiliation)경영 호텔은 단독경영 호텔이 체인화를 시도하지 않고 즉 호텔명 및 경영의 독립성을 확보하면서 단지 호텔경영에 대한 기술 또는 업무만을 제휴하여 도입하는 형태이다. 예를 들어 신라호텔은 일본 오꾸라 호텔과 경영자문, 호텔직원 일본 연수처 알선, 일식당 조리사 및 총지배인 보좌역 파견 등의 업무 제휴를 하면서 (객실수입+식음료수입)-(판촉비+광고비+알선수수료)의 0.75%를 수수료로 제공하고 있다.

연습문제(호텔관련 종사원 자격시험 대비)

1. 단독경영 호텔의 단점이 아닌 것은?

① 독창적인 경영의 한계 ② 호텔건설 노하우의 부족
③ 해외 마케팅의 한계 ④ 선진 호텔문화 및 서비스 도입의 한계

2. 호텔 소유주의 입장에서 위탁경영 호텔의 장점이 아닌 것은?

① 영업초기부터 신뢰성 확보 ② 체인 예약망 활용
③ 공동 광고 효과 ④ 소유와 경영의 일치

3. 호텔 소유주의 입장에서 프랜차이즈 호텔의 단점이 아닌 것은?

① 과다한 로얄티의 지불
② 브랜드가 약해지면 영업력 하락
③ 지역특성을 고려한 독자상품 개발의 제한
④ 계약 종료 후 이미지 상승

4. A호텔의 소유주는 B경영호텔과 위탁경영계약을 체결하면서 총 매출액의 2%, 영업이익의 10%를 수수료를 주기로 했다. A호텔의 연간 총 매출액이 400억 원, 영업이익이 30억 원 발생했다면 A호텔은 B경영호텔에 얼마의 수수료를 지불해야 하는가?

5. 단독경영 호텔들이 체인호텔에 대항하기 위하여 상호 연합한 형태의 호텔은?

① 프랜차이즈 호텔 ② 위탁경영계약 호텔
③ 리퍼럴그룹경영 호텔 ④ 업무제휴경영 호텔

6. 다음 중 수수료가 필요 없는 호텔경영방식은?

① 단독경영 호텔　　② 프랜차이즈경영 호텔
③ 위탁경영 호텔　　④ 업무제휴경영 호텔

7. 프랜차이즈 호텔과 위탁경영계약 호텔의 차이점에 대하여 설명하시오.

제4장

객실의 종류와 요금

1. 객실의 개요
2. 객실요금의 종류
3. 객실요금의 산정

호텔경영의 이해

제 4 장

객실의 종류와 요금

1 객실의 종류

객실의 종류는 다양한 기준에 의하여 분류할 수 있으나 침대형태 및 구조 그리고 객실등급에 의하여 분류하면 다음과 같다.

1.1 침대형태 및 구조에 의한 분류

➔ 싱글 룸(single room)

싱글 룸(single room) 1인용 싱글 침대가 1개 들어 있는 객실을 말한다. 우리나라 대부분의 호텔에서는 영업전략상 싱글 룸을 별도로 두지 않고 있다. 고객이 혼자 오더라도 더블 룸을 제공하면 되기 때문이다. 즉 싱글 룸은 2명을 수용할 수 없지만, 더블 룸은 2명은 물론 1명도 수용할 수 있기 때문이다. 결국 더블 룸은 1인과 2인 고객 모두 커버할 수 있는 운용상의 장점이 있다는 것이다. 단, 규모가 작은 비즈니스 호텔에서는 싱글 룸을 운영하는 경우도 있다.

더블 룸(double room) 2인용 침대가 1개 들어 있는 객실로 주로 커플이나 부부가 선호하는 룸이다.

트윈 룸(twin room) 싱글 베드가 나란히 2개 들어있는 객실로 두 명이 각각의 침대를 사용하고자 할 때 적합한 객실이다.

➔ 더블 룸(double room)

➔ 트윈 룸(twin room)

트리플 룸(triple room) 싱글 침대 3개가 들어있는 객실로 일반적으로 트윈에 엑스트라 베드(extra bed)를 추가하는 경우가 많다. 물론 싱글 베드 3개를 처음부터 고정해 놓은 객실도 있다. 특히 싱글 베드 3개가 아니라 싱글 베드 1개와 더블 베드 1개의 형태로 설치되었을 경우 이를 싱글-더블 베드 룸(single-double bed room)이라고 하는데, 부모와 자녀 1명이 사용하기에 적합한 객실형태라고 할 수 있다.

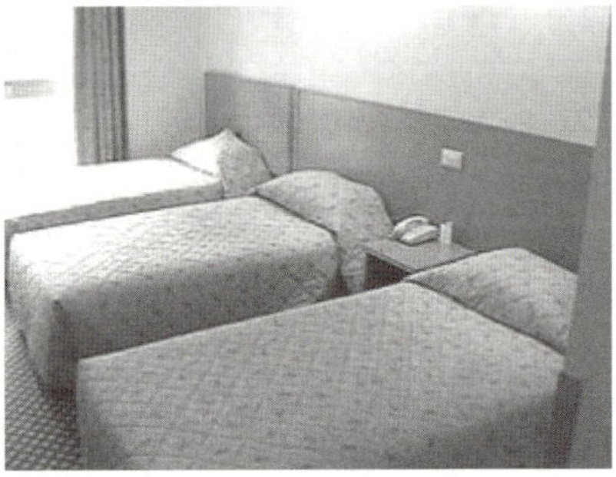

➔ 트리플 룸(triple room)

쿼드 룸(quad room) 싱글 침대가 4개 또는 더블 침대가 2개가 들어가 있는 객실을 말하는데, 결국 4인용 객실을 의미한다. 특히 더블 침대가 2개가 들어가 있는 객실을 더블-더블 베드 룸(double-double bed room)이라고 하며, 주로 4인의 가족의 사용하는 룸이다.

➔ 더블-더블 베드 룸(double-double bed room)

스튜디오 룸(studio room) 더블이나 트윈 룸에 소파형의 베드가 들어가 있는 룸으로 소파형 베드는 낮에는 소파로 활용하고, 취침을 할 때 길게 펼치면 침대가 되는 형태이다. 이러한 침대를 일명 '듀오 베드(duo bed)' 라고도 한다. 부부와 자녀 1명 등 3인이 쓰기에 적합한 객실이며, 트리플 룸보다는 요금이 저렴한 편이다.

➔ 듀오 베드(duo bed)

온돌 룸(ondol room) 우리나라 호텔에서만 볼 수 있는 룸으로 영어 명칭은 'traditional korean style room' 또는 'Korean style room' 이라고 한다. 온돌 룸은 주로 내국인이 사용하며, 리조트지역의 호텔에서 일정 비율 확보해 놓고 있다.

➔ 온돌 룸(ondol room)

커넥팅 룸(connecting room) 객실 2개가 연결되어 있으며, 내부의 문을 이용하여 투숙객 간에 상호 왕래가 가능한 형태로, 3~4명의 가족이 사용하기에 적합한 객실이다. 객실을 2개 사용한다는 점에서 요금은 객실 2개의 값이다.

➔ 커넥팅 룸(connecting room)

어드조이닝 룸(adjoining room) 객실이 나란히 붙어 있는 형태로 내부에 통용문이 없다는 점에서 커넥팅 룸과는 차이가 있다. 예를 들어 2개의 룸을 원하는 투숙객에게 1001호와 1003호가 나란히 붙어 있다면 그것을 제공하면 어드조이닝 룸이 되는 것이다. 주로 같은 일행이 옆에 붙어 있는 객실을 원할 때 제공된다.

1.2 객실등급에 의한 분류

스탠다드 룸(standard room) 보통실로 평수가 비교적 작거나 조망이 그다지 좋지 않은 룸이다. 일반적으로 리조트 호텔의 경우 바다나 호수 등의 전망이 보이지 않는 반대쪽의 객실을 스탠다드 룸으로 규정하기도 한다. 일부 호텔에서는 스탠다드 룸(standard room)이라는 용어 대신에 슈페리어 룸(superior room)이라는 용어를 쓰기도 한다.

디럭스 룸(deluxe room) 고급실로 스탠다드 룸보다는 평수가 조금 더 넓거나 조망이 좋은 편이다. 일반적으로 리조트 호텔의 경우 바다나 호수 등의 전망이 보이는 쪽의 객실을 디럭스 룸으로 규정하기도 한다.

비즈니스 전용 층 객실(executive floor room) 비즈니스 고객을 위하여 위치가 좋은 몇 개 층에 특별히 만든 객실로 디럭스 룸과 크기 면에서는 차이가 없지만 객실내부에 비즈니스업무 수행을 위한 시설 및 차별화된 서비스를 제공받을 수 있는 객실이다.

스위트 룸(suite room) 특실로서 침실에 거실이 딸린 호화스러운 룸이다. 스위트 룸의 등급은 주니어 스위트(junior suite), 코너 스위트(corner suite), 로열 스위트(royal suite), 프레지덴셜 스위트(presidential suite) 등이 있는데, 각 호텔마다 등급의 명칭이 다르고 평수, 시설, 서비스 차별화 등을 기준으로 구분하고 있다.

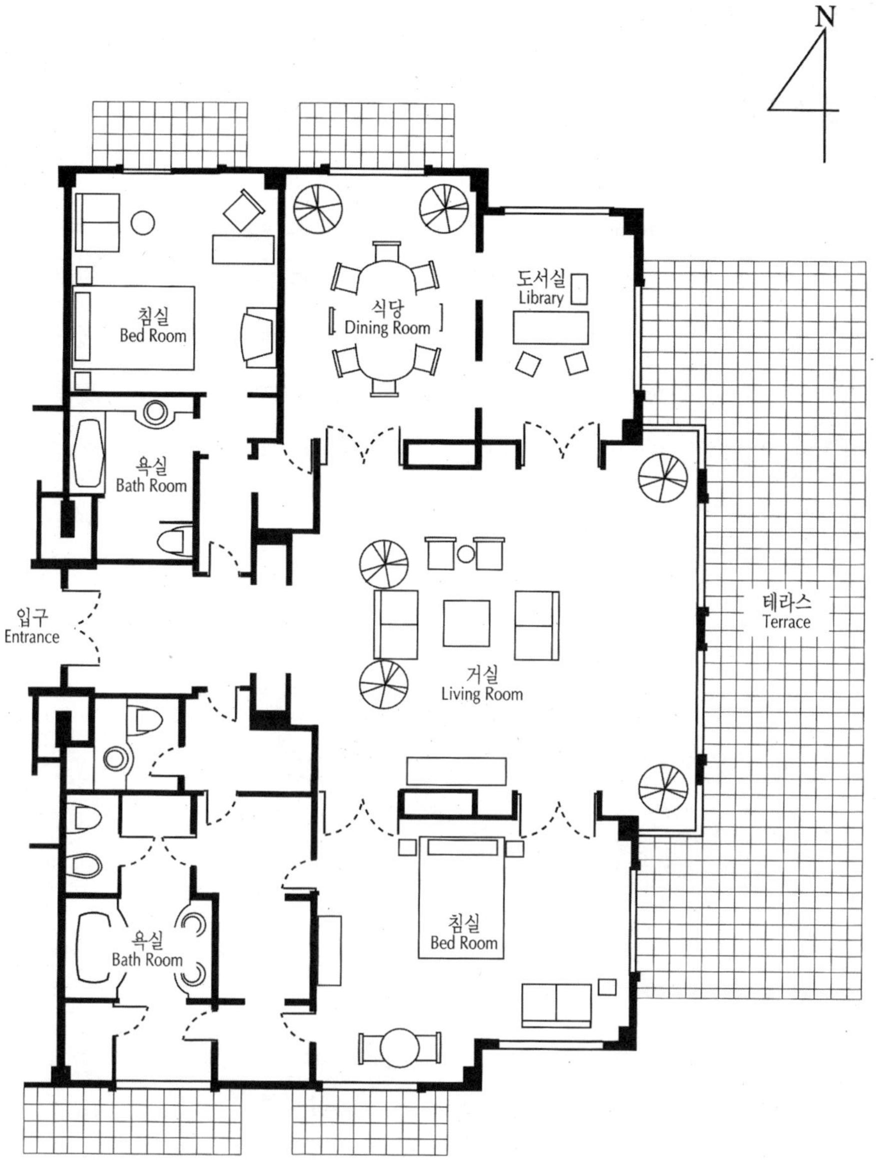

➔ 제주 신라호텔의 프레지덴셜 스위트 룸 평면도

2 객실요금의 종류

2.1 공표요금

공표요금(rack rate)이란 호텔 측이 행정기관에 신고하고, 고객에게 널리 알린 객실요금으로서 객실요금표(room tariff)에 명시되어 있는 요금을 말하며, 풀 레이트(full rate)라고도 한다. 호텔 측에서는 아무리 성수기라도 공표요금 이상을 받을 수 없으며, 오히려 공표요금에서 할인을 해주는 경우가 많다. 공표요금에는 봉사료와 세금이 포함되지 않는다. 우리나라의 객실 공표요금은 2인 기준으로 1명이 투숙한다고 해서 객실요금이 낮아지는 것은 아니다. 그러나 일본의 경우 인당 개념으로 2인이 투숙할 경우 추가요금이 발생한다.

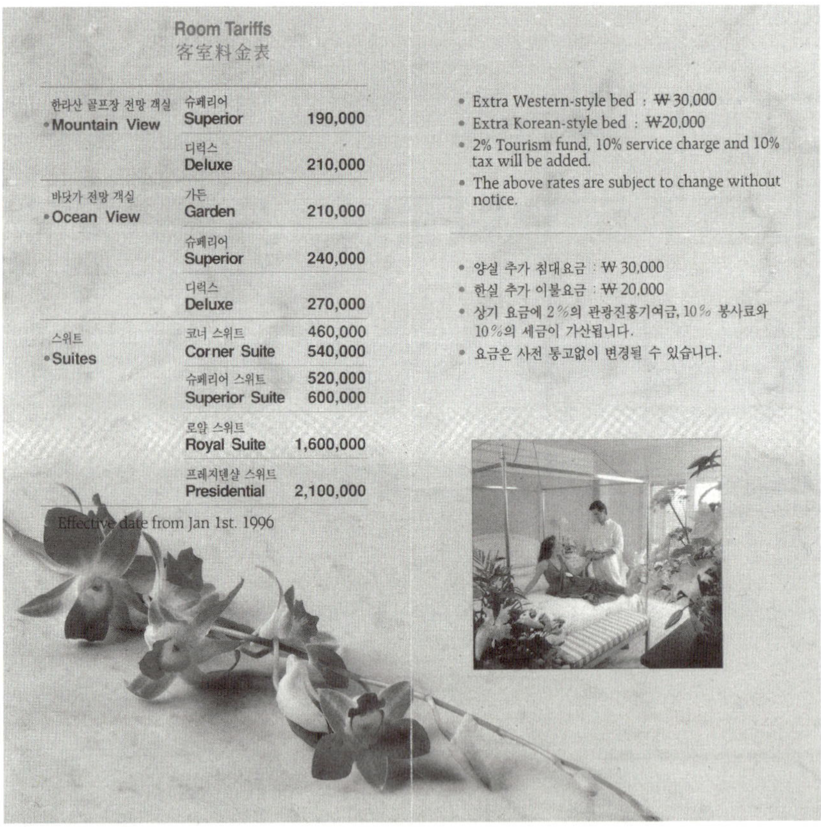

Room Tariffs
客室料金表

한라산 골프장 전망 객실 • Mountain View	슈페리어 Superior	190,000
	디럭스 Deluxe	210,000
바닷가 전망 객실 • Ocean View	가든 Garden	210,000
	슈페리어 Superior	240,000
	디럭스 Deluxe	270,000
스위트 • Suites	코너 스위트 Corner Suite	460,000 540,000
	슈페리어 스위트 Superior Suite	520,000 600,000
	로얄 스위트 Royal Suite	1,600,000
	프레지덴샬 스위트 Presidential	2,100,000

Effective date from Jan 1st. 1996

- Extra Western-style bed : ₩30,000
- Extra Korean-style bed : ₩20,000
- 2% Tourism fund, 10% service charge and 10% tax will be added.
- The above rates are subject to change without notice.

- 양실 추가 침대요금 : ₩30,000
- 한실 추가 이불요금 : ₩20,000
- 상기 요금에 2%의 관광진흥기여금, 10% 봉사료와 10%의 세금이 가산됩니다.
- 요금은 사전 통고없이 변경될 수 있습니다.

➔ 호텔의 객실요금표(room tariff)

2.2 특별요금

객실영업을 하는 과정에서 고객에게 공표요금을 받지 못하고 할인 등의 특별요금(special rate)으로 제공하는 경우가 많다. 사실 호텔에서 100%의 공표요금을 받는 경우는 많지 않으며, 대부분의 고객들이 작게는 10%에서 많게는 50% 정도의 할인을 받는다. 객실영업상 특별요금이 적용될 수밖에 없는 이유는 보유하고 있는 객실을 매일 그리고 일 년 내내 100% 판매한다는 것은 불가능하기 때문이다. 따라서 호텔에서는 영업차원이나 고객관리 차원에서 불가피하게 할인을 해주고 있다. 특별요금은 개인고객과 단체로 나누어 다음과 같이 운용된다.

개인고객(F.I.T) 특별요금 F.I.T(Foreign Independent Tour)는 개별고객을 의미한다. 단체나 계약에 의한 할인은 협의나 계약내용에 따라 할인을 해주면 되지만, F.I.T 고객의 경우는 예약상항에 따라 유동적으로 할인을 해 줄 수 있다. F.I.T 고객의 할인 규정은 호텔마다 다르지만 보편적으로 다음 표와 같이 운용한다.

[표 4-1] 개별고객 객실할인 정책

할인율	승인절차
50% 할인	총지배인 승인을 얻는다.
40% 할인	객실부장 또는 판촉부장의 승인을 얻는다.
30% 할인	비수기의 경우 프런트나 예약실의 직원이 임의로 결정할 수 있으나 성수기에는 객실과장의 승인을 얻는다.
20% 할인	프런트나 예약실 직원이 객실상황에 따라 임의로 결정할 수 있다.

비수기 특별요금 도심지 호텔은 계절적으로 성수기와 비수기가 불분명하지만, 리조트호텔의 경우 극명하게 나타난다. 즉 겨울철 스포츠나 휴양이 가능한 지역의 호텔은 여름철이 비수기이지만, 그 외 대부분 리조트 호텔의 경우 겨울철이 비수기이다. 비수기에는 객실점유율을 높이기 위해 대폭 할인된 특별요금으로 판매한다. 그러나 계절상 성수기일지라도 예약이 저조하면 특별요금이 제시되고, 반대로 비수기일지라도 특정일에 예약이 몰리면 그날에는 특별요금이 적용 안 되는 경우도 있다.

계약요금 사업이나 출장 등의 목적으로 연중 객실을 이용하고자 하는 특정 기업체와 송객 계약을 맺어 할인요금을 적용하는데 이를 커머셜 요금(commercial rate)이라고 하고, 연간 이용 실적에 따라 등급을 나누어 객실요금의 20%~40% 정도 차등 할인을 적용한다. 만약 장기로 투숙해야 할 고객(long term guest)이 있으면 특별계약(대체적으로 40~60% 할인)을 맺어 적용한다.

이러한 기업체와의 계약요금은 일반적으로 도심지 비즈니스 호텔에서 많이 운용하며, 호텔 입장에서는 연중 지속적으로 고객을 확보할 수 있다는 점에서 장려하고 있다. 기업체 외에 카드사와도 계약을 맺어 카드사 회원을 대상으로 투숙 시 할인된 금액을 적용하기도 한다.

단체요금(group rate) 단체 할인요금은 기업체, 관공서, 학교 등의 단체에서 컨벤션이나 세미나 등을 하면서 객실을 이용하고자 할 때 적용되는데, 사용하는 객실숫자와 성 · 비수기에 따라 할인 폭이 달라지고 협상에 의해서 객실요금이 결정된다. 특히 객실 영업에서 가장 큰 비중을 차지하는 고객은 여행사 단체고객이다. 즉 여행사는 연중 지속적으로 외래 관광객을 송객해주므로 기본적으로 객실점유율을 확보할 수 있다는 점에서 파격적인 할인요금을 제시하기도 한다. 대부분의 호텔은 매년 여행사에게 성 · 비수기, 주중 · 주말 등 세분화하여 여행사단체 할인요금을 제시하고 있다.

패키지요금(package rate) 영업전략상 프로모션(promotion) 차원에서 객실에 식사와 부대시설 이용 등을 묶어 제시된 요금을 말한다. 고객의 입장에서는 객실만 이용하는 것보다는 패키지상품을 이용하게 되면 규모의 이익을 누릴 수 있다. 일반적으로 패키지상품은 객실을 기본으로 조식과 사우나 등의 부대시설 이용권을 묶어 구성하고 있다.

사례 제주신라호텔 '나홀로 여행족'을 위한 1인 전용 '포커스 온 미' 패키지 출시

제주신라호텔의 '포커스 온 미' 패키지는 아름답고 이국적인 제주의 자연에서 나홀로 떠나온 특별한 시간을 보다 여유롭고 만족스러운 호캉스를 즐길 수 있도록 구성했다. 우선, 조식과 하루 3번 프리미엄 티와 주류, 디저트를 제공하는 라운지S로 호텔 내에서도 충분히 여유로운 식사와 간단한 다과를 즐기며 시간을 보낼 수 있다. 또한, 조용하고 여유롭게 힐링의 시간을 보낼 수 있도록 어른들만의 수영장으로 만들어진 '어덜트 풀'에서 아열대의 이국적인 분위기와 숨비 정원의 아름다운 자연 속에서 낭만과 힐링 모두 즐길 수 있다. '포커스 온 미' 패키지는 베이직, 프리미엄 두 가지 타입 중 선택 가능하다.

- 베이직 타입 : 스탠다드 산 전망 객실 1박, 조식 1인, 라운지 S 1인, 실내 사우나 1인 1회
- 프리미엄 타입 : 디럭스 바다 전망 객실 1박, 조식 1인, 라운지 S 1인, 실내 사우나 1인 1회, 풀사이드 바 칵테일 1잔(투숙 중)
- 이용 기간 : 11월 1일부터 12월 31일까지다.

2.3 무료 및 기타요금

무료요금 호텔의 영업전략상 접대가 필요한 경우와 단체를 인솔한 자 또는 단체행사를 계약하기 위하여 사전에 방문한 답사자에게 무료(complimentary : comp.)로 객실을 제공하기도 한다. 대개 여행사 단체의 경우 15실사용에 1실, 일반단체의 경우 20실 기

준에 1실을 무료로 제공하는데, 일반단체의 경우 협상에 의하여 그 기준이 달라질 수도 있다.

하우스 유즈(house use) 호텔 자체의 필요에 의해서 객실요금을 계산하지 않고 사용하는 경우를 말한다. 예를 들어 총지배인 등의 간부 숙소로 사용하는 경우와 야간 당직자 및 출장온 자사의 직원들이 사용하는 경우를 말한다.

업그레이드(up grade) 호텔의 사정에 의하여 고객이 예약한 객실보다 부득이 더 나은 객실을 제공할 경우 추가요금을 받지 않고 제공하는 경우를 말한다. 또한 단골이나 주요고객에게 접대의 명목으로 낮은 급의 객실을 그보다 높은 객실로 제공하면서 요금은 낮은 급의 객실요금을 적용하는 경우도 해당된다. 이와 반대로 다운 그레이드(down grade)는 호텔의 부득이한 사정으로 예약받은 객실보다 낮은 급의 객실을 제공하는 것을 의미하는데, 이때는 낮은 급의 객실요금을 적용한다.

미드나이트 차지(midnight charge) 밤 12시를 넘어 새벽에 투숙하고자 하는 고객에게 1박의 전체 요금을 적용하는 것이 아니라 할인된 금액을 적용하는 경우를 말한다.

홀드 룸 차지(hold room charge) 고객이 체크아웃을 하지 않고 객실에 가방 등의 수하물을 놓아 둔 채 여행 등의 이유로 1박 이상 객실을 비워두면 비워둔 일수만큼 요금이 계산되는 제도이다. 또한 성수기에 객실을 예약하기 힘들 때 사전에 개인이나 단체가 객실을 일정 수 홀드(hold)하는 경우가 있는데, 예약 당일 사용하지 않으면 그 수만큼 객실요금을 지불하는 제도이다.

초과요금(over charge) 호텔의 체크인 시간은 정오 이후이고, 체크아웃 시간은 정오 이전이다. 그러나 고객이 사정상 체크아웃을 정오 이후에 할 경우 부과되는 요금을 초과요금이라고 한다. 정오부터 1~2시간 초과는 호텔이 서비스 차원에서 초과요금을 받지 않지만, 3시 이후에는 객실요금의 30%, 5시 이후에는 50%, 6시 이후에는 100% 등 호텔마다 규정에 의하여 초과요금을 받고 있다.

데이 유즈(day use) 고객이 객실을 1박 사용하는 것이 아니라 주간(일반적으로 오전 10시에서 오후 5시 사이)에 몇 시간 체재할 경우 시간단위로 계산하거나 할인을 해주는 제도를 말한다. 대개 휴양지·온천, 교외, 공항, 역 등의 지역에 위치한 호텔에서 잠시 쉬는 고객을 위하여 만든 제도이다.

취소요금(cancellation charge) 개인 또는 단체가 객실을 예약해 놓고 취소를 하는 경우 부과하는 요금인데, 각 호텔의 약관이나 예약상황에 따라 적용률이 다르다. 그러나 실제 적용하기에는 어려운 점이 따른다. 만약 예약 선수금(deposit)을 받아 놓았을 경우 당일 취소를 하게 되면 환불이 안 되는 경우가 있다.

플래트 레이트(flat rate) 단체고객들이 요금이 서로 다른 타입의 여러 객실을 사용하더라도 요금을 균일적으로 적용하는 특별 요금을 말한다.

싱글 유즈(single use) 2인용 객실에 1인이 투숙하는 경우 객실요금을 일정 부분(10% 정도) 할인을 해주는 요금제도를 말한다.

2.4 식사 유무에 의한 요금

객실요금에 식사가 포함될 경우 매출증가와 식음료업장의 가동률을 높일 수 있다는 장점이 있지만, 고객의 입장에서는 식사 유무를 떠나 식사가 포함된 객실요금을 지불해야 하므로 부담이 될 수밖에 없다. 따라서 호텔경영자는 자신이 경영하는 호텔의 내·외부 환경을 고려하여 적절한 요금방식을 채택해야 할 것이다.

유럽피언 플랜(European Plan : EP) 객실과 식사요금을 별도로 구분하여 계산하는 제도를 말한다. 도심지 호텔을 비롯한 대부분의 호텔에서 이 제도를 도입하고 있다.

콘티넨탈 플랜(Continental Plan : CP) 객실요금에 아침식사가 포함되어 있는 제도를 말한다. 이 제도는 주로 유럽지역에서 성행하였고 조식메뉴는 콘티넨탈 브랙퍼스트(Continental Breakfast)를 제공하였다. 오늘날 이 제도는 주로 아침을 해결해야 하는 비즈니스 고객을 대상으로 또는 호텔 주변에 조식을 먹을 만한 식당이 없는 리조트호텔에서 운영하고 있는데, 조식메뉴는 나라마다 또는 호텔마다 다르게 운영하고 있다.

아메리칸 플랜(American Plan : AP) 객실요금에 3회의 식사가 포함된 제도로 풀 팡숀(full pension)이라고도 한다. 이 제도는 미국의 서부개척 당시 숙박장소 이외에는 식사할 곳이 없어서 3식을 모두 호텔 내에서 해결할 수밖에 없는데서 유래되었다. 이후 이 제도는 호텔 주변에 식사를 할 만한 장소가 없는 리조트호텔에서 도입하였지만, 리조트지역의 주변에 식당들이 점점 들어서면서 감소하였다.

모디파이드 아메리칸 플랜(Modified American Plan : MAP) 수정된 미국식 요금 제도로 데미 팡숀(demi-pension)이라고도 하는데, 객실요금에 조식과 석식 등 2끼의 식사요금이 포함된 제도를 말한다. 주로 관광지의 호텔에서 주로 적용하는데, 호텔에서 조식 후 낮에는 관광을 하면서 외부에서 점심을 해결하고, 호텔로 돌아와서 석식을 먹는 경우이다. 우리나라의 경우 제주도 지역의 호텔은 대부분 이 방식의 요금제도를 채택하고 있다.

3 객실요금의 산정

3.1 객실요금의 특성

가격은 일반적으로 수요와 공급의 법칙에서 결정된다. 즉 공급은 일정한데 수요가 증가하면 가격이 상승하고, 반면에 수요는 일정한데 공급이 증가하면 가격은 하락한다. 객실의 경우 공급은 항상 일정하므로 수요의 증감에 의하여 가격이 결정된다고 할 수 있다. 그러나 객실가격은 공표되어 있으므로 아무리 수요가 증가하더라도 더 이상 가격을 올려 받을 수 없다. 반면에 수요가 적으면 가격을 탄력적으로 할인할 수밖에 없는 것이 객실영업의 현실이다. 이와 같이 객실요금은 수요에 의하여 창출되는 특징을 가지고 있으며, 객실요금이 요금표에 의하여 풀 레이트(full rate)로 고정되어 있더라도 실질적으로는 예약상황, 성수기와 비수기, 주중과 주말 등을 고려하여 탄력적으로 운용할 수밖에 없는 특성을 가지고 있다.

[그림 4-1] 객실의 수요와 공급 곡선

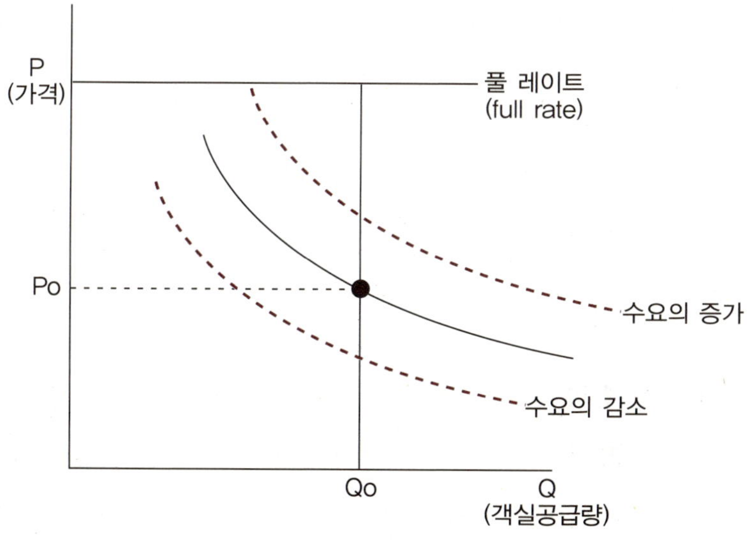

3.2 객실요금 산정 시 고려사항

객실요금 산정 시 고려할 요인으로는 ① 투자자본 ② 인건비 ③ 간접비 ④ 경쟁호텔 고려 등이 있다.

투자자본 호텔의 토지 및 건물 내 · 외부 시설(가구, 비품, 객실 및 부대업장 인테리어, 로비 등)의 고정자산은 고가들로 이루어져 있기 때문에 이에 대한 투자자본을 회수하기 위해서는 객실요금 산정에 이를 반영해야 한다.

인건비 호텔은 서비스산업으로 많은 인적 자원이 투입되므로 비용부분에서 인건비가 차지하는 비율이 높다. 따라서 객실요금 산정에 이러한 인건비도 반영되어야 한다.

간접비용 호텔 시설은 항상 청결하고, 쾌적하게 관리 유지되어 고객에게 만족을 주어야 하는데 이에 따른 관리유지비와 영업과 관련된 판매촉진비 등 간접비용이 많이 소요된다. 이러한 간접비용도 객실요금에 반영되어야 한다.

경쟁호텔 고려 현실적으로 객실요금을 산정할 때는 동일 지역에 있는 경쟁호텔의 시설수준과 요금을 고려해야 한다. 투자비용이 경쟁호텔보다 높지만 비슷한 가격수준으로 한다면 투자비용회수의 기간을 길게 예상해야 하고, 경쟁호텔보다 높은 가격을 고려할 때는 고객이 기꺼이 지불할 수 있는 서비스와 시설적 차별화가 요구된다.

3.3 객실요금 산정 방법

하워드(Horwath) 방식 이 방식은 미국의 호텔회계회사(Laventhol Krekstein Horwath and Horwath)가 개발한 것으로 투입된 객실건축비의 1/1,000을 객실당 요금으로 산정하는 것으로 일명 힐튼(Hilton) 방식이라고도 한다. 1930년대 시카코의 팔머하우스에서 처음으로 도입하여 1960년대까지 대부분의 호텔이 적용하였고, 우리나라에서도 초기 반도호텔과 조선호텔이 이 방식을 채택하였다. 당시에는 영업공간이 객실 위주였기 때문에 가능했지만 오늘날에는 객실영업을 위한 부대시설 및 로비 등의 비영업적인 공간의 확충 등을 감안하면 적절한 산정방식은 아니다.

휴버트(Hubbart) 방식 1952년 로이 휴버트(Roy Hubbart)에 의하여 처음으로 소개되었고, 미국 호텔/모텔 협회가 연구개발한 방식으로 산정공식은 다음과 같다.

$$\text{객실요금} = \frac{\text{연간 총경비+연간 목표이익}}{\text{객실 수}\times\text{목표객실점유율}\times 365\text{일}}$$

예제1

A호텔은 객실 수가 400실인데 객실요금을 휴버트방식으로 산출하고자 한다. 연간 총경비는 370억 원을 예상하고 연간 목표이익은 30억 원으로 하고 있으며, 객실점유률은 80%를 목표로 하고 있다.

➡ $$\text{객실요금} = \frac{370\text{억}+30\text{억}}{400\text{실}\times 0.8\times 365} = 342,465\text{원}$$

여기서 구한 객실요금 342,465원은 판매 가능한 타입별 객실 수에 각 요금을 곱하여 총계를 내고 다시 객실 수로 나누어 산출한 객실당 판매가능 평균요금을 의미한다.

예제2

B호텔의 객실 수는 400실이고 객실요금을 300,000으로 설정하고, 연간 총경비는 280억, 연간 목표이익은 20억 원으로 설정하였을 때 객실점유율은 얼마를 올려야 하는가?

➡ $$300,000\text{원} = \frac{280\text{억}+20\text{억}}{400\text{실}\times Q\times 365\text{일}}$$

$$Q = \frac{300억}{300,000원 \times 400 \times 365} = \frac{300억}{438억} = 0.68$$

∴ 68.5%

시장조사 및 분석에 의한 가격결정 후발주자로 객실요금을 산정할 때는 수요예측과 시장의 특성, 경쟁호텔의 객실영업상황과 요금 등을 참고하여 결정하는 것이 가장 적절한 방법이다.

시장조사분석에서 고려해야 할 사항

- 국내 · 외 경제동향
- 국내 · 외 관광환경
- 시장의 규모 및 목표시장의 특성
- 경쟁호텔의 매출액 추이
- 경쟁호텔의 객실점유율 추이
- 경쟁호텔의 객실평균요금(room average rate) 추이
- 타입별 객실 면적과 요금 비교

3.4 손익분기점

손익분기점(break-even point)이란 손익과 비용이 일치하는 상태의 매출액이다. 즉 이익도 손실도 발생되지 않는 매출액을 말한다. 만약 일정 기간의 매출액이 분기점을 넘어서면 이익이 발생하고, 분기점 이하로 떨어지면 손실이 발생한다. 손익분기점이 중요시되는 것은 일정 이익을 올리기 위해서는 얼마의 매출을 올려야 하는 준거를 제시해 주기 때문이다.

[그림 4-2] **손익분기점 분석**

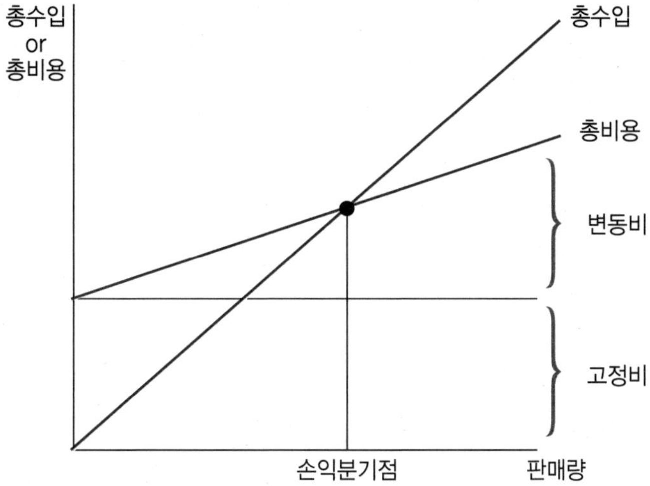

손익분기점을 구하는 방법은 판매량과 매출액을 기준으로 하여 구하는 두 가지 방법이 있다.

판매량 손익분기점 판매량 즉 몇 개를 팔아야 손익분기점에 도달하는지 분석하는 것을 말한다.

$$\text{손익분기점} = \frac{\text{고정비용}}{\text{단위당 판매가격} - \text{단위당 변동비용}}$$

- 고정비 : 인건비, 일반관리비, 금융비용, 감가상각비 등
- 변동비 : 재료비, 소모품비, 변동성 노무비(아르바이트 비용 등)
- 단위당 변동비 : 상품 1개를 팔았을 때 들어가는 재료비(객실의 경우 1실)
- 단위당 판매가격 : 상품 1개당 판매가격(객실의 경우 1실당 요금)

예제3

객실이 300실인 C호텔은 연간 총고정비용이 180억 원, 객실단위당 변동비용이 10,000원, 객실단위당 판매가격은 250,000원이라면 손익분기점에 도달하기 위해서는 몇 실을 판매해야 하는가?

➡ $$\text{손익분기점(X)} = \frac{\text{180억 원}}{\text{250,000원} - \text{10,000원}} = \text{75,000실}$$

예제4

예제3의 C호텔은 손익분기점에 도달하기 위해서는 객실점유율을 얼마나 올려야 하는가?

➡ $$\text{연간 객실점유율(Y)} = \frac{\text{연간 판매된 객실 수}}{\text{연간 판매가능 객실 수}} \times 100$$

$$Y = \frac{\text{75,000실}}{\text{300실} \times \text{365일}} \times 100 = 68.5\%$$

매출액 손익분기점 매출액을 어느 정도 올려야 손익분기점에 도달하는지 분석하는 것을 말한다.

$$\text{손익분기점} = \frac{\text{총고정비}}{1 - \frac{\text{단위당 변동비}}{\text{판매단가}}}$$

예제5

C호텔에서 연간 얼마의 매출액을 올려야 손익분기점에 도달하는가?

➡ $$\text{손익분기점(X)} = \frac{\text{180억}}{1 - \dfrac{\text{10,000원}}{\text{250,000원}}} = \text{187억 5천만 원}$$

연습문제(호텔관련 종사원 자격시험 대비)

1. 낮에는 소파로 활용하고 취침을 할 때 길게 펼치면 침대가 되는 duo bed가 들어가 있는 객실을 무엇이라고 하는가?

① studio room ② connecting room
③ executive floor room ④ suite room

2. 객실 2개가 연결되어 있고 내부에 문이 있는 룸은?

① studio room ② connecting room
③ adjoining room ④ suite room

3. executive floor room은 어떤 고객을 타깃으로 하는가?

① 휴양 고객 ② 가족단위 고객
③ 신혼여행 고객 ④ 비즈니스 고객

4. 다음 중 가격이 가장 비싼 객실은?

① double room ② triple room
③ executive floor room ④ suite room

5. 다음 중 요금이 가장 높은 것은?

① commercial rate ② rack rate
③ group rate ④ package rate

6. 다음 중 무료요금은?

① hold room charge ② single use
③ day use ④ complimentary

7. 다음 중 호텔의 room Tariff에 의한 요금은?

① rack rate ② package rate
③ group rate ④ commercial rate

8. 객실요금에 조식과 석식을 포함한 요금제도는?

① MAP ② Continental plan
③ American plan ④ European plan

9. 객실요금 산정 시 고려해야 할 요인이 아닌 것은?

① 투자자본 ② 인건비
③ 객실 수 ④ 경쟁호텔의 가격

10. 다음 중 고정비가 아닌 것은?

① 일반관리비 ② 금융비용
③ 아르바이트비 ④ 감가상각비

11. 객실이 200실인 A호텔은 연간 총고정비용이 120억 원, 객실단위당 변동비용이 10,000원, 객실단위당 판매가격은 260,000원이라면 손익분기점에 도달하기 위해서는 몇 실을 판매해야 하는가?

12. 11번 문제의 A호텔은 손익분기점에 도달하기 위해서 객실점유율은 얼마나 올려야 하는가?

13. 11번 문제의 A호텔은 연간 얼마의 매출액을 올려야 손익분기점에 도달하는가?

제5장

프런트 오피스 업무

1. 프런트 오피스의 개요
2. 예약실 업무
3. 프런트 데스크의 업무
4. 현관 서비스 업무
5. 나이트 클럭 업무
6. 전화교환실 업무
7. 비즈니스/피트니스 센터 업무

호텔경영의 이해

제 5 장

프런트 오피스 업무

1 프런트 오피스의 개요

1.1 프런트 오피스의 중요성

초기 호텔의 상품은 객실이 위주였다. 이후 객실에 투숙한 고객의 편리를 위하여 각종 식당 및 부대시설이 등장하였다. 과거에는 전체 매출 중에서 객실매출의 비중이 가장 높았으나 최근에는 국제회의, 비즈니스, 사교 · 오락, 레저 · 스포츠, 문화 · 공연행사, 연회 및 식음료 등 호텔이 다기능의 복합상품으로 변모하게 되어 호텔의 매출은 객실 40%, 식음료 40%, 기타 20% 정도의 비율을 보이고 있다.

그러나 식음료나 부대시설 이용 고객 중에서 많은 수가 객실고객이라는 점에서, 호텔의 규모나 등급은 객실 수나 객실시설이 결정적으로 작용한다는 점에서 객실은 호텔의 주력상품이라고 할 수 있다. 또한 호텔의 경영성과 지표의 척도는 객실판매 수, 객실점유율, 객실평균요금 등 대부분 객실영업을 기준으로 하고 있다는 점도 객실영업의 중요성을 의미한다. 따라서 객실영업을 담당하는 프런트 오피스(front office)는 호텔의 심장이며, 호텔경영을 상징하는 부서라고 할 수 있다.

1.2 프런트 오피스의 조직

객실부(room division)는 크게 객실영업(front office : F/O)과 객실정비(housekeeping : H/K)로 나누어지는데 객실영업과는 객실판매와 관련된 업무를 하는 곳으로 프런트 데스크, 현관 서비스, 예약실, 교환실, 비즈니스 센터로 조직되어 있다. 객실영업과의 조직도는 다음과 같다.

[그림 5-1] **객실영업의 조직도**

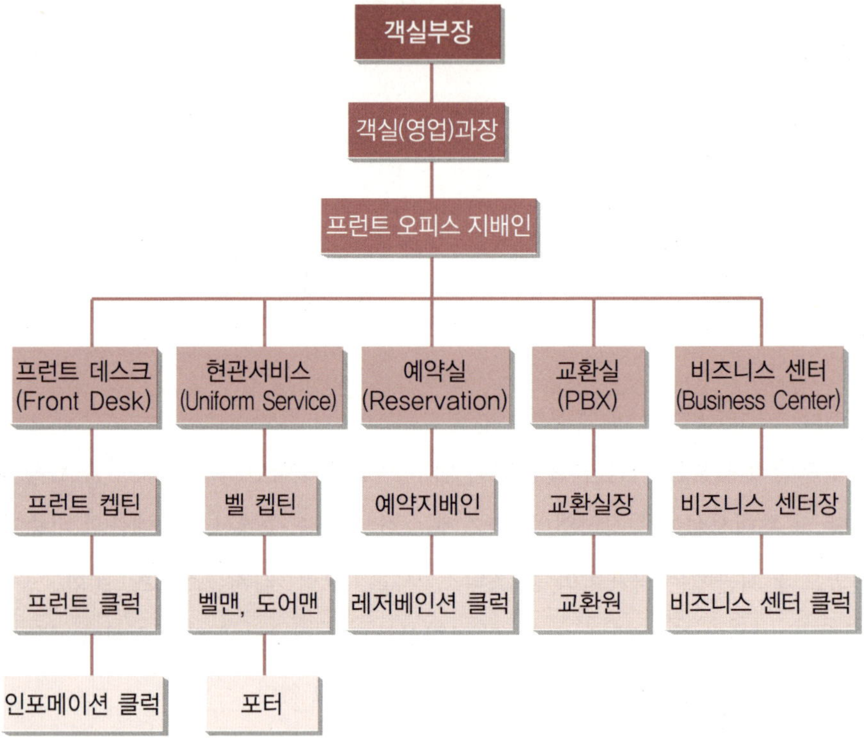

[그림 5-2] 객실영업부서의 레이아웃

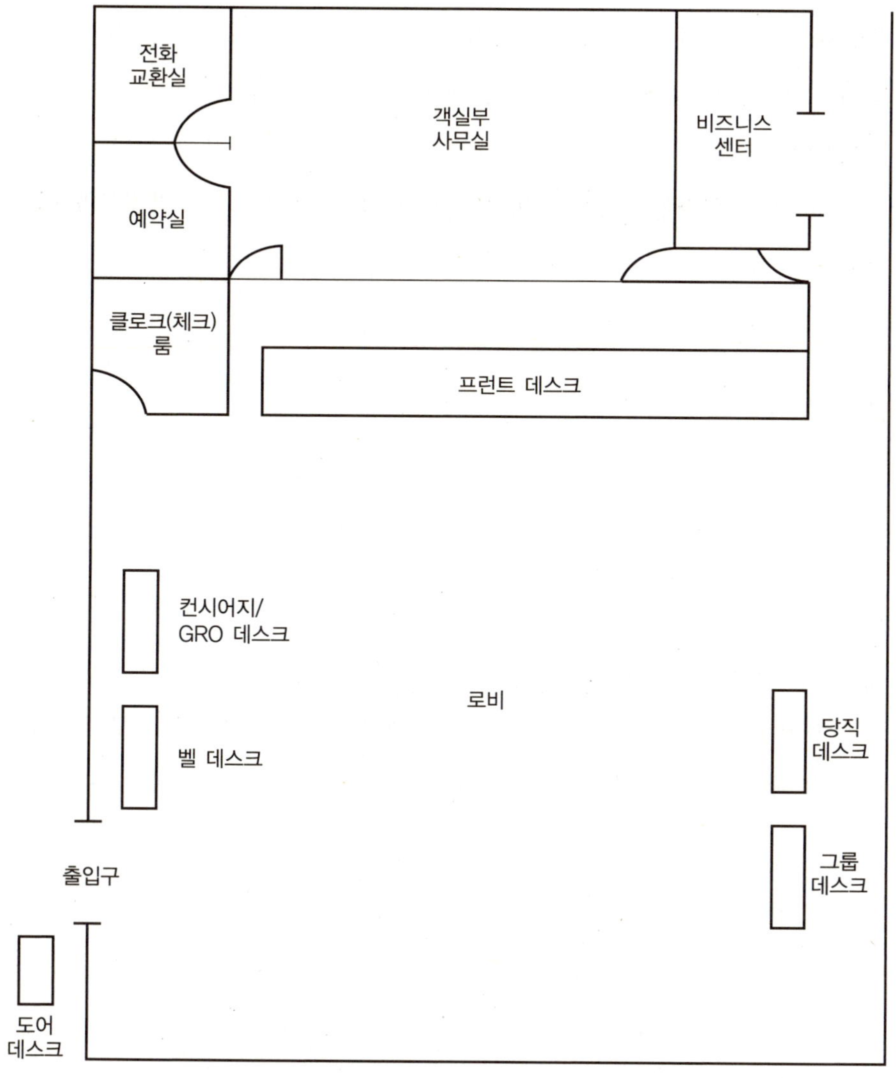

1.3 프런트 오피스 관리자의 직무

객실부장(팀장) 객실상품을 생산하고 판매하는 최고 책임자로 부서의 구성원을 지휘·감독하는 등의 경영활동을 수행한다. 객실부장(팀장)은 ① 객실에 대한 충분한 지식을 가지고 있고 ② 부하 직원에 대하여 교육·훈련 및 인사고과를 담당하고 ③ 객실판매와 관련된 타 부서와의 긴밀한 협조를 유지하고 ④ 외국어에 능통하고 ⑤ 주요 고객 및 VIP를 접객한다.

프런트(오피스) 지배인 객실부서장을 보좌하고 프런트 데스크 및 현관 서비스의 책임자 역할을 한다. 프런트(오피스) 지배인은 ① 현관부문 직원들을 지휘 · 감독 · 훈련을 하고 ② 객실상품에 대한 지식과 외국어를 겸비하여 대고객 영접 서비스를 하고 ③ 객실정비(housekeeping)와 유기적인 업무체계를 갖추어야 하고 ④ 직원 스케줄을 관리하고 ⑤ 객실예약상황을 수시로 파악하여 판매전략을 세우고 ⑥ 객실영업보고서를 체크하고 분석한다.

2 예약실 업무

2.1 예약실 업무의 개요

예약(reservation)은 고객과 호텔 간의 숙박시설 사용에 대한 상호 약속을 의미한다. 예약의 경로는 전화 · 팩스 · 우편 · 인터넷 · 직접 방문 등으로 접수된다. 예약실에서 예약업무를 담당하는 직원을 레저베이션 클럭(reservation clerk)이라고 하는데 예약을 잘 접수 관리하여 프런트의 룸 클럭(room clerk)에게 인계하는 것이 주 업무이다.

특히 예약실 직원은 예약을 접수하기 전에 고객의 응답을 위하여 다음과 같은 내용을 숙지하여야 한다.

- 호텔의 전반적인 안내사항
- 객실의 종류, 숫자, 요금, 객실 내의 시설물 등
- 식당 및 부대시설
- 패키지(package) 상품 · 프로모션(promotion) 상품 · 이벤트 등
- 여행사, 기업체, 카드사 등과의 객실이용에 관한 계약사항
- 주변지역의 관광지 및 이용 교통편

2.2 예약슬립 작성

고객이 예약을 하면 즉시 예약 슬립(slip)을 작성하는데 기재해야 할 내용은 다음의 양식에 따른다.

<table>
<tr><th colspan="5">RESERVATION</th></tr>
<tr><td rowspan="3">MR.
①
MS.</td><td colspan="2">NO. OF PERSON</td><td>ARRIVAL</td><td>④</td></tr>
<tr><td>ADULE</td><td>CHILD</td><td>TIME/FLT</td><td>⑤</td></tr>
<tr><td>②</td><td>③</td><td>DEPARTURE</td><td>⑥</td></tr>
<tr><td colspan="5">ROOM TYPE : ⑦</td></tr>
<tr><td colspan="2">RESERVED BY : ⑧

TEL : ⑨</td><td colspan="3">RATE : ⑩
(⑪)% DISCOUNT AUTHORIZED BY
⑫ ________________</td></tr>
<tr><td colspan="5">SPECIAL REQUEST : ⑬</td></tr>
<tr><td colspan="5">BILLING INSTRUCTION : ⑭</td></tr>
<tr><td>TREATMENT : ⑮</td><td>BUSINESS CODE
⑮</td><td>RECEIVED DATE
⑰</td><td>RECEIVED CLERK
⑱</td><td>RESERV.NO.
⑲</td></tr>
</table>

① 고객의 성명을 기입한다. 남자의 경우 MR.에 여자의 경우 MS.에 체크한다.

② 어른의 숫자를 기입한다.

③ 어린이의 숫자를 기입한다.

④ 도착날짜를 기입한다. 예를 들어 10월 1일이면 '10/1' 이라고 기입한다.

⑤ 호텔 도착시간 또는 비행기 도착시간을 기입한다.

⑥ 체크아웃날짜(퇴숙날짜)를 기입한다.

⑦ 룸 타입을 기입한다. 룸 타입 앞에는 객실숫자를 기입한다. 예를 들어 딜럭스 트윈(deluxe twin)을 2실을 예약했다면 '2D/T' 라고 기입한다.

⑧ 최초 예약을 원했던 사람의 성명을 기입한다. 투숙자와 예약자가 동일인일 수도 있고 다를 수도 있다.

⑨ 최초 예약을 원했던 사람의 연락처를 기입한다.

⑩ 투숙객에게 불러주었던 객실요금을 기입한다.

⑪ 만약 특별할인을 해주었을 경우 그 %를 기입한다.

⑫ 특별할인에 대하여 객실부서장이나 총지배인 등의 허가가 필요 시 누구에 의하여 승인받았는지를 기입한다.

⑬ 투숙객의 특별요구사항을 기입한다.

⑭ 투숙객의 지불방법에 대하여 기입한다. 투숙객이 직접 직불로 계산하는 경우도 있지만 특히 투숙객의 상용거래처에서 대납하는 경우도 있고, 그 호텔과 계약을 맺은 상용업체가 후불로 계산하는 경우도 있다.

⑮ 특별고객의 경우 호텔 측에서 과일바구니나 꽃을 객실에 무료로 제공할 때 그 내용을 기입한다.

⑯ 호텔 내부의 지역별 판촉사무소에서 예약을 의뢰했을 경우 그 지역명을 기입한다. 예를 들어 리조트 호텔의 경우 서울, 부산 등의 대도시에 판촉사무소가 있으므로 그 지역명을 기입한다.

⑰ 예약을 받은 날짜를 기입한다.

⑱ 호텔 예약실 및 지역 판촉사무소에서 해당 예약을 받은 직원의 이름을 기입한다.

⑲ 투숙객에게 부여된 예약번호(reservation no.)를 기입한다.

예제1

다음의 내용을 앞의 예약 슬립 양식에 기재해보도록 하자.

➡ 홍길순(연락처 : 02-123-4567)은 자신의 회사 사장인 김길동으로부터 경주 A호텔의 객실예약을 의뢰받아 10월 1일 A호텔 서울사무소의 이말순에게 예약을 하였으며, 이말순은 홍길순에게 예약번호를 000789라고 통보하였다. 예약내용은 김길동 부부와 그의 아들 1명은 10월 31일부터 2박으로 투숙하며, 당일도착시간은 15:00이고, 객실은 딜럭스 트윈(200,000원/1박)에 아들을 위하여 엑스트라 베드 1개(30,000원/1박)를 요청하였다. 요금은 김길동 사장이 직접계산하며, 단골고객이기 때문에 호텔 측에서 '과일바구니 B'를 무료로 객실에 제공하기로 했다. 상기 요금에는 봉사료 10%와 세금 10%가 가산된다.

예제1

김길동 사장은 체크아웃 시 객실사용료로 총 얼마를 지불해야 하는가?

➡ (객실 200,000원×2박) + (엑스트라베드 30,000원×2박) = 460,000원

460,000원	
+ 46,000원	봉사료 10%
506,000원	
50,600원	세금 10%
556,600원	

답 : 556,600원

2.3 예약받는 요령

F.I.T 고객 F.I.T 고객이 예약을 원할 때는 가장 먼저 투숙날짜의 객실상황을 체크한 다음 예약 슬립에 의하여 예약사항을 기입하고 특히 연락처를 명기한다. 만약 고객이 객실할인을 원할 경우 내부 규정에 의하여 적용한다. 연중 예약이 몰리는 특정 날짜에 오래 전부터 예약을 원하거나 1년 후의 예약에 대해서는 가능한 요금을 확정하지 않는다. 객실요금 정책이 달라질 수 있기 때문이다. 예약날짜에 객실이 만실에 가까우면 예약선수금(deposit)을 받아 노-쇼우 게스트(no-show guest)를 막아야 한다. 노-쇼우 게스트(no-show guest)란 예약을 해놓고 당일 나타나지 않는 고객을 말하며, 반면에 객실요금을 지불하고 객실을 사용하지 않은 고객을 슬리퍼(sleeper)라고 한다.

룸 넘버(room number)가 사전에 확정 통보되지 않는 이유

① 기존 투숙객이 객실을 연장(stayover)하여 사용할 수 있고

② 당일 객실이 냉난방, 침대, 기타 시설물 등의 고장(out of order)으로 인하여 사용할 수 없는 경우가 발생할 수 있기 때문이다.

단체고객 단체고객의 예약을 접수받는 요령은 F.I.T 고객의 예약접수 요령과 비슷하나 단체고객의 예약슬립은 별도로 준비되어 있다. 일반적으로 호텔에서 단체의 규정은 하나의 단체가 15실 이상 사용하는 경우를 말한다. 단체고객의 예약접수에서 특히 주의할 점은 객실, 식사, 부대시설이용 등의 요금 중에서 단체의 인솔자가 계산하는 부분과 개인이 지불하는 부분을 명확히 구분한다. 예를 들어 객실과 단체 식사의 경우는 단체의 인솔자가, 객실 내에서 미니바(mini bar), 전화, 유료 TV 사용 및 개인적으로 커피숍, 사우나 등을 이용하였을 경우는 개인이 계산하는 경우이다.

단체고객의 예약을 접수할 때는 일단 해당 룸 및 숫자를 블록(block)을 해 두어 이중판매가 되지 않도록 하고, 인원 변경 등 가변사항이 많으므로 도착예정 일주일 전에 확인작업(confirm)을 해야 하며, 예약이 확인되었을 경우 단체명단, 식사예정, 도착시간, 여행일정표(itinerary) 등을 요구한다.

2.4 초과예약 관리

초과예약의 의의 초과예약(over booking)이란 판매가능한 객실 수보다 초과하여 예약을 받는 경우를 말한다. 초과예약은 당일 취소하는 고객과 노-쇼우(no-show) 고객을 대비한다는 점에서 장점은 있으나 초과예약자를 당일 흡수하지 못하면 사과는 물론 턴어웨이 서비스(turnaway service) 즉 비슷한 수준의 다른 호텔에 객실을 구해주고 객실요금지불과 교통편까지 제공해야 하는 등 큰 문제를 일으킨다. 만약 기예약된 객실보다 등급이 높은 객실이 여유가 있을 때는 그 룸으로 업그레이드(up grade)해 주어야 한다.

오버부킹의 반대개념은 언더부킹(under booking)인데 판매가능한 객실 수 이하로 예약을 받는 것을 말한다. 여기서 유의해야 할 점은 오버부킹은 초과예약자에 대한 호텔의 비용이 발생한다는 점에서, 언더부킹은 판매할 수 있는 기회를 놓친다는 점에서 양쪽 다 문제가 있다는 것이다. 많은 호텔에서 객실예약 담당자는 초과예약에 대한 부담때문에 언더부킹을 선호하고 있지만 호텔경영자는 당일 가능한 객실을 모두 채워 주기를 바란다는 점에서 객실예약의 어려운 점이 있다.

초과예약의 기법 초과예약관리는 과거의 경험과 통계자료를 근거로 하고 있는데 전형적인 산출방법은 취소율과 노-쇼우(no-show)율을 결정하고 그 비율만큼의 초과예약을 받으면 되는데 이를 OPR(Overbooking Percentage Rate)이라고 한다. No-show율을 계산하는 공식은 다음과 같다.

$$\text{no-show율} = \frac{\text{no-show 객실 수}}{\text{예약된 객실 수}} \times 100$$

예를 들어 300실을 가지고 있는 G호텔의 경우 당일 취소 및 no-show율이 과거 경험과 통계자료를 참고해 볼 때 7%로 예상이 된다면 결국 OPR은 7%이다. 그러나 아무리 과거 경험과 통계자료를 근거로 하여도 여러 가지 변수에 의하여 예상이 빗나갈 수 있으므로 다음과 같은 사항을 잘 고려하여 변동의 폭을 줄여야 한다.

- 예약 리스트에 나타난 고객의 예약이 확정적 예약(definite reservation)인지 잠정적 예약(tentative reservation)인지를 추적해야 한다.
- 예약고객의 여행(숙박)목적의 유형을 파악한다. 대체적으로 출장 등의 비즈니스 고객들은 취소나 no-show율이 낮다.
- 기상예보를 관찰하여야 한다.
- 호텔이 위치한 지역에 특별행사가 있는지를 파악한다.
- 경쟁호텔의 예약상황과 2중 예약자가 없는지 체크한다.
- 워커인(walk-in) 고객의 빈도를 감안한다.
- 호텔에서 이루어지는 특별 이벤트나 연회행사를 파악한다.

2.5 인터넷예약 관리

최근 호텔예약은 고객이 실시간으로 온라인에서 할 수 있도록 호텔 홈페이지에 예약을 할 수 있는 창을 만들어 운용하고 있으므로 객실예약실에서는 인터넷예약도 관리해야 한다. 일반적으로 호텔 인터넷예약 창은 고객이 직접 입력할 수 있도록 다음과 같이 되어 있다.

① 클릭하여 해당 연도를 선택한다.

② 클릭하여 해당 월을 선택한다.

③ 클릭하여 해당 일을 선택한다.

④ 클릭하면 해당 월 캘린더가 뜨면서 예약가능한 유무의 일이 나타난다.

⑤ 클릭하면 오전과 오후가 구분되어 있다.

⑥ 클릭하여 시간을 선택한다.

⑦ 클릭하여 원하는 객실 숫자를 선택한다.

⑧ 클릭하여 원하는 베드 형태를 선택한다.

3 프런트 데스크의 업무

➔ 프런트 데스크 전경

프런트 데스크(front desk)는 숙박고객의 체크인과 체크아웃을 담당하는 곳으로 고객과의 커뮤니케이션 창구이자 호텔의 심장이라고 할 수 있다. 프런트 데스크의 3대 기본 업무는 ① 고객의 등록(reception, registration) ② 안내(information) ③ 체크아웃 고객의 계산(cashier)이다.

고객이 예약을 하고, 체크인하여 체크아웃할 때까지의 사이클과 그에 따른 프런트의 기능을 대비하여 그림으로 나타내면 다음과 같다.

[그림 5-3] **고객 사이클에 따른 프런트 오피스의 기능**

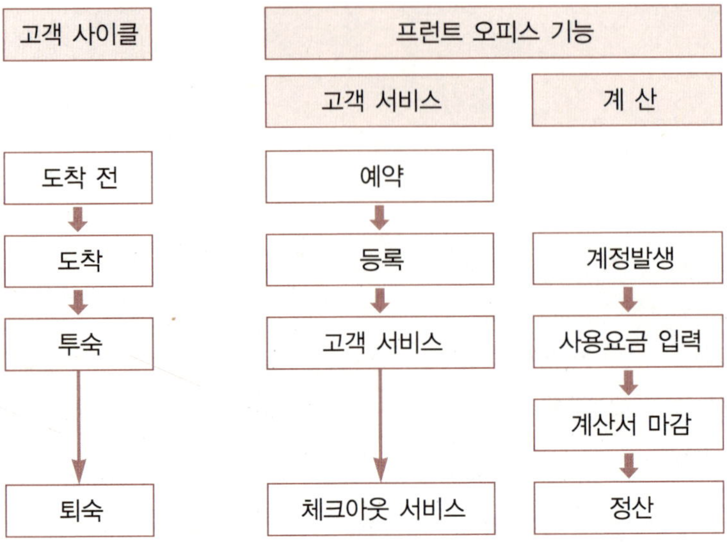

3.1 등록업무

프런트에서 등록업무를 담당하는 곳을 레지스트레이션(registration) 또는 고객을 맞이한다는 의미에서 리셉션(reception)이라고 한다. 프런트 데스크에서 등록업무를 담당하는 직원을 프런트 클럭(front clerk) 또는 룸 클럭(room clerk)이라고 하며, 다음과 같은 구체적인 업무를 수행한다.

- 체크인 등 등록업무를 수행한다.
- 객실예약의 접수와 객실배정을 한다.
- 당일 객실변경 및 취소 업무를 담당한다.
- 객실 열쇠관리를 한다.
- 객실고객과 관련하여 타 부서와의 업무연락을 취한다.

[그림 5-4] **체크인 처리 3단계**

예약확인 ➡ 숙박등록카드 작성 ➡ 객실배정 및 키(key) 제공

예약확인 고객이 프런트 데스크에 오면 가장 먼저 예약을 했는지 물어보아야 한다. 예약고객일 경우 컴퓨터 CRT(Computer Reservation Terminal)에 성명 또는 예약번호를 입력하여 예약사항을 확인한다. 만약 예약을 하지 않고, 당일 오는 워커인 게스트(walk-in guest)에게는 투숙가능 여부와 요금 등을 알려주고 숙박고객 카드를 작성하게 한다.

워커인 게스트에게 객실을 판매할 때는 ① 선택의 혼돈을 피하기 위하여 두 가지 이상의 객실을 제시하지 말고 ② 지불능력을 파악하여 비슷한 가격대 두 개의 객실을 제시한다. 특히 객실을 판매하는 룸 클럭은 불과 몇 분 동안에 호텔의 이미지를 팔아야 하고, 객실요금을 판매하는 것이 아니라 환대와 가치를 판매한다는 마음가짐이 필요하다.

숙박등록카드 작성 숙박등록카드(registration card)는 ① 객실이용에 관한 고객과의 계약 ② 안전 및 도난사고에 대비하기 위하여 ③ 고객관리 차원에서 ④ 각종 통계목적 ⑤ 스키퍼 추적 등의 측면에서 중요한 의미를 지니고 있다. 스키퍼(skipper)란 호텔에 투숙 후 계산을 하지 않고 퇴숙한 고객을 말한다. 일반적으로 호텔에서는 스키퍼를 사전에 방지하기 위하여 체크인할 때 예치금(deposit)이나 신용카드를 오픈하도록 요구하고 있다.

숙박고객카드 내용에는 프런트 직원이 기입하는 난과 고객이 직접 기입하는 난으로 되어 있다. 프런트 직원이 기입할 내용은 작성날짜, 객실번호, 객실료, 체재기간, 출발예정일, 투숙인원, 일련번호, 취급자 서명 등이고 고객이 직접 기입하는 내용은 성명, 주소, 연락처, 주민등록번호(외국인의 경우 여권번호 및 국적), 직업, 서명 등이다. 숙박카드를 작성할 때 가족동반의 경우 한 사람만 작성하면 되지만 객실을 2개 이상 사용할 때는 사용자별로 각각 작성해야 한다. 단체일 경우에는 인솔자가 대표로 한 장만 작성하고 숙박등록카드 뒤에 호실에 따른 명단(rooming list)을 첨부하면 된다.

[그림 5-5] 숙박등록카드

REGISTRATION

(Account No) ______ 일자 (Date) ______

객실번호(ROOM No.)	성명 (FULL NAME)	
객실료(ROOM RATE)	주소(ADDRESS)	전화(TEL)
체재기간(EXPECTED LENGTH OF STAY)	주민등록번호(DATE OF BIRTH)	국적(NATIONALITY)
출발예정일(DEPARTURE DATE)	여권번호(PASSPORT NO)	직업(OCCUPATION)
인원(NO OF PER) 취급사무원(CLERK)	서명(SIGNATURE)	
비고(REMARKS)	귀중품은 현관 사무실에 보관하여 주십시요. 보관되지 아니한 귀중품의 분실 또는 손해에 대하여는 책임을 지지 않습니다. (VALUABLE MUST BE PLACED IN THE OFFICE SAFE OTHERWISE THE MANAGEMENT WILL NOT BE RESPONSIBLE FOR ANY LOSS)	
일련번호 No.		

객실배정 및 키(key) 제공 개인고객의 경우 숙박카드 작성이 끝나면 고객이 예약 시 원했던 룸 타입 중에서 판매가 준비된 룸(vacant room)의 키를 제공한다. 'vacant room'이란 청소가 완료되어 판매가 준비된 빈 객실을 말하며, 반대로 판매되어 투숙 중인 호텔을 'occupied room'이라고 한다.

단체고객의 경우는 많은 인원이 프런트 데스크 앞에 줄을 설 수 없으므로 로비 한 쪽에 마련된 별도의 그룹 데스크(group desk)를 활용한다. 즉 단체가 도착하기 전에 미리 객실배정표(room assignment)와 키를 봉투에 넣어 그룹 데스크 위에 준비해 두었다가 단체가 도착하면 프런트 직원이 인솔자와 함께 키를 배부한다.

3.2 안내업무

프런트 데스크에서의 안내(information) 업무는 ① 호텔 내부뿐만 아니라 주변의 교통, 관광지에 대한 안내도 담당하고 ② 객실고객에 전달된 메시지를 처리하며 ③ 편지 · 엽서 · 소포 처리 등의 우체국 업무도 담당한다. 프런트 데스크에서 안내 업무를 담당하는 직원을 인포메이션 클럭(information clerk)이라고 하고, 우편물을 취급하는 직원을 메일 클럭(mail clerk)이라고 부르지만, 대부분의 호텔에서는 별도의 구분없이 룸 클럭이 이러한 업무를 겸직하는 경우가 많다.

내부안내 고객들은 로비의 프런트에서 호텔 내부 시설의 위치에 대한 문의를 하는 경우가 많다. 이에 대해서는 적절히 응대하고, 특히 방문객의 안내는 조심해야 하는데, 다음과 같은 사항에 유의해야 한다.

첫째, 외부에서 고객을 찾아 온 경우 객실고객에게 연락을 취하여 만날 의사를 확인한다.

둘째, 투숙객의 이름은 모르고 객실번호만 알고 방문한 자에게는 안내를 거절하는 것이 좋다.

셋째, 미도착고객에 대한 메시지는 예약카드에 첨부하여 체크인 시 전달한다.

넷째, 퇴숙을 한 고객의 연락처 등의 요청은 거절하는 것이 좋다.

외부안내 고객은 호텔 내부뿐만 아니라 호텔 외부에 대한 안내를 원하는 경우가 많으므로 사전에 자료준비와 지식을 습득해야 한다. 일반적인 호텔 외부 안내에 대한 내용으로는 ① 항공기, 기차, 리무진버스, 순회관광버스 등의 스케줄 및 요금 ② 주변 관광지에 대한 안내 및 이용 교통편 ③ 극장, 미술관, 예술회관, 쇼핑센터 등의 문화시설 이용 ④ 교회, 사찰 등 종교시설의 이용 ⑤ 시청 등 주요 관공서 ⑥ 나이트클럽 등의 유흥 및 오락시설 등이 있다.

메시지 전달 업무 메시지 전달을 부탁하는 경우는 ① 외부에서 객실고객을 방문하러 왔다가 부재로 인하여 메시지를 남기는 경우 ② 전화로 투숙객을 찾는데 부재중이어서 메시지를 남기는 경우 ③ 도착예정 투숙객에게 메시지를 남기는 경우 ④ 투숙객이 부재중 방문객이 물품 등의 전달을 요구하는 경우에 발생하므로 이를 적절히 처리한다.

우편물 취급업무 프런트 데스크에서 우편물 취급은 투숙고객이 발송 또는 수신하는 편지, 엽서, 전보, 택배 등이 있다. 수신된 우편물은 즉시 고객에게 전달하며, 부재중일 때는 키와 함께 우편물을 보관해 두었다가 고객이 돌아오면 전달한다. 특히 전보나 속달과 같이 시간을 요하는 것은 도착시간을 증명하는 타임 스탬프(time stamp)를 찍어 즉시 전달해야 한다.

3.3 계산업무

프런트에서 퇴숙 고객의 키를 받고 계산업무를 담당하는 직원을 프런트 캐셔(front cashier)라고 하며, 주요 업무로는 ① 퇴숙 고객에 대한 요금 정산 ② 환전업무 ③ 귀중품 보관 등이다. 프런트 캐셔는 객실부의 프런트 데스크에서 근무하지만 소속은 경리부이다. 그러나 일부 호텔에서는 프런트 업무의 통합 차원에서 프런트 캐셔를 객실부 소속으로 하고, 룸 클럭, 인포메이션 클럭의 업무를 함께 담당하게 하여 통합운영체계로 운용하는 호텔도 있다.

퇴숙고객에 대한 요금을 정산할 때는 객실요금은 물론 객실 내에서 사용한 전화뿐만 아니라 미니 바(mini bar), 룸 서비스, 레스토랑, 기타 부대시설 등을 이용하고 지불하지 않은 요금을 빠짐없이 정산한다. 물론 객실요금 이외 호텔 각 업장에서 사용한 요금의 빌은 이미 고객이 룸 사인을 하였으며, 그 빌은 체크아웃 전에 프런트 캐셔에게 제출되어 있는 상태이다.

특히 요금을 정산할 때는 고객이 사전에 선수금(deposit)을 내었는지, 카드를 오픈해 놓았는지를 체크하여 실수가 없도록 하며, 요금수납은 현금, 카드, 자기앞수표만 받고, 약속어음, 가계수표 등은 받아서는 안 된다. 그리고 자기앞수표를 받았을 때는 반드시 뒷면에 이서를 받아 놓아야 한다.

4 현관 서비스 업무

4.1 현관 서비스 업무 개요

현관 서비스를 유니폼 서비스(uniform service)라고도 한다. 현관 서비스에 근무하는 직원은 벨맨, 도어맨, 포터, 컨시어지 등이며, 이들은 호텔 입구 안·밖에서 고객을 첫 대면한다는 점에서 호텔 서비스의 상징이라고 할 수 있다. 현관 서비스는 크게 벨 데스크(bell desk), 도어 데스크(door desk)로 되어 있으며, 일반적으로 프런트 지배인하에 벨 캡틴(bell captain)이 전체 업무를 관장한다.

현관로비는 호텔의 첫 이미지로 항상 깨끗함을 유지해야 하고 정리정돈이 잘 되어 있어야 한다. 따라서 현관 서비스를 담당하는 직원은 다음과 같은 업무를 공통적으로 수행해야 한다.

- 재떨이는 청소원이 수시로 하지만 항상 체크한다.
- 현관 유리문을 청소한다.
- 로비에 있는 소파 등의 의자를 청소 및 정리정돈을 한다.
- 로비에 있는 천장 및 스탠드 전구를 수시로 점검한다.
- 호텔 내의 공중전화를 점검하여 전화기, 전화번호부, 메모지 등을 정리정돈한다.

- 팸플릿 등의 홍보물 비치대를 점검하여 정리정돈은 물론 부족한 홍보물은 채운다.
- 회전문 및 자동문을 관리한다. 특히 어린이의 출입 시 유의한다.
- 우천 시 고객의 우산을 관리한다. 즉 우산보관대에 꽂거나 비닐카버를 제공한다.

4.2 벨 서비스

벨 서비스를 담당하는 직원을 벨맨이라고 부른다. '벨맨(bell man)' 이라는 용어는 프런트 데스크 직원이 등록이 끝난 고객에게 짐을 들고 객실로 안내하도록 벨맨을 부를 때 프런트 데스크 위에 있는 벨을 쳐서 신호를 알린데서 유래되었다. 벨맨(bell man) 은 초기에 벨보이(bell boy) 라고 불렀으나 직업에 대한 의식전환의 차원에서 밸맨으로 바뀌었고, 나아가 여성평등 차원에서 벨어텐던트(bell attendant) 또는 벨스탭(bell staff) 이라는 용어로 사용하기도 한다. 최근에는 여성도 벨맨과 룸 서비스의 직무를 담당하는 추세이지만 심야에는 근무하지 않는다.

벨맨의 주요 업무는 ① 고객의 수하물 운반 서비스 ② 객실 내에서 시설이용에 대한 안내 서비스 ③ 메시지 전달 및 심부름 ④ 수하물 보관 등이다.

수하물 운반 서비스 프런트에서 등록이 끝나면 고객의 가방이나 짐을 가지고 엘리베이터를 이용하여 객실로 이동한다. 엘리베이터의 경우 고객이 1~2명일 경우 고객이 먼저 타고 내리도록 한다. 객실 앞에 도착하면 객실번호를 확인하고 노크를 한 다음 키로 문을 열고 고객의 수하물을 받침대(baggage stand) 에 놓아둔다.

객실 내 시설안내 객실 내에서 시설에 대한 안내할 내용으로는 ① 전화 사용 ② 유료(pay) TV ③ 냉난방 조절 ④ 각종 조명 스위치 ⑤ 욕실 사용 ⑥ 미니바 사용 ⑦ 객실 내에서 귀중품을 보관하는 개인금고 형태의 'safety box' 등이 있다.

메시지 전달 및 심부름 벨맨은 프런트 데스크로부터 받은 각종 고객 전달용 메시지나 물품을 전달하거나 객실고객으로부터 요청받은 각종 심부름을 수행한다. 단 객실 내에서 식사 및 음료 등의 요청은 식음료부 룸 서비스(room service) 업무이다. 고객이 만약 객실 열쇠를 룸에 두거나 분실하였을 경우 마스터키(master key)를 가지고 객실 문을 열어 준다. 마스터키는 해당 층의 객실을 모두 열 수 있는 것과 호텔 전 객실을 열 수 있는 것이 있으며, 마스터키를 분실하면 큰 낭패를 초래할 수 있으므로 반드시 프런트 데스크에 불출할 때는 불출대장에 날짜, 시간, 불출자를 기입하며, 반납할 때도 시간과 서명을 기입해야 한다. 그리고 마스터키를 가지고 갈 때는 반드시 목에 걸도록 하고 있다.

수하물 보관 수하물을 보관하는 장소를 클로크 룸(cloak room)이라고 한다. 고객의 일시적 가방보관은 물론 골프채, 낚시대 등 객실로 가져가기 힘든 수하물을 벨맨이 이를 받아 보관하고 관리한다. 이때 수하물 보관증을 작성하여 1매는 고객(고객용)에게 1매는 고객의 수하물에 부착한다. 고객용은 나중에 자신의 수하물과 찾으러 오면 교환권이 되는 것이다.

◎

BAGGAGE CHECK

Date : No.00001

Room No. :

Name :

Item :

Signature :

- -

BAGGAGE CHECK

Date : No.00001

Room No. :

Name :

Item :

Signature :

Received by :

➔ 수하물 보관증

단체 객실투숙 고객들의 경우 호텔에 도착하여 곧 바로 체크인하지 않거나, 투숙 후 조식을 먹고 곧 출발하고자 할 때는 미리 체크아웃하여 수하물을 로비의 한쪽에 모두 보관하는 경우가 많다. 이때는 수하물 위에 망(baggage net)을 덮어씌워 도난을 방지해야 한다.

4.3 도어 서비스

도어맨 업무 도어맨(door man)은 호텔에 오는 고객을 최초로 맞이하는 상징적 직원으로 특수한 모자와 복장을 하고 근무한다. 주요 업무는 다음과 같다.

- 출입하는 고객을 영접하고 제 차량의 유도 및 주정차 관리를 한다.
- 영업용 택시 호출 및 수배업무를 한다.
- 고객이 직접 몰고 온 차량에 대하여 주차장까지 밸릿 서비스(valet service)를 한다.
- 호텔 문 입구에서 승하차하는 고객을 돕는다.
- 고객의 승하차 시 소지품, 수하물 등의 분실이나 파손이 없도록 도와준다.
- 국기 게양대의 국기를 관리한다.

포터 업무 포터(porter)는 공항, 역 등을 통해서 호텔로 들어오는 고객을 위해 그곳까지 가서 고객의 짐을 운반하고 안내를 하는 것이 주 업무이다. 평상시에는 도어맨과 벨맨의 업무를 협조한다. 많은 호텔에서는 도어맨과 벨맨이 포터 업무를 겸하기도 한다.

4.4 컨시어지 서비스

컨시어지의 의의 컨시어지(concierge)란 사전적 의미로는 문지기(doorkeeper), 수위, 집사, 관리인이란 뜻이다. 그 유래는 중세시대 성에서 열쇠를 지키는 사람을 컨시어지라고 하였고, 프랑스 한 교도소에서 감방열쇠를 지키고 수감자를 담당하는 사람을 컨시어지라고 부른데서 찾을 수 있다. 이후 서양의 몇몇 소설 속에 개인비서 또는 마무리해주는 사람으로 묘사되었으며, 1983년 미국의 호텔업계에서 고객을 유치하기 위한 경쟁의 일환으로 호텔 내 컨시어지 직무를 도입하여 그 명칭을 사용하면서 널리 보급되었다. 대규모 호텔에서는 적극적이고 신속한 고객만족 서비스를 위하여 고객이 찾기 쉽도록 로비의 프런트 데스크 근처에 별도의 컨시어지 데스크(concierge desk)를 설치하여 운영하고 있다.

1998년부터는 세계컨시어지협회가 창설되어 이를 전문 직종으로 간주하여 일정한 자격을 부여하도록 제도화하였을 뿐만 아니라 백화점 · 항공사 등을 비롯한 타 서비스 업체에서도 채택되고 있는 추세이다.

컨시어지 업무 컨시어지의 구체적인 업무를 살펴보면 다음과 같다.

- 공항에서 영접 및 환송 서비스
- 리무진 서비스
- 벨맨 및 포터 서비스
- 항공권 예약 및 변경 서비스
- 시내 관광 안내
- 시내 식당, 공연, 엔터테인먼트 예약 서비스
- VIP 접객 서비스

결국 컨시어지(concierge)는 호텔의 현관에서 고객의 영송에서 환송까지 그리고 전반적인 안내를 담당하는 직원으로 대고객에게 토털 서비스(total service)를 수행한다고 할 수 있으며, 과장해서 표현하면 법적 · 도덕적 테두리를 벗어나지 않는 범위 내에서 고객을 위해 모든 것을 수행한다고 할 수 있다. 주요 체인호텔의 직무 기술서에 나오는 컨시어지 서비스의 기본정신은 "고객이 기대하는 것 이상으로 양질의 서비스를 제공하는 것"으로 되어 있다.

4.5 GRO 업무

GRO 업무의 개요 GRO(guest relation officer)란 VIP고객이 체크인과 체크아웃을 할 때 전담하여 서비스하는 접객원을 말한다. 호텔 간 경쟁이 심화될수록 GRO의 역할이 중요해지고 있다. 즉 VIP고객은 호텔에서의 지출이 다른 일반 고객보다 매우 높아 이들을 소홀히 관리하면 경쟁호텔로 전환행동을 할 수 있기 때문이다. 따라서 GRO는 고객관계관리를 수행하는 직원이라고 할 수 있다. 고객관계관리(CRM : customer relationship management)란 선별된 고객 즉 우수고객으로부터 지속적인 수익창출을 유도하고 장기적으로 고객관계를 가능하도록 관리하는 것인데, 결국 고객과 관련된 기업의 내 · 외부 자료를 분석하고 통합하여 각 고객 특성에 기초한 마케팅 활동을 계획하고 지원하는 과정을 말한다. 이른바 고객 맞춤식 서비스를 제공하는 것이다.

이러한 측면에서 컨시어지와 GRO의 업무는 유사한데, 컨시어지가 불특정 다수의 고객을 상대로 로비에서 주로 서비스한다면, GRO는 VIP 고객을 상대로 로비에서부터 귀빈층 라운지까지 밀착하여 원스톱 서비스(one stop service)를 한다고 할 수 있다. 따라서 GRO는 VIP의 이력을 통하여 기호나 욕구를 파악하고 있어야 하며, 주요 업무는 다음과 같다.

- 귀빈의 체크인을 도와주고 필요한 경우 객실에서 등록을 받는다.
- 호텔 내 · 외부의 안내사항에 대하여 충분한 정보와 지식을 가지고 안내 및 상담을 한다.
- 고객을 영접하고 환송한다.
- 귀빈층 라운지 업무를 담당한다.

귀빈층(EFL : executive floor) 업무 도심지 호텔의 경우 비즈니스 고객의 증가에 따라 귀빈층의 수요가 증가하고 있다. 귀빈층(EFL : executive floor)이란 상용고객을 위한 전용객실 층으로 이 층의 객실(executive room)은 보통 객실보다 고급스럽고, 컴퓨터 및 인터넷 서비스 등 비즈니스 업무를 위한 시설이 갖추어져 있으며, 또한 전용 라운지, 소회의실 등의 편의시설이 갖추어져 있다. 이 층의 객실에 투숙한 고객은 다양한 혜택을 받으며, 객실영업 소속의 전담 직원이 배치되어 비즈니스를 위한 비서업무 및 차별화된 서비스를 제공받을 수 있다.

특히 일반 객실에 비해 고가로 책정된 귀빈층은 호텔 측면에서 평균 객실가를 올리는 주요 상품일 뿐만 아니라 재방문 고객이 많기 때문에 객실점유율을 높여주는 등 안정적인 객실 운영을 할 수 있다는 장점이 있다. 따라서 도심지의 비즈니스 호텔 간에는 귀빈층을 경쟁적으로 관리하고 있는 실정이다. 귀빈층에는 전용 라운지를 운영하고 있는데 그 업무는 GRO가 맡으며 주요 업무는 다음과 같다.

- 신문 및 비즈니스 관련 잡지 관리
- 라운지 내 커피, 티, 음료, 쿠키 제공 관리
- 회의실 사용 및 비즈니스 도구 관리
- 기타 비서업무 수행

귀빈층에 대한 명칭은 일반적으로 '이그젝큐티브 플로어(Executive Floor)' 라고 하지만, 호텔에 따라서 고유의 명칭을 사용하기도 한다. 예를 들면 하얏트(Hyatt) 호텔의 경우 'Hyatt Regency Club' 이라고 한다. 귀빈층은 일반적으로 호텔의 높은 층에 위치하며, 호텔 속의 호텔이라고 불리고 있다. 귀빈층의 혜택내용은 호텔마다 차이가 있지만 대부분 다음과 같은 특전을 제공하고 있다.

- 귀빈층 라운지 사용
- 조식 제공
- 오후 해피아워(happy hour) 시간에 칵테일, 음료, 스낵류 제공
- 커피, 티, 음료, 쿠키 제공
- 각종 신문 및 시사잡지 무료 이용
- 신속한 체크인, 체크아웃 서비스
- 체크아웃 시간 연장
- 라운지 내 소회의실 사용
- 컴퓨터 등 각종 사무기기 사용
- 항공 및 호텔예약 서비스

➔ 귀빈층 라운지의 전경

5 나이트 클럭 업무

5.1 야간 프런트 업무

나이트 클럭(night clerk)은 야간에 프런트 업무를 담당하면서 객실영업보고서를 작성하는 것이 주 업무이다. 프런트에서 야간 근무는 밤 10시부터 익일 오전 7시까지이며, 대부분의 호텔에서는 나이트 클럭의 업무를 야간 근무를 하는 프런트 룸 클럭이 담당하고 있다. 야간 프런트 업무의 주 내용은 다음과 같다.

- 야간에 도착하는 고객의 체크인 업무를 한다.
- 키를 꽂아 보관하는 키랙(key rack)에 남아 있는 키와 객실현황판을 대조하여 객실 키를 점검한다.
- 미도착고객 파악 및 처리를 한다. 미도착 고객에게 연락을 취하여 도착 여부를 확인하고, 도착이 불투명할 경우 노-쇼우(no-show) 처리한다.
- 야간에 수신된 우편물이나 메시지를 처리한다.
- 업무일지(log book)를 작성한다.
- 익일 도착예정고객의 등록카드, 익일 출발예정고객의 명단, 야간에 발생한 고객의 각종 요구사항 및 특기사항 등을 정리하고 다음 근무자에게 인수인계한다.

● 전날의 객실영업을 결산하고 각종 보고서를 출력하여 관련 부서에 배부한다.

5.2 객실영업보고서 작성

객실영업보고서의 종류 객실영업보고서는 일일보고서(daily report), 월말보고서(monthly report), 연말보고서(annual report)로 구분하는데 일일보고서의 종류는 다음 표와 같다.

[표 5-1] **일일보고서의 종류**

보고서 종류	내용
일일 룸 리포트(room report)	당일 객실매출액, 객실판매 수, 평균요금, 객실점유율, 투숙인원수 등 객실영업 상황 전반을 한 장에 볼 수 있도록 만든 리포트
일일 그룹 리포트(group report)	당일 여행사 등의 단체 판매현황 리포트
예상 리포트(forecast report)	당일 이후의 주간, 월간 예약상황을 매일 업데이트(update)한 리포트
VIP 리스트	당일 VIP 고객의 명단 및 단체
경쟁사 객실영업상황 리포트 (competitor's analysis report)	매일 아침 경쟁사와 연락을 취하여 전날의 객실영업상황을 비교 분석한 리포트

객실영업의 산출 객실영업에 대한 결과 즉 객실매출액, 객실판매 수, 객실평균요금, 객실점유율 등을 산출하는 것을 말한다.

- 객실매출액(revenue) 당일 판매된 객실요금을 집계하여 산출한다.
- 객실판매 수 당일 판매된 객실 수를 집계하여 산출한다.
- 객실평균요금(average rate) 객실매출액을 객실판매 수로 나누어 산출한다.

$$\text{객실평균요금} = \frac{\text{객실매출액}}{\text{객실판매 수}}$$

● 객실점유율(occupancy) 객실점유율은 객실 영업상황을 판단하는 지표로 객실 판매 수를 보유하고 있는 객실 수로 나누고 100을 곱하여 산출한다.

$$객실점유율 = \frac{객실판매\ 수}{보유객실\ 수} \times 100$$

예제1

A호텔의 객실 수는 400실이다. 당일 객실을 360실 판매하였고 매출은 72,000,000원이었다. 객실평균요금과 점유율은 얼마인가?

➡ $객실평균요금 = \frac{72,000,000원}{360실} = 200,000원$

$객실점유율 = \frac{360실}{400실} \times 100 = 90\%$

6 전화교환실 업무

전화교환실을 PBX(Private Branch Exchange)라고 하며, 교환원을 오퍼레이터(operator)라고 한다. 교환실은 프런트 지배인하에 교환실장이 업무를 관장하고, 교환원은 국가가 인정하는 소정의 자격증이 있어야 한다. 교환원은 목소리로 호텔을 대표하고, 고객과 직접적인 접촉은 없지만 간접 서비스를 제공한다는 점에서 중요성이 강조된다. 또한 고객의 국내·외 전화사용은 객실부서의 수입원 중에 하나라는 점에서 영업의 임무도 수행한다고 할 수 있다.

6.1 교환원의 기능

교환원은 ① 통신매개체의 기능 ② 정보제공의 기능 ③ 판매촉진의 기능을 담당하고 있다. 즉 교환원은 호텔과 외부, 발신자와 수신자 간을 신속 · 정확하게 연결하고, 호텔의 상품 및 시설 · 연회행사 및 이벤트 · 각 영업장의 영업시간 등을 숙지하여 외부고객의 문의에 적절히 대응하며, 예약전화의 경우 해당 영업장에 신속 · 정확하게 연결하여 매출향상에 일조가 되도록 한다.

6.2 교환원의 자세

교환원은 ① 규정에 의한 인사말을 하고 ② 표준어 및 즐거운 단어를 구사하고 ③ 상냥하고 친절한 태도를 견지하고 ④ 신속 정확하게 연결 서비스를 하고 ⑤ 응대에 필요한 어학을 습득하며 ⑥ 고객이 보이지 않아도 항상 미소를 지어야 한다.

6.3 교환원의 업무

교환원의 주 업무는 ① 외부에서 걸려온 전화(incoming call)의 연결 서비스 ② 고객 및 내부직원의 외부전화(outgoing call) 연결 서비스 ③ 모닝 콜(morning call) 서비스 등이다.

모닝 콜(morning call)은 'wake-up call' 이라고도 하며, 많은 호텔에서는 고객이 스스로 시간에 맞춰 알람(alarm)을 할 수 있도록 나이트 테이블에 자동 시스템을 갖추고 있다. 그러나 자동 시스템을 갖추지 않은 호텔의 경우 교환원이 지정된 시간에 모닝 콜을 울려 주어야 하며, 자동 시스템을 갖추고 있더라도 단체 투숙고객의 경우 아침에 일괄적으로 투숙객 전원에게 모닝 콜을 요청하는 경우가 있으므로 교환원은 사전에 접수된 시간에 맞춰 모닝 콜을 울려 주어야 한다. 따라서 교환원은 모닝 콜 리스트를 만들어 착오 없이 요청된 시간에 모닝 콜 벨 소리로서 고객을 깨워주어야 한다. 만약 모닝 콜 서비스가 제대로 안 되어 고객이 늦게 일어나 항공기 등의 시간을 제대로 맞추지 못하면 큰 낭패를 볼 수 있다.

그리고 고객의 전화사용에 대해서는 전표를 작성하여 프런트 캐셔에게 인계하고 고객 체크아웃 시 계산할 수 있도록 한다. 만약 호텔고객에 걸려온 콜렉트 콜(collect call)의 경우 수신 여부를 확인받고 상대방에게 연결한 다음 통화 시수를 토대로 요금 청구를 한다.

7 비즈니스/피트니스 센터 업무

7.1 비즈니스 센터 업무

비즈니스 센터(business center)는 비즈니스 고객을 위하여 각종 사무기기와 전문요원이 배치되어 비즈니스와 관련된 서비스를 해주는 곳이다. 단순 안내 업무는 무료이지만 사무기기 및 용품을 이용하거나 사무작업을 대행해 주는 경우는 유료이다. 구체적인 업무는 다음과 같다.

- 타이핑, 워드, 복사, 번역 및 통역 업무
- 텔렉스, 팩시밀리 사용
- 노트 북, 슬라이드, OHP기기 등의 대여
- 각종 소포 및 문서 수발
- 항공권 예약. 취소. 확인(confirm) 및 각종 교통기관 안내
- 명함제작 및 무역과 관련된 업체 소개 및 연락
- 비즈니스 센터 내에 있는 소회의실(또는 상담실) 대여

7.2 피트니스 센터 업무

피트니스 센터(fitness center)는 호텔 부대시설 중의 하나로 투숙객들이 체력단련을 하거나 여행의 피로를 풀기 위한 여가활동의 공간이다. 호텔에 따라 헬스시설, 에어로빅, 사우나, 수영장, 테니스 코트, 스쿼시 코트, 골프연습장 등 다양한 시설을 갖추고 있다. 호텔의 조직상 피트니스 센터는 레포츠(leports)부서로서 별도의 부서로 존재하기도 하나 많은 호텔에서는 객실부 또는 하우스키핑부서 소속으로 운영하고 있다.

➔ 피트니스 센터

연습문제(호텔관련 종사원 자격시험 대비)

1. 예약을 해놓고 당일 나타나지 않는 고객은?

① skipper　② no-show guest
③ sleeper　④ walk-in guest

2. stayover guest란?

① 연장숙박객
② 객실료를 지불하지 않고 체크아웃한 고객
③ 객실료를 지불하고 숙박을 하지 않은 고객
④ 예약없이 당일 오는 고객

3. deposit란 무엇인가?

① 지불보증금　② 예약선수금
③ 완불　④ 후불

4. 일반적으로 객실 단체고객의 경우 몇 실 사용을 기준으로 하는가?

① 10실~14실　② 15실~20실
③ 20실~25실　④ 30실 이상

5. 초과예약은 어떤 고객을 예상하여 받는가?

① no-show guest　② skipper
③ sleeper　④ walk-in guest

6. 초과예약자에 대한 turnaway service의 올바른 방법이 아닌 것은?

① 동급 수준의 호텔에 객실을 구해준다.
② 타 호텔에 연결 시 교통편까지 제공한다.
③ 예약객실보다 등급이 높은 객실의 여유가 있다면 up grade해 준다.
④ 다음에 오시라고 무료객실쿠폰을 드린다.

7. A호텔의 경우 당일 취소 및 no-show율이 과거 경험과 통계자료를 참고해 볼 때 5%로 예상이 된다면 초과예약율(OPR)은 어느 정도 받아야 하는가?

① 5% ② 7%
③ 10% ④ 15%

8. 프런트 데스크의 3대 기능이 아닌 것은?

① cashier ② reception
③ valet service ④ information

9. 프런트 데스크에서 투숙고객의 체크인 처리과정은?

① 숙박등록카드 작성 → 객실배정 및 키 제공 → 객실요금수납
② 객실요금수납 → 숙박등록카드 작성 → 객실배정 및 키 제공
③ 예약확인 → 숙박등록카드 작성 → 객실배정 및 키 제공
④ 예약확인 → 객실배정 및 키 제공 → 숙박등록카드 작성

10. 숙박등록카드(registration card)의 작성목적이 아닌 것은?

① 객실이용에 관한 고객과의 계약
② 각종 통계 목적
③ 신용불량자 파악
④ 스키퍼(skipper)의 추적

11. 'vacant room' 이란?

① 청소가 완료되어 판매가 준비되어 있는 빈 객실
② 사용 중인 객실
③ 청소 중인 객실
④ 수리 중인 객실

12. 프런트 데스크에서 편지 · 엽서 · 소포 처리 등의 우체국 업무도 담당하는 곳은?

① information ② cashier
③ registration ④ bell desk

13. 객실 내에 있는 'safety box' 란?

① 귀중품을 보관하는 개인금고 ② 소방도구 보관함
③ 세탁물 보관함 ④ 미니 냉장고

14. 벨 데스크에서 관리하는 클로크 룸(cloak room)이란?

① 청소도구보관 장소 ② 외투보관 장소
③ 벨맨의 휴식 장소 ④ 수하물보관 장소

15. 고객이 몰고 온 차량을 도어맨이 주차대행 서비스하는 것을 무엇이라고 하는가?

① turnaway service ② valet service
③ paging service ④ door service

16. 호텔 내에서 벨 서비스를 담당하고, 호텔 내 · 외부의 각종 안내 업무를 수행하며, 차량관리, 도어 서비스까지 호텔의 현관에서 대고객에게 일종의 원 스톱 서비스를 수행하는 전문 요원을 무엇이라고 하는가?

① porter ② house man
③ concierge ④ operator

17. PBX(Private Branch Exchange)란?

① 환전소　　② 전화교환실
③ 호텔 내 현금인출기　　④ 의무실

18. 투숙객들이 체력단련과 레포츠 활동을 하는 곳을 무엇이라고 하는가?

① fitness center　　② business center
③ executive floor　　④ entertainment center

19. skipper를 방지하기 위한 노력이 아닌 것은?

① deposit　　② card open
③ 숙박등록카드 작성　　④ room maid의 체크

20. A호텔의 객실 수는 300실이다. 당일 객실을 210실 판매하였고, 매출은 52,500,000원이었다. 객실평균요금과 점유율은 얼마인가?

21. F.I.T 고객 예약접수의 경우 룸 넘버(room number)를 사전에 확정통보하지 않는 이유는 무엇인가?

제6장

하우스키핑 관리

1. 하우스키핑의 개요
2. 플로어키퍼(floor keeper) 업무
3. 룸 메이드 업무
4. 룸 인스팩터 및 하우스 맨 업무
5. 린넨실 및 세탁실 업무

호텔경영의 이해

제 6 장 하우스키핑 관리

1 하우스키핑의 개요

1.1 하우스키핑의 개념

하우스키핑(housekeeping)의 사전적 의미는 집을 보존하고 관리 및 유지하는 것으로 되어 있다. 따라서 호텔에서 객실정비 또는 객실관리라고 불리는 하우스키핑부서는 객실영업부서가 객실을 판매할 수 있도록 객실을 정비하고 유지관리를 담당하는 곳이다. 즉 고객에게 청결하고, 안락하고, 편안한 객실을 제공하기 위하여 객실 및 욕실청소, 침대 꾸러기(bed making)를 비롯하여, 린넨 관리, 세탁소 운영 등의 업무를 담당하는 곳이며, 이와 같은 기본적인 업무 외에 호텔 전 영업장 및 공공장소 등의 청소와 관리도 담당한다. 하우스키핑 직원들 대고객 서비스에 직접 참여하지 않지만 보이지 않는 곳에서 섬세한 손길이 필요하다는 점에서 여성들이 대부분 근무하는 특성을 가지고 있다.

따라서 하우스키핑 직원들은 객실뿐만 아니라 호텔 전반의 영업장과 공공장소를 유지 · 관리하는데 ① 청결 ② 안락 ③ 편리의 3대 원칙에 의거하여 업무를 수행하도록 노력해야 한다.

1.2 하우스키핑의 역할

객실생산 프런트 오피스가 객실을 판매하는 부서라면 하우스키핑은 객실을 판매할 수 있도록 객실을 생산하는 업무를 담당한다. 하우스키핑은 고객과 직접 접촉하여 영업행위를 하는 것은 아니지만 고객만족을 위한 물적(객실시설 등) 서비스를 관리한다는 점에서 고객과 간접접점을 하고 있다. 객실영업부서에서 아무리 예약을 많이 받고 고객과의 접촉에서 훌륭한 서비스를 하더라도 객실상품을 잘 만들어 놓지 않으면 소용이 없는 일이다.

객실 외 부대영업장 지원 및 관리 하우스키핑은 객실 외 호텔 내의 각 레스토랑은 물론 부대시설까지도 청소를 담당하고 꽃꽂이, 커튼, 카펫, 산데리아 기타 소품 등도 관리한다. 또한 호텔 내 각 영업장에서 사용하고 있는 린넨류를 관리 공급하고 직원 유니폼 관리, 고객세탁물을 관리하는 등 호텔영업부서의 원활한 영업활동을 지원한다. 하우스키핑은 마치 집안의 살림살이를 담당하는 것과 같다.

1.3 하우스키핑의 조직

하우스키핑의 조직도는 객실부장(팀장)하에 객실정비과장이 총괄하고 있다.

[그림 6-1] **하우스키핑의 조직도**

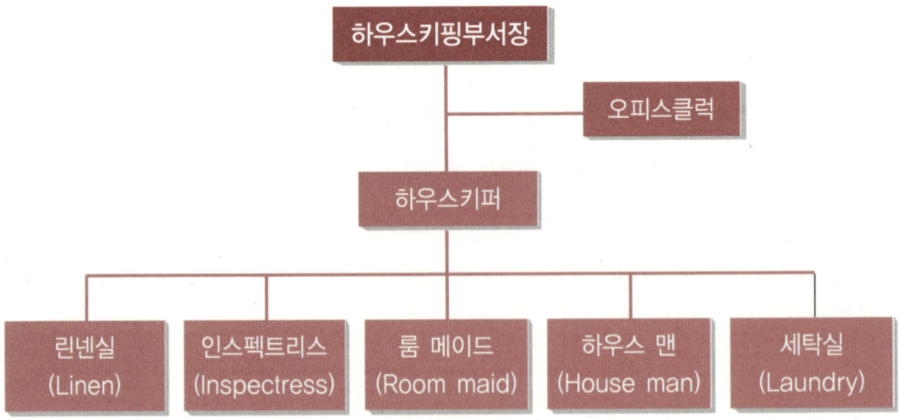

1.4 하우스키퍼 업무

하우스키퍼(housekeeper)는 하우스키핑 부문의 책임자이다. 하우스키퍼는 기본업무인 객실정비 및 유지관리, 비품관리에 중점을 두고 하우스키핑 전 직원에게 작업을 지시하거나 감독하며, 작업실시 결과를 확인하는 등 객실의 생산성 향상에 노력을 해야 한다. 특히 하우스키핑은 호텔 내 전 부서와 연관되어 있으므로 유기적인 협조체제를 갖추고 조정 역할도 해야 한다. 하우스키퍼는 관리자의 입장에서 다음과 같은 업무를 수행한다.

부하직원 관리 하우스키핑부서는 호텔 내에서 많은 인원이 근무하는 곳이다. 부서원의 수를 적정관리하여 효율경영에 일익을 담당해야 한다. 또한 부서원의 교육훈련은 물론 권태사항 체크, 스케줄 관리 및 후생복지 문제도 관리해야 한다.

운영경비의 절감 효율적 · 과학적 방법에 의하여 인건비의 절감과 새로운 작업방법의 도입 등 작업능률을 향상시켜 객실의 생산성 향상을 위하여 노력해야 한다.

작업계획의 수립 하우스키핑 직원들이 수행해야 할 각종 작업계획을 장 · 단기로 나누어 수립해야 하는데 그것은 체계적이고 효율적이며 실행방법까지 구체화되어야 한다.

호텔 재산보호 및 재고조사(inventory) 하우스키퍼는 막대한 호텔의 재산과 시설을 보호해야 하고, 화재 등 긴급사태에 대비해야 한다. 또한 객실정비와 관련된 각종 비품이나 용품 및 도구 등을 주기적으로 재고조사를 하여 보급품의 발주 및 보충, 수리 등을 처리한다.

1.5 오더 테이커(order taker) 업무

오더 테이커는 하우스키핑 사무실에서 근무하면서 일반 사무업무는 물론 투숙객 및 호텔 내부 다른 부서로부터 전화 등을 통하여 요청되는 각종 사항을 접수하여 해당 부서 및 담당자에게 조치를 취하도록 전달하는 역할을 한다.

일반 사무업무 하우스키핑 오더 테이커의 일반 사무업무는 다음과 같다.

- 각종 보고서 작성
- 린넨 관련 전표 관리
- 작업(보수) 의뢰서 관리
- 소모품 입출고 장부 관리
- 하우스키핑 장비 및 비품의 대여 및 관리
- 하우스키핑 직원 근무 시간표 관리
- 분실물 습득대장(lost & found) 관리

투숙객 요청사항 처리업무 투숙객이 각종 사항을 요청할 경우 접수대장에 객실 번호, 접수 시간, 주문 내용, 접수자명을 기록하고, 해당 부서 및 담당자에게 조치를 취하도록 전달한다. 그리고 처리가 완료되면 그 시간도 접수대장에 기록한다. 일반적으로 투숙객으로부터 요청되는 주요 사항은 다음과 같다.

- 객실 청소 불만사항
- 객실 용품 부족사항
- 침구류 및 욕실 비품 추가 요청사항
- 객실 내 냉난방의 문제
- 세탁물이 있을 때
- 객실 내에서 분실 및 도난 사건이 발생했을 때
- 룸서비스 요청사항. 투숙객에게 음식과 음료를 주문받아 서비스를 해주는 부서는 식음료부의 룸 서비스인데, 투숙객은 간혹 하우스키핑으로 전화를 할 수 있다. 이때 룸 서비스 오더 테이커에게 연결한다.

2 플로어키퍼(floor keeper) 업무

2.1 플로어키퍼의 개요

플로어키퍼(floor keeper)란 한 층의 객실에 대한 정비를 책임지고, 그 층의 룸 메이드(room maid)를 관리하는 업무를 담당하는 직원을 말한다. 대부분의 호텔에서는 경력이 많은 선임 룸 메이드가 이 역할을 수행한다. 플로어키퍼 및 룸 메이드의 대기실을 플로어 스테이션(floor station)이라고 하는데, 여기에는 그 층의 객실상황판(floor indicator panel) 또는 하우스키핑 객실정보 모니터가 비치되어 있으며, 객실정비를 위한 각종 청소도구, 객실비품, 린넨 및 룸 메이드 카트 등을 보관할 수 있다.

2.2 플로어키퍼의 주요 업무

플로어키퍼(floor keeper)의 주요 업무는 다음과 같다.

- 전 근무자로부터 해당 층의 객실을 열 수 있는 패스키(pass key)를 인수받는다.
- 플로어 스테이션(floor station) 내 객실상황판을 보고 사용 중인 객실을 파악하여 청소에 대비한다. 객실상황판(또는 컴퓨터 화면)에 사용 중인 룸(occupancy)은 적색으로 표시되고, 청소가 완료되어 판매가 준비된 룸(vacant)에는 녹색으로 표시되어 있다.
- 담당 층의 룸 메이드의 출근 사항을 체크한다.
- 담당 층의 전반적인 비품과 시설(제빙기, 룸 메이드 카트, 소아용 침대, 엑스트라 베드 등)을 점검한다.
- 담당 층의 복도를 비롯한 공용구역의 청소 및 꽃꽂이 등의 장식물을 체크한다.
- 룸 메이드에 의해서 수거된 고객의 세탁물을 구분하여 확인한 후 양식에 기재하고 세탁실로 인계한다.
- 룸 메이드의 작업량을 할당한다. 호텔의 규모와 특성 그리고 룸 메이드의 숙련도에 따라 통상 하루 12~15개의 객실을 담당한다.

3 룸 메이드 업무

3.1 룸 메이드의 의의

룸 메이드(room maid)에서 'Room'은 객실을 말하고, 'Maid'는 가정부를 의미한다. 따라서 룸 메이드는 객실을 직접 청소하고 정비하는 여직원을 말한다. 룸 메이드는 객실 층마다 한 쪽에 마련된 플로어 스테이션에 근무하면서 청소를 요하는 객실(on change room)을 깨끗하고 아늑하게 꾸며야 하며, 적정시간 내에 청소 및 정비를 완료해야 하는 등 객실상품을 만든다는 측면에서 중요한 역할을 하고 있다.

특히 객실은 고객의 숙박을 위하여 안락하고 깨끗해야 되므로 룸 메이드의 섬세한 손길이 필요하며, 일부 호텔에서는 객실 청소와 정비 상태가 완전하다는 것을 보증하기 위하여 룸 메이드 자신의 사진과 이름이 담긴 텐트 카드를 침대의 사이드 테이블에 놓아두는 일명 '룸 메이드 실명제'를 실시하는 호텔도 있다. 룸 메이드의 청소순서는 ① 청소의 준비 ② 객실 내 점검 ③ 베드 메이킹 ④ 욕실 청소 ⑤ 실내 청소 및 비품류 정리 ⑥ 체크리스트 작성 등의 순서로 진행된다. 그리고 룸 메이드는 기본적인 객실청소 외 턴다운 서비스와 베이비 시터 등 기타 업무도 수행한다.

3.2 청소의 준비

플로어키퍼(floor keeper)로부터 객실청소 지시를 받은 룸 메이드는 메이드 카트를 체크한 다음 플로어 스테이션에 있는 객실정보 모니터에 해당 정보를 입력한다. 그리고 해당 층의 객실을 열 수 있는 패스키(pass key)를 인수한다. 단 이 키를 작업과 관련 없는 용도에 사용하거나 불출하여서는 안 된다.

청소와 관련하여 객실을 출입할 때는 반드시 노크를 하고, 고객과 복도에서 마주칠 때는 인사를 하며, 고객이 지나간 다음 이동하며, 객실청소를 할 때는 문을 열어둔 채 한다.

메이드 카트 체크 객실에 청소를 하러 가기 전에 청소도구를 비롯한 메이드 카트(maid cart)에 필요한 소모품 및 비품적재를 점검한다.

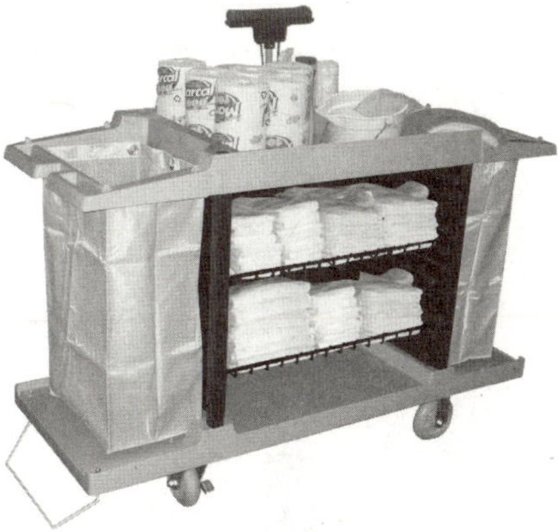

메이드 카트(maid cart)

객실정보 모니터 작동 하우스키핑 객실정보 모니터를 통하여 청소해야 할 룸을 체크한 다음 해당되는 호실에 청소 중이라는 뜻의 표시등(빨간색)을 클릭한다. 이 표시등은 하우스키핑 사무실 및 프런트 데스크에도 연결되어 객실판매 여부를 확인해 줄 수 있다. 청소가 완료되면 녹색 표시등을 클릭한다. 이러한 전산시스템에 의하여 프런트 데스크와 하우스키핑 간에 정보를 공유하고 있다.

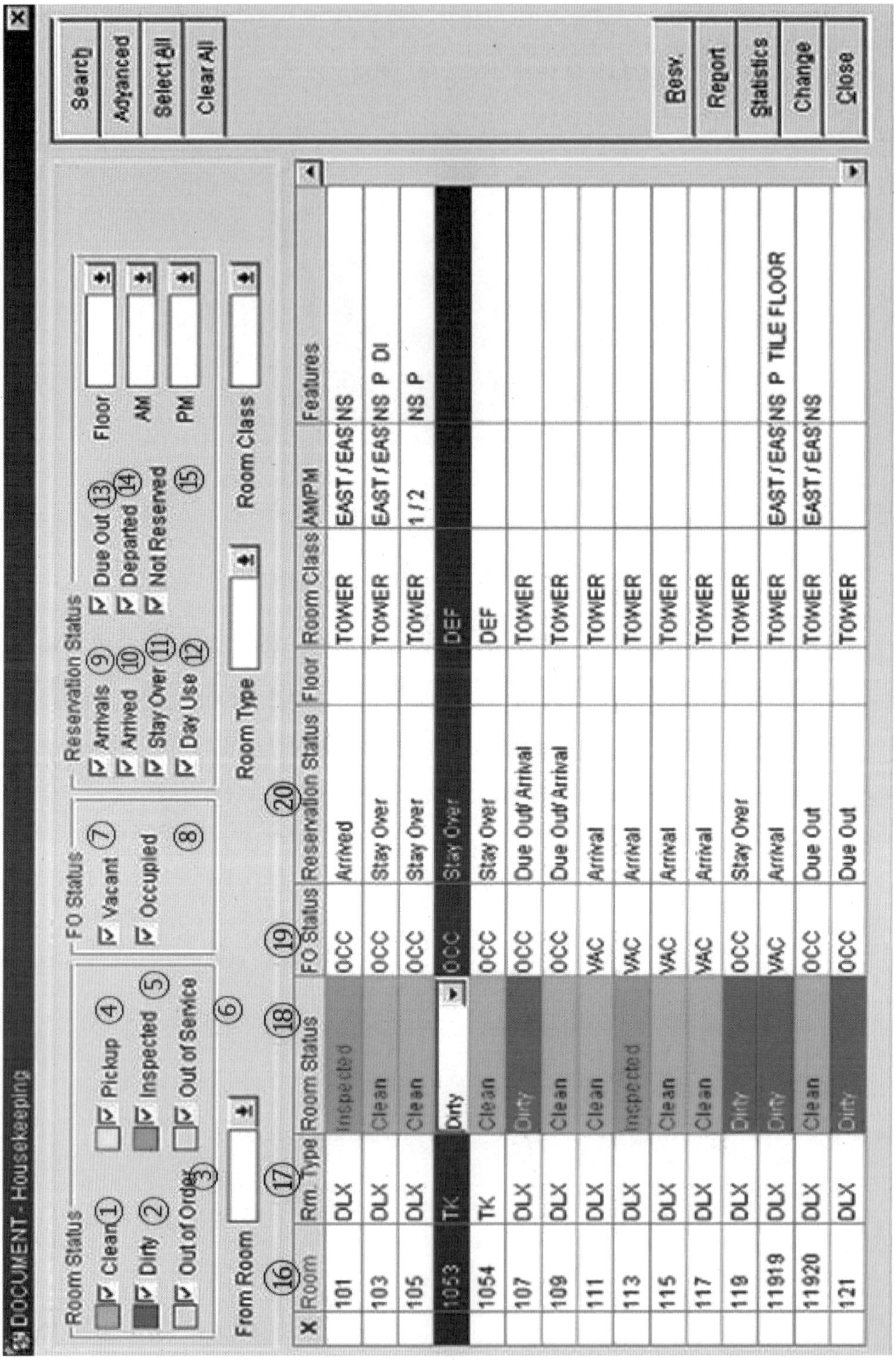
DOCUMENT - Housekeeping
Room Status
Clean ①
Dirty ②
Out of Order ③
Pickup ④
Inspected ⑤
Out of Service ⑥
FO Status
Vacant ⑦
Occupied ⑧
Reservation Status
Arrivals ⑨
Arrived ⑩
Stay Over ⑪
Day Use ⑫
Due Out ⑬
Departed ⑭
Not Reserved ⑮
Floor
AM
PM
From Room
Room Type
Room Class
Search
Advanced
Select All
Clear All
Resv.
Report
Statistics
Change
Close
Room ⑯
Rm. Type ⑰
Room Status ⑱
FO Status ⑲
Reservation Status ⑳
Floor
Room Class
AM/PM
Features
101 DLX Inspected OCC Arrived TOWER EAST / EAS NS
103 DLX Clean OCC Stay Over TOWER EAST / EAS NS P DI
105 DLX Clean OCC Stay Over TOWER 1 / 2 NS P
1053 TK Dirty OCC Stay Over DEF
1054 TK Clean OCC Stay Over DEF
107 DLX Dirty OCC Due Out/ Arrival TOWER
109 DLX Clean OCC Due Out/ Arrival TOWER
111 DLX Clean VAC Arrival TOWER
113 DLX Inspected VAC Arrival TOWER
115 DLX Clean VAC Arrival TOWER
117 DLX Clean VAC Arrival TOWER
119 DLX Dirty OCC Stay Over TOWER
11919 DLX Dirty VAC Arrival TOWER EAST / EAS NS P TILE FLOOR
11920 DLX Clean OCC Due Out TOWER EAST / EAS NS
121 DLX Dirty OCC Due Out TOWER

① Clean : 객실청소 완료상태의 룸

② Dirty : 청소를 해야 하는 룸

③ Out of Order : 객실에 고장이 있어 판매가 불가능한 룸

④ Pickup : 객실 내 수하물이 있음

⑤ Inspected : 점검이 완료된 룸

⑥ Out of Service : 사용되지 않거나 판매가 불가능한 룸

⑦ Vacant : 비어 있는 룸

⑧ Occupied : 사용 중인(투숙 중)인 룸

⑨ Arrivals : 투숙객 도착예정

⑩ Arrived : 투숙하였음

⑪ Stay Over : 연박(연장 숙박)하는 룸

⑫ Day Use : 대실

⑬ Due Out : 예약 기간 동안만 투숙하고 떠남

⑭ Departed : 퇴실하였음

⑮ Not Reserved : 예약이 되지 않았음

⑯ Room : 호실

⑰ Rm. Type : 객실 타입

⑱ Room Status : 청소완료 룸(Clean), 청소해야 하는 룸(Dirty), 점검이 완료된 룸(Inspected)의 상황

⑲ FO Status : 프런트 오피스 상황(VAC : 비어 있는 룸, OCC : 투숙 중인 룸)

⑳ Reservation Status : 예약상황

도어 놉 카드(door knob card) 처리 객실 바깥 문고리에 도어 놉 카드(door knob card)가 걸려 있다면 그 내용을 잘 보고 적절히 대응한다. 즉 도어 놉 카드는 양면으로 되어 있는데 "Please make up room(청소해 주세요)"라고 적힌 면을 걸어놓았다면 문을 열어 청소를 하고, "Do not disturb(깨우지 마세요)"라고 적힌 면을 걸어 놓았다면 청소를 해서는 안 된다.

➔ 문고리형 도어 놉 카드(door knob card)

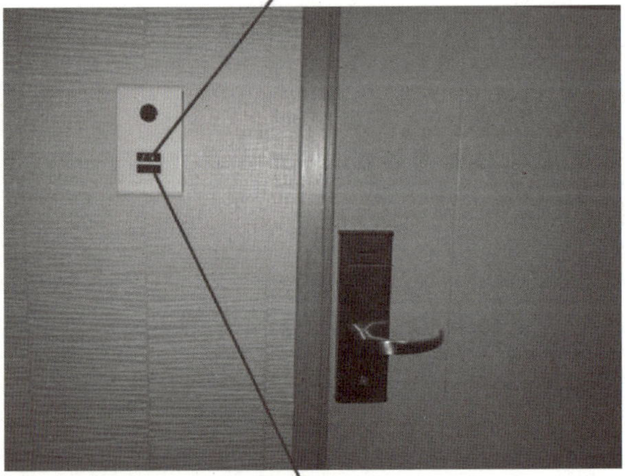

➔ 스마트형 도어 놉 카드(door knob card)

3.3 객실 내 점검

객실을 청소하기 전에 먼저 객실 안을 점검해야 한다. 즉 객실가구 및 비품의 파손 여부, 고객의 세탁물(연박 또는 장기투숙고객 룸의 경우), 분실물 등을 확인한 다음 커튼을 열고 밝은 상태에서 청소를 실시하며, 창문을 열어 환기시킨다.

고객 세탁물 수거 고객의 세탁물을 수거할 때는 지정된 세탁물 봉지(laundry bag)를 사용하며, 숙박객의 성명, 객실번호 등을 정확히 기입하고 세탁물을 넣으며, 호주머니에 소지품이 있는지 확인한다.

분실물 습득처리 객실 내에서 고객의 분실물을 습득하였을 때는 규정 봉투에 담아 습득날짜와 객실번호 등을 기록하여 하우스키핑 사무실(오더 테이커)에 전달하고 습득물 대장(lost & found)에 기록한다. 고객의 연락처가 있다면 즉시 통보하고, 연락처가 없다면 당직지배인에게 보고한다. 고객이 찾아갈 경우 확인절차를 거쳐 인계하고, 확인을 받는다. 고객이 자신의 분실물을 찾아가지 않을 경우 호텔 내규에 의하여 보관기간을 정하는데, 보통 귀중품인 경우는 1년, 일반품목일 경우는 대개 3~6개월 정도 보관을 원칙으로 한다. 보관기간 완료 이후에도 찾아가지 않을 경우 매각처분하여 종사원 후생복지 기금 또는 공익단체에 기증하는 방법으로 처리한다.

[표 6-1] Lost & Found 대장

번호	Lost						Found			
	습득 일시	장소/호실	고객명	품명	습득자	보관자	인수자 (고객)	인수 일시	연락처	인계자 (호텔측)

3.4 베드 메이킹

베드 메이킹(bed-making)은 침대꾸미기로 표준화된 순서와 동작에 의하여 작업을 하여야 한다. 베드 메이킹의 순서는 다음과 같다.

① 가장 밑바닥에 있는 매트리스 위에 베드 패드(bed pad)를 깔고

② 그 위에 속 시트(sheet)를 덮고 네 모서리에 각이 지도록 접어 넣으며

③ 그 위에 모포(blanket)를 덮고

④ 겉 시트로 덮어 사접한 다음

⑤ 베개를 놓고

⑥ 마지막에 침대보인 베드 스프레드(bed spread)를 덮는다.

베드 메이킹은 다음 그림과 같이 스탠다드형과 디럭스형이 있는데, 호텔의 규정에 따라 선택한다.

➔ 스탠다드형 베드 메이킹 모습

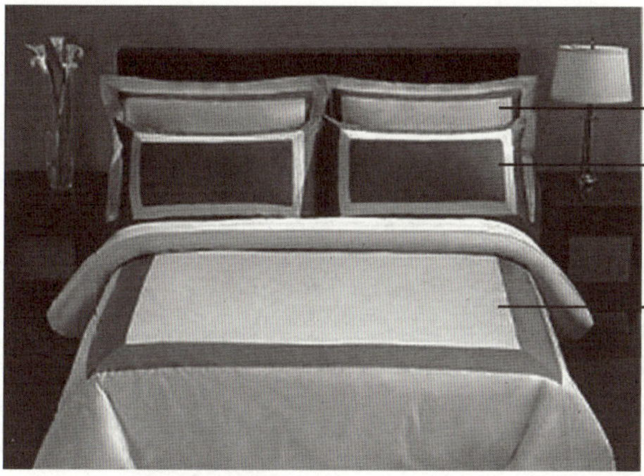

➔ 디럭스형 베드 메이킹 모습. 이불 위에 담요를 띠(러너)처럼 걸쳐 놓기도 한다.

3.5 욕실 청소

욕실은 청결과 위생의 관점에서 고객이 가장 민감하게 반응하는 곳이다. 따라서 욕실청소는 룸 메이드의 세심한 손길이 필요하며, 주요 업무로는 다음과 같다.

- 세면대, 욕조, 바닥 등의 물기 제거
- 욕조 내의 배수 처리
- 깨끗한 거울유지
- 샤워 커튼 및 샤워기 체크
- 변기청소 및 화장지 교체(화장지를 교체한 후에는 끝을 삼각형으로 접어놓는다)
- 냉 · 온수 체크
- 사용한 타월의 수거 및 보충
- 위생비닐봉지(sanitary bag) 체크
- 어메니티(amenity)의 보충 및 정리정돈 등
- 욕실 청소가 완료되면 사용한 타월류 등의 린넨을 침대 시트에 싼다.

[그림 6-2] **욕실 내 어메니티**

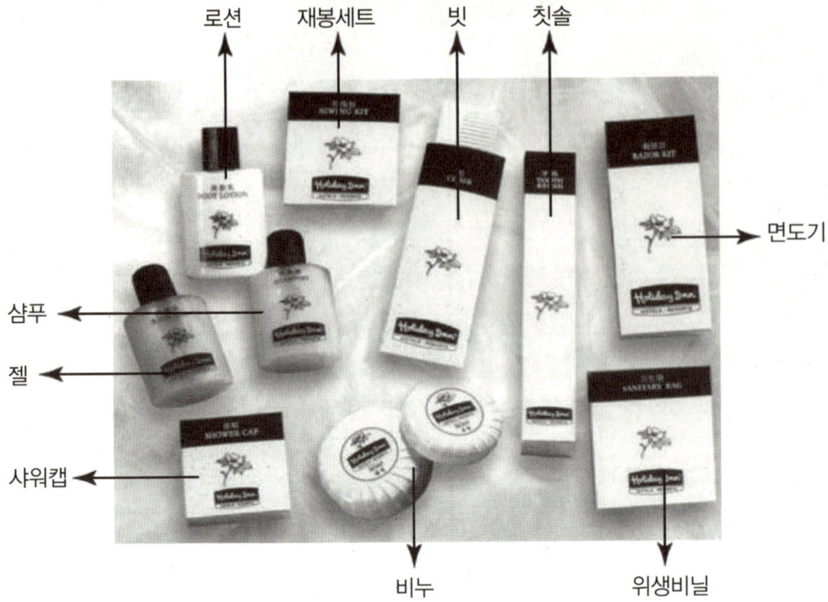

호텔마다 욕실 내 용품 비치 내용은 다르지만 그 종류는 다음과 같다.

- 목욕타월(bath tower) : 2장
- 얼굴수건(face tower) : 2장
- 발수건(foot tower) : 2장
- 손수건(wash tower) : 2장
- 비누(saop) : 2개
- 샴푸(shampoo) : 1개
- 샤워 캡(shower cap) : 2개
- 잔(tumbler) : 2개
- 위생 비닐봉지(sanitary bag) : 1개
- 밀크로션(milk lotion) : 1개
- 스킨로션(skin lotion) : 1개
- 빗(comb) : 1개
- 미끄럼 방지용 매트(bath mat) : 1개

3.6 실내 청소 및 비품류 정리

실내청소 욕실 청소 후 실내청소는 주로 가구와 바닥 청소를 하게 된다. 먼저 실내의 쓰레기를 수거하고, 가구의 경우 마른걸레로 닦으며, 바닥 카펫의 경우 진공청소기로 돌린다. 얼룩이 있을 경우 세제를 사용해야 하며, 침대 메트리스나 가구의 수리, 교체가 필요할 경우 이를 체크리스트에 표기한다. 그리고 객실 내의 온도를 18~21도로 유지하도록 한다.

미니 바 정비 객실 내의 미니 바(mini bar)는 냉장고 및 주변에 주류, 음료, 스낵 등을 비치하여 고객이 셀프서비스로 사용하도록 되어 있으며, 체크아웃 시 고객이 계산하는 후불 형식으로 되어 있다. 따라서 미니 바를 체크하여 고객의 사용 여부를 확인하고 만약 고객이 미니 바를 사용했는데 계산서가 미니 바 위에 그대로 남아 있다면 즉각 프런트에 연락하여 요금을 받도록 한다. 미니 바의 품목 및 수량은 전 객실에 통일되어 있으며, 진열상태도 통일되어 있으므로 냉장고 문을 여는 순간 어떤 품목을 사용했는지 한눈에 알 수 있다. 고객이 체크아웃하면 소모된 품목과 수량만큼 보충해 주고, 미니바 컨트롤 시트에 그 내용을 기록한다.

➔ 미니바

[표 6-2] **미니 바의 계산서(예)**

<table>
<tr><th colspan="5">Mini Bar</th></tr>
<tr><th>코드번호/
Code No.</th><th>품목/Items</th><th>가격/Price</th><th>수량/Q' ty</th><th>계/Amount</th></tr>
<tr><td>1</td><td>음료수/Soft Drink</td><td>4,000</td><td></td><td></td></tr>
<tr><td>2</td><td>맥주/Beer</td><td>6,000</td><td></td><td></td></tr>
<tr><td>3</td><td>생수/Mineral Water</td><td>2,000</td><td></td><td></td></tr>
<tr><td>4</td><td>스낵/Mixed Nuts</td><td>6,000</td><td></td><td></td></tr>
<tr><td>5</td><td>○○○</td><td>××××</td><td></td><td></td></tr>
<tr><td>6</td><td>△△△</td><td>××××</td><td></td><td></td></tr>
<tr><td>7</td><td>□□□</td><td>××××</td><td></td><td></td></tr>
<tr><td></td><td></td><td></td><td></td><td></td></tr>
<tr><td></td><td></td><td></td><td></td><td></td></tr>
<tr><td></td><td></td><td></td><td></td><td></td></tr>
<tr><td colspan="3" rowspan="3">상기 금액에는 10%의 부가세가 부과됩니다.
/The above rates are subject to 10% tax.</td><td>계/Amount</td><td></td></tr>
<tr><td>부가세/Tax</td><td></td></tr>
<tr><td>합계/Total</td><td></td></tr>
<tr><td>호실/Room No.</td><td></td><td>서명/Signature</td><td colspan="2"></td></tr>
<tr><td colspan="5">* 귀하가 체재하시는 동안 미니 바는 직원에 의해 매일 체크되며, 소비된 품목은 고객의 계정에 부과됩니다. 체크아웃하실 때 소비하신 품목과 수량을 계산서에 기입하신 후 프런트 캐셔에게 제출하여 주시기 바랍니다.</td></tr>
</table>

주) 일반적으로 고객이 품목의 수량에만 표기하고, 나머지 계, 부가세, 합계는 프런트 캐셔가 집계하여 금액을 알려준다.

인쇄물 및 비품 정리 객실에는 고객의 편의를 위하여 각종 인쇄물과 문구류 등의 비품이 비치되어 있다. 이러한 인쇄물과 문구류 등의 비품은 표준화된 위치 및 세팅에 의하여 정리해 둔다. 각 호텔의 인쇄물과 문구류 등의 비품은 약간의 차이가 있으나 일반적으로 다음과 같은 것들이 비치되어 있다.

- 메모지와 볼펜
- 호텔 안내서
- 각 업장의 프로모션 상품 안내
- 숙박 약관

- 룸 서비스 차림표
- 주변 관광안내 안내물
- 그림엽서 등

3.7 룸 메이드 체크리스트 작성

객실 청소가 완료가 되면 빠진 부분이 없는지 체크리스트를 통하여 확인한다. 그리고 룸 메이드(Room Maid) 실명제를 실시하는 호텔의 경우 자신의 실명이 들어간 텐트카드를 침대 머리맡 선반 위에 올려놓는다. 룸 메이드 체크리스트의 양식은 다음과 같다.

[표 6-3] **룸 메이드 체크리스트**

Room Maid Check List

Date : ______ Room No.: ______ Checked by : ______

Guest room			
Items	Yes	No	Remark
출입문 작동 상태			
창문 청소 및 작동 상태			
조명 작동 상태			
냉난방 작동 상태			
침대정비 및 상태			
침구 정비			
바닥 청소			
거울 청소 및 상태			
가구 청소 및 상태			
의자 및 소파 청소 및 상태			
옷장 내 청소 및 비품정비			
전화 작동			
TV작동			
나이트 테이블 작동			
휴지통 정비 상태			
미니바 정비			
문구류 및 인쇄물 정비			
도어 놉 카드 유무			

Bathroom				
욕실바닥 청소 및 상태				
변기 청소 및 상태				
욕조 청소 및 상태				
세면대 청소 및 상태				
거울 청소 및 상태				
타월류 비치 상태				
화장지 비치 상태				
헤어드라이기 상태				
조명 상태				
환기 상태				
샤워기 정비 및 상태				
냉 · 온수 작동 상태				
욕실용품 비치	비누 2개			
	샤워캡			
	로션/스킨			
	빗			
	△△△			
	○○○			

3.8 기타 업무

턴다운 서비스 턴다운 서비스(turn down service)란 이미 투숙한 고객의 객실에 대하여 취침 직전에 간단한 청소 · 정리정돈 · 침대정리 등 취침준비 서비스를 하는 것을 말한다. 일반적으로 턴다운 서비스는 18:00 이후부터 22:00 사이에 이루어지는데, 쓰레기통을 비우고, 사용한 타월을 교환하며, 베드 스프레드를 접어 취침이 용이하도록 하고, 커튼을 닫은 후 은은한 조명을 켜 둔다.

베이비시터 업무 베이비시터(baby sitter)란 아이를 돌보아 주는 사람으로 호텔의 경우 투숙고객이 아이를 남겨두고 ① 외부에 나가고자 할 때 ② 디너쇼 등 공연을 관람하고자 할 때 ③ 회의에 참가하고자 할 때 ④ 파티에 참가하기 위하여 베이비시터를 요청하는 경우가 많다. 이때 베이비시터는 룸 메이드 비번자 중에서 시간이 가능한 직원이 담당하며, 요금은 시간당 계산을 받는 것이 일반적이다.

4 룸 인스팩터 및 하우스맨 업무

4.1 룸 인스팩터 업무

룸 인스팩터(room inspector)는 객실 점검원으로 여직원이 담당할 경우 룸 인스팩트리스(room inspectress)라고 한다. 객실점검원의 주요 임무는 룸 메이드가 정비한 객실을 판매하기 전에 최종 점검을 하는 것이다. 룸 인스펙터의 3대 점검 포인트는 ① 객실 내부 설치물 및 가구 등의 작동 및 기능상태 ② 각종 비품, 가구, 소모품 등의 셋업(set up) 상태 ③ 객실 내부 및 가구 등의 청결상태 등이다. 룸 인스펙터는 체크리스트를 통하여 점검하는데, 일반적인 체크리스트는 다음과 같다.

[표 6-4] **룸 인스펙터 체크리스트**

○○○호텔 Room Check List

날짜 : ______ ______호실 점검자 : ______

항목	Yes	No	비고
침실부분			
창문과 커튼의 상태			
TV와 서랍 속의 청결 상태			
화장대 및 욕실 거울의 청소 상태			
휴지통, 재떨이, 탁자, 바닥 카펫 상태			
옷장 내부 청소 및 비품의 정비 상태			
조명 및 나이트 테이블의 작동 상태			
침대 및 침구의 상태			
객실 내 인쇄물 및 홍보물 비치 상태			
미니바에 비치된 용품 비치 및 정리 상태			
실내 온도 및 조절기 상태			
도어 놉 카드 정비 상태			
욕실부분			
욕실 내부의 청소 상태			
욕실 내 어메니티 비치 상태			
냉 · 온수 및 배수의 상태			
욕조, 세면대, 변기 등 배수 상태			
타월류의 비치 상태			
화장실 휴지 상태			

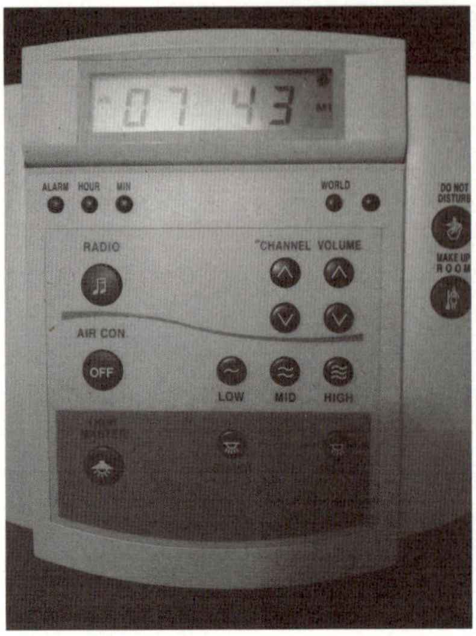

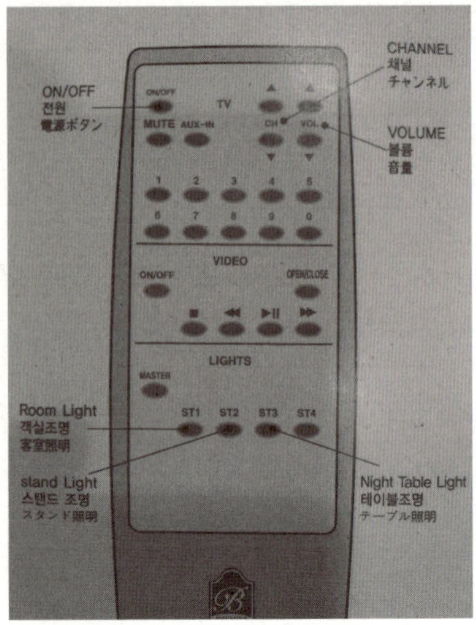

➔ 나이트 테이블(night table)이란 침대에서 조명, 온도, 음악 등을 조절할 수 있는 테이블로 과거에는 주로 가구에 부착형이었으나 최근에는 그림처럼 스마트형, 리모컨형으로 바뀌고 있다.

4.2 하우스 맨 업무

하우스 맨(house man)은 룸 메이드를 도와 객실을 정비하는 직원으로 주로 룸 메이드가 하기 힘든 일을 도와주거나 호텔 내 · 외부 공공지역(public area)의 청소를 담당한다. 하우스 맨은 호텔건물을 관리하는 기초지식과 도구나 기계를 다루는 요령, 청소에 사용되는 세제 사용방법 등을 숙지하여 기동성 있게 업무를 수행해야 한다. 주요 업무는 다음과 같다.

- 메이드 카트(maid cart)의 물품보급
- 엑스트라 베드(extra bed) 및 유아용 침대를 보급하고 관리한다. 유아용 침대를 '베이비 크립(baby crib)' 또는 '베이비 콧(baby cot)' 이라고 한다.
- 린넨류의 공급 및 세탁물 수거 운반
- 복도, 홀, 계단 등의 세제사용 청소
- 폐지 및 폐품의 정리

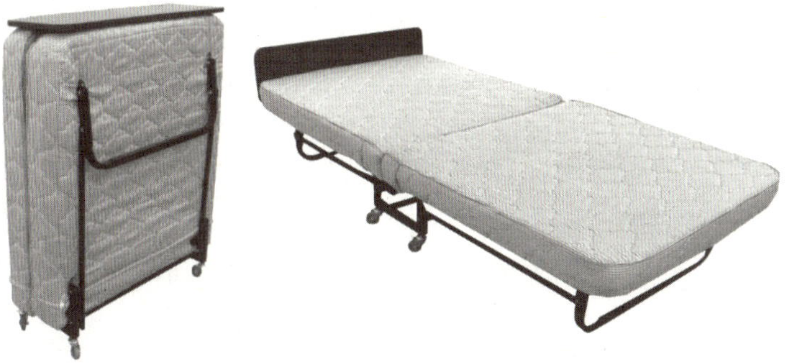

엑스트라 베드(extra bed)

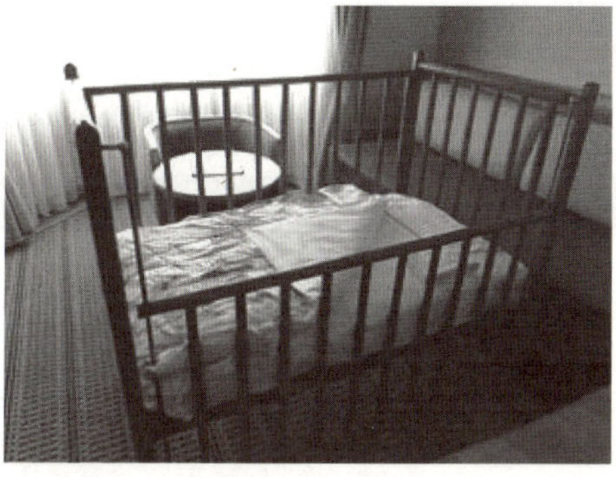

베이비 크립(baby crib)

5 린넨실 및 세탁실 업무

5.1 린넨실 업무

린넨(linen)이란 호텔에서 사용하고 있는 담요, 이불, 베개 커브, 침대시트, 타월, 가운, 식탁보, 냅킨, 커튼, 종업원 유니폼 등 모든 직물류를 말한다. 린넨실은 이러한 린넨을 관리하기 위하여 적정재고수량의 설정 및 유지, 수선 등의 관리보존, 교체 및 구입계획, 폐품처리, 재고조사 등의 업무를 수행한다. 또한 린넨실은 객실을 비롯한 호텔 전 부서의 린넨 용품뿐만 아니라 종업원의 유니폼까지도 관리하며, 고객 세탁물의 수선도 담당한다.

객실영업을 원활하게 하기 위해서는 린넨의 적정재고 유지가 중요한데, 예를 들어 침대 시트의 경우 ① 침대 수 ② 객실이용률 ③ 린넨의 수명 ④ 세탁 소요시간 ⑤ 긴급사태의 예측 등을 고려해서 확보해야 한다. 린넨의 적정재고 수량유지에 대한 명확한 기준은 없지만 대체적으로 침대당 4~5회전 분량을 기준으로 하는 것이 바람직하다. 그 이유는 ① 한 벌은 사용 중 ② 한 벌은 각층 린넨 창고에 보관 중 ③ 한 벌은 세탁을 위하여 대기 중 ④ 한 벌은 세탁 중 ⑤ 한 벌은 긴급사태 대비용으로 준비를 해 두어야 하기 때문이다.

린넨의 수명은 종류별로 다른데, 폐기 때까지의 세탁회전수로 예측할 수 있다. 객실에서 사용하는 린넨의 규격과 폐기 때까지의 세탁회전수를 살펴보면 〈표 6-5〉와 같다.

[표 6-5] 린넨의 규격과 수명

품 목		규격(가로×세로)	폐기까지의 세탁회전수
침대시트(sheet)	싱글	180×220㎝	380회
	더블	220×240㎝	
	킹 사이즈	240×260㎝	
손수건(wash cloth)		30×30㎝	190회
얼굴수건(face towel)		80×36㎝	190회
발수건(foot towel)		80×50㎝	190회
목욕수건(bath towel)		120×65㎝	350회
베개커버(pillow case)			350회

※ 자료 : 각 호텔의 자료를 토대로 저자 작성

5.2 세탁실 업무

호텔의 세탁실을 라운드리(laundry)라고 하는데, 고객용 세탁물과 직원용 세탁물을 담당하는 곳이다. 세탁실을 관리 운영하는데 호텔경영 측면에서 인건비 및 기계에 대한 관리유지비를 감당할 수 없을 경우에는 외부의 대형 세탁소에 아웃소싱(outsourcing)을 통하여 관리하기도 한다.

세탁실의 조직 세탁실의 조직은 호텔의 규모에 의하여 달라질 수 있는데, 일반적으로 라운드리 책임자(laundry manager)하에 세탁자(washer), 대형 세탁물을 기계로 다리는 롤러(roller), 드라이크리닝(dry cleaning) 담당자, 손 다림질을 하는 프레싱(pressing) 담당자, 배달담당자(delivery man) 등으로 구성되어 있다.

라운드리 지배인의 업무 라운드리 지배인(laundry manager)은 세탁소 운영을 책임지고 관리하는 직원으로 룸 메이드가 객실 투숙객으로부터 수거해 온 세탁물을 혼동하지 않도록 잘 분류하고, 어떤 세탁방법을 사용해야 하는지(물세탁, 드라이크리닝, 프레싱) 작업방법을 파악하여 담당자에게 전달하고 완료될 때까지 감독을 한다. 따라서 라운드리 지배인은 세탁 및 섬유에 대한 전문지식을 갖추고 있어야 하며, 세탁기계의 유지 및 수리관리까지도 담당해야 한다.

고객의 세탁물에 대해서는 오전 10까지 수거된 세탁물은 고객의 별다른 요구가 없는 한 당일 서비스를 원칙으로 하여 오후 6시까지는 배달하고, 고객으로부터 빠른 서비스(special service)를 요구받았을 때는 세탁요금에 가산료가 붙는다고 안내를 한 다음 원하는 시간 내에 신속하게 처리해 준다.

연습문제(호텔관련 종사원 자격시험 대비)

1. 룸 메이드의 기본적인 업무가 아닌 것은?

① 고객 세탁물 수거 ② 객실 및 욕실청소
③ 룸 서비스 기물 수거 ④ 베드 메이킹

2. 객실 내의 온도는 어느 정도 유지하는 것이 좋은가?

① 15~18도 ② 18~21도
③ 21~24도 ④ 25도 이상

3. 취침 직전에 간단한 청소 · 정리정돈 · 침대정리 등 취침준비작업 서비스를 무엇이라고 하는가?

① turn down service ② turnaway service
③ valet service ④ room service

4. 호텔에서 고객이 베이비시터(baby sitter)를 요청할 경우 주로 누가 담당하는가?

① duty manager ② house man
③ room inspector ④ room maid

5. 객실 내의 어메니티(amenity)란?

① 미니 바의 품목 ② 호텔 안내물
③ 욕실 내 용품 ④ 옷장 내 용품

6. 일반적으로 룸 메이드 한 사람이 하루 8시간을 기준으로 객실을 정비할 수 있는 숫자는?

① 9~11실 ② 12~15실
③ 16~19실 ④ 20~23실

7. 'baby crib' 또는 'baby cot' 란?

① 유아용 침대 ② 유아용 의자
③ 유아용 욕실용품 ④ 유아용 비치용품

8. 객실 내 분실물을 보관 및 처리하는 곳은?

① duty desk ② housekeeping
③ laundry ④ bell desk

9. 하우스키핑 객실정보 모니터상의 용어 해설이 틀린 것은?

① dirty – 청소를 해야 하는 룸
② Vacant – 사용 중(투숙 중)인 룸
③ Out of service – 사용되지 않거나 판매가 불가능한 룸
④ Stay over – 연장 숙박하는 룸

10. 나이트 테이블(night table)이란?

① 야간 식사 테이블
② 조명, 온도, 음악 등을 조절할 수 있는 테이블
③ 커피 또는 티를 마실 수 있는 테이블
④ 가방을 올려놓을 수 있는 테이블

11. 린넨(linen)의 적정재고 유지를 위한 기준이 아닌 것은?

① 침대 수 ② 객실이용률
③ 린넨의 수명 ④ 분실

12. 다음 중 가장 수명이 긴 린넨은?

① 얼굴수건 ② 발수건
③ 베개커버 ④ 침대시트(sheet)

13. 룸 메이드가 하기 힘든 일을 도와주는 역할을 하는 사람은?

① bell man ② house man
③ room inspector ④ porter

14. laundry란?

① 룸 메이드 대기실 ② 린넨 보관실
③ 호텔 내 세탁실 ④ 유니폼 보관실

15. 도어 놉 카드(door knob card) 양면에 적혀져 있는 영어와 그 의미는 무엇인가?

제7장

식음료 관리

1. 식음료 영업의 개요
2. 식음료 업장의 종류
3. 식음료 서비스의 종류
4. 식음료 업장의 업무

호텔경영의 이해

제 7 장

식음료 관리

1 식음료 영업의 개요

1.1 식음료 영업의 의의

호텔의 식음료를 담당하는 부서는 생산부문의 조리부와 판매부문의 식음료부 'F/B(Food & Beverage)' 로 구성되어 있다. 이 두 부서는 각각 독립되어 있지만 상호 협력을 통하여 호텔의 식당 영업을 담당하고 있다.

식음료란 음식(food)과 음료(beverage)의 합성어로 고객에게 식욕을 충족시켜 주는 호텔의 상품이다. 호텔의 객실상품이 정적이라면 식음료상품은 동적인 상품이라고 할 수 있다. 과거 호텔의 식음료업장은 객실 투숙고객을 위한 부대시설로 간주하였다. 그러나 오늘날 핵가족화, 외식문화의 발달, 호텔의 대중화 추세에 따라 숙박을 하지 않고 식음료 업장만 찾는 경우가 많아져 최근에는 객실수입대비 식음료 수입이 비슷하거나 높게 나타나고 있다. 특히 식음료부의 연회부서에서는 컨벤션(convention) 등의 국제행사나 대형 파티 행사를 통해서 많은 식음료 수입을 올리고 있다.

식음료 영업장은 크게 식당부문, 연회부문, 주장부문으로 나누어지는데 본 장에서는 식음료 전반의 개념과 식당 부문만을 다루고 연회와 주장 부문은 별도의 장에서 나누어 언급하고자 한다.

1.2 식음료 상품의 특성

생산 측면 식음료 상품의 생산적인 측면에서 특성은 다음과 같다.

- 수요예측이 어려워 대량생산이 안 된다.
- 고객의 주문에 의한 주문생산을 한다.
- 고객의 욕구나 취향이 다양하여 표준화 생산이 불가능하다.
- 인적 의존도가 높다.

판매 측면 식음료상품의 판매적인 측면에서 특성은 다음과 같다.

- 식음료는 진부화가 빠르므로 저장판매가 불가능하다.
- 식음료는 즉석에서 소비되므로 반품과 재고가 없다.
- 호텔 내에서만 판매하므로 유통과정이 없다.
- 인적 서비스가 반드시 수반되어야 한다.

1.3 식음료의 상품화 과정

식음료의 상품화 과정은 〈그림 7-1〉에서 보듯이 메뉴계획에 따라 필요한 식자재를 구매(purchasing)하고 검수(receiving)과정을 거쳐 저장(storing)을 하게 되면 해당 주방에서 필요한 품목과 분량의 식자재를 발주(issuing)하고 완제품 생산을 즉시에 할 수 있도록 조립(preparing)작업을 하게 된다. 고객이 주문하게 되면 곧바로 생산(cooking) 즉 조리하여 고객에게 판매(serving)한다. 그런데 메뉴는 항상 고정되는 것이 아니라 고객의 기호에 따라 또는 원가관리 차원에서 변화를 주어야 한다. 따라서 일정 기간 판매분석 즉 메뉴 ABC분석을 하여 다시 메뉴계획을 하는 순환과정이 필요하다.

메뉴 ABC분석이란 메뉴에 나와 있는 상품의 품목을 일정 기간 관찰하여 잘 팔리는 메뉴를 A, 보통 정도 팔리는 메뉴를 B, 잘 팔리지 않는 메뉴를 C로 나누어 통계를 내고 분석하는 것이다. 여기서 잘 팔리지 않는 C등급의 메뉴는 재료의 재고로 인하여 원가 상승의 원인이 되므로 차기 메뉴 작업 시 삭제 또는 대체 메뉴를 개발하도록 한다.

[그림 7-1] 식음료의 상품화 과정

자료 : 이정학, 호텔식음료실습, 기문사, p. 11

1.4 식음료부의 조직

호텔 식음료부의 전체 조직도는 다음과 같다.

[그림 7-2] **식음료 부서의 조직도**

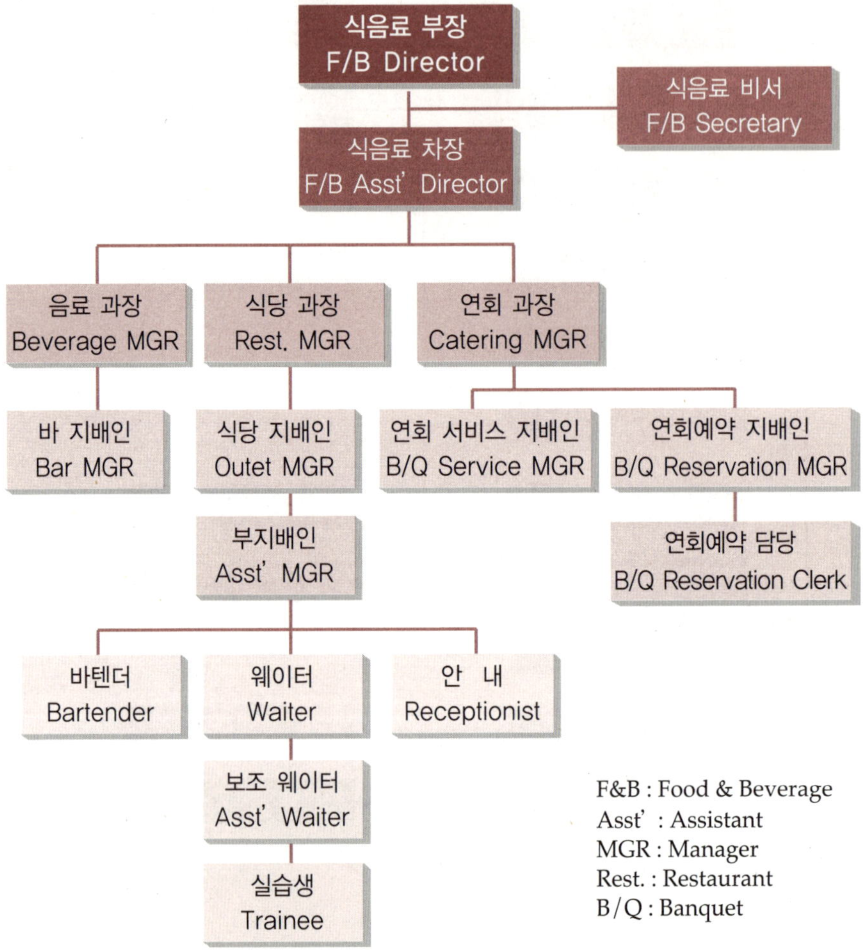

1.5 식음료부서의 직무

지배인(outlet manager)의 직무

- 레스토랑의 영업을 책임지고 경영한다.
- 레스토랑을 유지 · 관리한다.

- 캡틴(captain), 웨이터/웨이트리스(waiter/waitress), 실습생(trainee) 등 부하 직원을 관리 · 감독하고 교육 · 훈련을 시킨다.
- 고객을 영접 및 환송하고 불편사항(complaint)을 처리한다.
- 직원들의 근무 스케줄 작성 및 업무분장을 한다.
- 영업 전후 업무를 체크하여 서비스에 만전을 기한다.
- 주방과 홀 직원 사이에 업무협조가 잘 되도록 조정 역할을 한다.
- 청소, 수선 등 관련 부서와의 업무협조가 잘 되도록 조정 역할을 한다.

접객조장(captain)의 직무

- 지배인의 업무를 보조하고 부재 시 대행한다.
- 영업시작 전에 웨이터/웨이트리스를 점검하고 서비스 담당구역(service station)을 할당한다.
- 테이블세팅 등 영업 준비를 위한 제반 사항을 확인 점검한다.
- 고객을 영접하고 식음료를 주문받는다.
- 담당 웨이터/웨이트리스를 지휘하여 서비스에 만전을 기한다.
- 식사를 마친 고객에게 계산서를 제공한다.

접객원(waiter/waitress)의 직무

- 캡틴의 업무를 보조한다.
- 영업 전후로 자기가 맡은 업무분장을 충실히 수행한다.
- 자기가 맡은 테이블에 올바른 서비스 절차에 따라 음식을 서브한다.
- 테이블세팅 및 서비스에 필요한 각종 용품을 체크한다.
- 고객이 떠난 테이블을 재정비한다.

실습생(trainee)의 직무

- 웨이터/웨이트리스의 업무를 돕는다.
- 식사가 끝난 접시를 주방의 접시 세척장소로 옮겨 치운다.

- 업장에서 필요한 각종 서비스 용품을 보급한다.
- 테이블세팅을 돕고 냅킨을 접는다.
- 고객에게 물, 버터, 빵, 커피, 티 등을 서브한다.
- 업장 내 테이블, 의자 등을 청소하고 기물을 닦는다.
- 테이블 클로스, 냅킨 등 린넨류를 수거하여 하우스키핑에 전달하고 필요한 수량을 수령해 온다.

리셉셔니스트(receptionist)의 직무

- 영접, 안내, 환송 등이 주 임무이므로 환대정신을 살려 고객응대를 한다.
- 각 서비스구역에 배치된 캡틴이나 웨이터를 파악하고 테이블 번호를 숙지한다.
- 웨이터/웨이트리스의 업무가 바쁠 때는 협조를 한다.
- 레스토랑의 예약업무를 수행한다. 예약을 접수할 때는 날짜, 성명(full name), 인원수, 도착시간, 연락처, 특별요구사항 등을 빠짐없이 기록한다.
- 레스토랑 입구에서 또는 전화로 고객을 찾으면 페이징 서비스를 담당한다. 페이징 서비스(paging service)란 페이징 보드(paging board)에 찾는 고객의 이름을 적어 그것을 들고 레스토랑을 순회하는 서비스를 말하는 것으로 주로 커피숍에서 이루어지고 있다. 단, 단골고객이나 이름을 알고 있는 고객에게는 페이징 보드를 사용하지 말고 직접 알리는 것이 좋다.

식음료 사무실의 업무 식음료 사무실에는 식음료 부서장과 사무직원이 근무하는데 다음과 같은 업무를 담당한다.

- 식음료부서의 예산 및 영업계획을 수립한다.
- 각 업장의 영업목표 및 실적 등 통계자료를 작성하고 분석한다.
- 해당 지배인 및 주방장과 협의하여 식음료 상품을 개발하고 프로모션(promotion) 계획을 수립한다.
- 식음료부서의 직원 충원요청 및 배치, 훈련 등 인사업무를 담당한다.
- 식음료부서 내 각 업장의 재물을 관리감독한다.

- 식자재 및 소모품, 기물 등을 청구한다.
- 각 업장의 지배인 및 직원들의 근무 스케줄을 취합하고 통제한다.
- 사내 문서수발 및 처리를 한다.
- 직원들의 휴일수당 및 초과수당(over time)을 신청한다.
- 식음료부서 직원들의 상담 및 고충처리를 돕는다.

2 식음료 업장의 종류

2.1 레스토랑(restaurant)의 종류

'restaurant'의 어원은 프랑스어 'de restaurer'에서 유래되었는데 '수복한다' '기분을 회복한다'라는 뜻이다. 즉 영양이 있는 음식물을 섭취하고 휴식을 취함으로써 건강을 회복시켜 원기를 되찾는다는 의미이다. 식당을 현대적 관점에서 정의하자면 고객과 기업의 측면에서 나누어 고찰할 수 있다.

고객 입장에서의 식당은 피로 해소와 원기를 회복하고 식욕을 충족시켜 주는 공간이고, 기업 입장에서의 식당은 일정한 장소에 필요한 시설을 갖추고 식음료상품을 인적 서비스에 의하여 판매하는 영리를 취하는 영업장이다.

양식당(western style restaurant) 서양의 음식을 판매하는 식당으로 호텔의 대표적인 식당이라고 할 수 있다. 양식당은 어느 나라 또는 지역의 음식을 취급하느냐에 따라서 프랑스식 레스토랑(French restaurant), 이탈리아식 레스토랑(Italian restaurant), 지중해식 레스토랑(mediterranean restaurant) 등 그 명칭이 다양하다.

동양식 식당(oriental style restaurant) 동양지역 국가의 음식을 판매하는 곳으로 취급 메뉴에 따라 한식당(Korean restaurant), 일식당(Japanese restaurant), 중식당(Chinese restaurant) 등 명칭이 다양하다.

커피숍(coffee shop) 커피, 차(tea), 음료 등을 비롯하여 베버리지(beverage)와 조식, 경양식, 일품요리 등의 음식도 판매하는 식당이다. 특히 조식의 경우 한 · 일조식을 포함하여 조식뷔페도 판매하고 있다.

카페테리아(cafeteria) 디저트, 샐러드 등 주제별로 비교적 간단한 음식을 차려 놓고 고객이 직접 선택하여 먹을 수 있는 식당이다.

뷔페식당(buffet restaurant) 양식의 코스별 요리를 다양하게 차려놓고 고객이 직접 가져다 먹을 수 있도록 한 식당이다.

룸 서비스(room service) 객실고객으로부터 식음료를 주문받고 직접 객실까지 서비스해 주는 업장이다.

연회장(banquet) 각종 행사의 모임, 이벤트, 컨벤션(convention) 등을 유치하여 식음료를 판매하거나 연회장 자체를 대여하여 영업을 하는 업장이다.

델리카테슨(delicatessen) 호텔에서 직접 만든 제과 · 제빵 · 소시지 · 햄 등의 가공식품을 판매하는 업장으로 대부분 테이크 아웃(take out) 서비스를 하고 있다.

2.2 주장의 종류

호텔의 주장은 주로 음료를 판매하는 곳으로 식당이 음식을 통하여 고객에게 식욕을 충족시켜주는 물적 공간이라면 주장은 음료와 유흥적 요소를 제공함으로써 고객의 기분을 회복시켜주는 정신적 공간이라고 할 수 있다.

바(bar) 카운터 형의 판매대가 설치되어 있고 칵테일을 비롯한 각종 음료를 판매하는 업장이다.

라운지(lounge) 소파형의 안락한 좌석과 생음악 등의 유흥적 분위기를 갖추어 음료를 판매하는 업장으로 로비에 위치하면 로비라운지(lobby lounge), 최상층에 위치하면 스카이 라운지(sky lounge)라고 한다.

펍(pub) 'pub'은 'public house'의 약칭으로 대중적 사교의 장이란 의미인데 영국식 선술집 형식의 업장이다.

엔터테인먼트 센터(entertainment center) 캐주얼한 분위기의 종합 사교 유흥장으로 각종 바(bar), 다트게임(dart game), 당구대 등의 스포츠시설과 디스코테크 등의 시설을 갖추고 음료를 판매하는 업장이다. 스포츠 바(sports bar)라고도 한다.

2.3 식음료 업장의 관리 수칙

청결유지 업장의 청결은 가장 기본적인 요소로 업장 내의 청소는 물론 식탁과 의자, 각종 기물류, 그리고 서비스에 수반되는 모든 비품 · 용품 등의 상태가 항상 청결상태를 유지해야 한다. 특히 고객이 우연히 볼 수 있는 창문, 화장실, 백사이드(back side) 등은 신경을 써야 한다. 식음료 업장에 근무하는 종사원들도 구두에서부터 머리까지 청결을 유지하여 서비스에 임해야 한다.

정숙유지 정숙은 업장의 분위기를 좌우하므로 업장 내를 보행할 때, 식탁을 준비할 때, 식사를 제공하거나 식기를 제거할 때, 동료직원을 부를 때 등 큰소리가 나면 고객에게 불쾌감을 주고 안정된 분위기 속에서 식사를 못하게 된다. 특히 주방 안에서 식기 다루는 소리가 홀까지 들려서는 안 된다. 식당이란 조용한 분위기 속에서 식사를 즐겨야 하는 곳이다.

분위기 연출 각 업장의 분위기는 제 나름대로 지향하는 콘셉트(concept)가 있는데 업장의 종류, 명칭, 스타일에 따라 연출되어야 하고 일관성을 유지해야 한다. 즉 실내 인테리어, 조명, 음악, 그림, 꽃 장식, 소품, 메뉴판, 유니폼 등 여러 가지 연출물들이 그 업장의 이미지와 부합해야 한다.

3 식음료 서비스의 종류

3.1 서비스 형식에 의한 분류

쉐프 드 랑(chef de rang) 시스템 주로 프렌치 식당(French restaurant)에서 프래터(platter) 서비스형식에 적합한 조직으로서 가장 정중하고 최고급의 서비스라고 할 수 있다. 이 조직은 조장(captain)을 중심으로 3명 정도의 웨이터가 한 팀이 되어 자기에게 주어진 스테이션(station)에서 담당 고객에게 서비스한다.

따라서 구성원들은 제각기 임무가 다르므로 팀워크의 조화가 잘 이루어져야 하며, 특히 게리동(gueridon) 서비스나 프람베(flambee) 서비스는 직접 고객 앞에서 조리하는 부문이 있으므로 상당한 지식과 기술을 요한다.

[표 7-1] **쉐프 드 랑 시스템의 조직 및 역할**

조직	직책	직무
Chef de rang(쉐프 드 랑)	조장	서비스의 선도적 역할을 하며 주문을 받고 게리동, 프람베 서비스를 직접 한다.
Demi Chef de rang (데미 쉐프 드 랑)	부조장	쉐프 드 랑을 보좌하며 부재 시 대행한다.
Commis de rang (꼬미 드 랑)	웨이터	쉐프 드 랑이나 데미 쉐프 드 랑이 조리한 것을 고객에게 서비스한다.
Commis de barrasseur (꼬미 드 바라슈)	보조 웨이터	빈 접시를 운반하거나 물을 따르고 불필요한 기물제거 및 쉐프 드 랑 조리 후 웨곤을 철수하고 스테이션의 기물보충 등을 한다.

헤드 웨이터(head waiter) 시스템 비교적 정중도가 떨어지고 빠른 서비스를 요

하는 아메리칸 서비스(American service) 즉, 플레이트 서비스(plate service)에 적합한 것으로 인원도 쉐프 드랑 서비스보다 적으면서 활동범위는 넓다.

이 조직은 헤드 웨이터를 중심으로 웨이터와 보조웨이터로 구성되며 지정된 테이블 없이 전 식당 내를 서비스하는 것으로 대부분의 식당은 이 형식을 취하고 있다.

3.2 기물 서비스에 의한 분류

프래터 서비스(platter service) 주로 은기류를 사용하므로 실버 서비스(silver service)라고도 하며, 프렌치 서비스(French service) 또는 러시안 서비스(Russian service)라고도 한다. 세계 도처의 상류급 양식당에서 많이 이용되는 형식이다. 고급식당에 들어오는 많은 고객들은 주방에서 음식을 미리 접시에 담아서 나오는 형식인 플레이트 서비스(plate service) 형식을 좋아하지 않는 경향이 있다. 따라서 카트 서비스가 적합하지 못하다고 생각될 때 이 형식을 사용한다.

플레이트 서비스(plate service) 일반적으로 아메리칸 서비스(American service)라고 한다. 이 서비스의 특징은 모든 음식이 주방에서 개별접시(plate)에 담아 서브하는 형식으로 처음부터 끝까지 접시째 제공하기 때문에 빠른 서비스가 특징이다. 따라서 이 서비스 형태는 주로 캐주얼 레스토랑이나 커피숍 또는 스낵바와 같이 빠른 회전을 요하는 레스토랑에서 이용하며, 유럽식 레스토랑에서는 잘 사용하지 않는다.

플레이트 서비스의 장점은 서비스의 숙련도가 많이 필요치 않기 때문에 종사원의 확보가 용이하고, 훈련시키는데 시간이 많이 걸리지 않으며, 신속한 서비스가 이루어질 수 있다. 또한 주방에서 음식이 배식되기 때문에 깔끔하게 음식이 담긴 플레이트를 서비스할 수 있고, 종업원 1인당 접객할 고객의 인원수가 비교적 많다. 단점으로는 카트 서비스나 프래터 서비스와 비교하여 볼 때 개개인에게 우아한 서비스는 부족하며, 특별한 숙련도가 필요 없으므로 종사원들의 이직률이 높다.

카트 서비스(cart service) 프렌치 서비스(French service)라고도 부르는 이 서비스형식은 시간적 여유가 있고 유럽의 전통적인 우아한 서비스를 즐기는 미식가들과 귀족적인 서비스를 원하는 고객에게 적합한 형식이다. 이 서비스의 음식은 완전히 조리가 끝나지 않은 상태에서 식당홀로 운반되고, 카트(혹은 게리동) 위에서 쉐프 드 랑과 꼬미 드 랑 등이 한 조를 이루어 음식을 완성하여 배식하는 서비스를 한다.

뷔페 서비스(buffet service) 이 서비스 스타일은 차려져 있는 뷔페 테이블로부터 고객 자신이 원하는 음식을 스스로 날라다 먹는 셀프 서비스(self-service) 형식이다. 종업원은 단지 고객이 먹은 빈 접시를 치우거나 기물을 재정비 해주고 음료 등을 서비스를 한다.

뷔페 서비스 시 서비스요원은 뷔페 테이블을 수시로 살펴 부족한 음식이 없는지 점검하고, 더운 음식은 뜨거운지, 찬 음식은 적당히 냉각되었는지를 살펴야 한다. 뷔페 서비스는 고객이 셀프 서비스를 하므로 업장의 규모나 좌석 수에 비해서 인원수가 적고 세심한 서비스를 요하지 않지만 진열되었던 음식이 낭비되어 식료의 원가 상승에 영향을 미치는 단점이 있다.

트레이 서비스(tray service) 식사에 필요한 모든 기물과 음식을 쟁반(tray) 위에 차려서 제공하는 형식으로 플레이트 서비스보다 안전하고 빠른 서비스를 할 수 있다. 이 서비스의 특징은 식사 코스를 한꺼번에 트레이에 담아서 서브하는 것이며, 호텔의 룸 서비스(room service)에서 주로 사용한다.

4 식음료 업장의 업무

4.1 양식당의 업무

양식 풀코스의 테이블 세팅 테이블 세팅(table setting)이란 고객이 테이블에서 안락하게 식사를 할 수 있도록 테이블 및 의자는 물론 테이블 클로스, 냅킨, 은기류, 도기류, 글래스류 등을 바르게 갖추어 놓는 것을 말한다. 양식의 풀코스(full course)는 6가지 코스, 8가지 코스, 9가지 코스 등으로 약식화 또는 세트화되어 있는 것을 말하며 그 순서는 다음 표와 같다.

[표 7-2] 양식의 풀코스 순서

순 서	6 코스	8 코스	9 코스
전채(appetizer)	○	○	○
수프(soup)	○	○	○
생선(fish)		○	○
셔벳(sherbet)		○	○
육류(meat)	○	○	○
샐러드(salad)	○	○	○
후식(dessert)	○	○	○
식후음료(coffee or tea)	○	○	○
식후과자(praline)			○

[그림 7-3] 양식 풀코스의 테이블 세팅

① 쇼 플레이트 ② 냅킨 ③ 애피타이저 나이프 ④ 수프 스푼 ⑤ 생선 나이프 ⑥ 스테이크 나이프 ⑦ 애피타이저 포크 ⑧ 생선포크 ⑨ 샐러드 포크 ⑩ 스테이크 포크 ⑪ 디저트 스푼 ⑫ 디저트 포크 ⑬ 버터 나이프 ⑭ 빵 플레이트 ⑮ 버터 볼 ⑯ 물 잔 ⑰ 화이트 와인 잔 ⑱ 레드 와인 잔 ⑲ 샴페인 잔 ⑳ 소금과 후추

테이블 세팅의 순서

① 테이블 및 의자를 점검한다.

② 테이블 클로스를 깐다.

③ 쇼 플레이트(show plate)를 놓는다. 이때 쇼 플레이트 위의 냅킨은 접힌 채 누워있는 상태이다. show plate는 일종의 장식용 접시로 시각적인 효과를 줄 뿐만 아니라 테이블 세팅 시 균형을 잡아주는 역할도 한다.

④ 육류용 나이프와 포크를 놓는다.

⑤ 생선용 나이프와 포크를 놓는다.

⑥ 수프 스푼과 샐러드 포크를 놓는다.

⑦ 애피타이저 나이프와 포크를 놓는다.

⑧ 비 · 비 플레이트(B · B plate)와 나이프를 쇼 플레이트 왼쪽에 놓는다. B · B plate란 빵(bread)과 버터(butter)를 놓는 접시를 말한다.

⑨ 디저트 스푼과 포크를 쇼 플레이트 위쪽에 놓는다.

⑩ 물잔(water goblet)과 와인 잔을 육류 나이프 위에 놓는다.

⑪ 소금과 후추(caster set) 병을 놓는다.

⑫ 꽃병과 재떨이를 놓는다.

⑬ 테이블 세팅이 정확하게 되었는지 살펴보고 이상이 없으면 냅킨을 세운다.

테이블 세팅할 때 쇼 플레이트와 나이프 포크 등의 은기류는 테이블 끝 선 1cm 위에서 수평을 유지하고, 기물과 기물 사이의 간격도 1cm를 유지하는 것이 좋다.

양식 서비스의 절차 양식의 서비스를 절차에 따른 동작 및 사용언어를 일목요연하게 정리하면 다음 표와 같다.

[표 7-3] 양식의 서비스 절차

서비스 절차 (service sequence)	서비스 동작	사용 언어
식전주 주문받기 (aperitif order taking)	고객의 왼쪽에서 주문을 받는다.	식전에 음료 한 잔 하시겠습니까?
식전주 서빙 (aperitif serving)	고객의 오른쪽에서 서빙한다.	실례하겠습니다.
메뉴제공 (menu presentation)	고객의 왼쪽에서 드린다. (메뉴는 고객 개인당 1장씩 모두 드린다)	메뉴 보시겠습니까?
음식 주문받기 (food order taking)	고객의 왼쪽에서 주문을 받는다.	주문하시겠습니까? 주문하신 메뉴는 ○○입니다. 감사합니다.
와인 리스트 제공 (wine list presentation)	고객의 오른쪽에서 드린다.	식사와 함께 와인을 드시겠습니까? 와인 리스트 보시겠습니까?
와인 주문받기 (wine order taking)	고객의 왼쪽에서 주문을 받는다.	주문하신 와인은 ○○입니다. 감사합니다.
버터 접시 제공 (butter dish serving)	고객의 왼쪽 B · B 플레이트 위쪽에 놓는다.	실례하겠습니다.
빵 제공 (bread serving)	빵 바구니를 들고 고객의 왼쪽에서 보여준다.	어떤 빵을 드시겠습니까?
화이트 와인 서빙 (white wine serving)	상표가 고객에게 보이도록 왼손에 놓고 확인시킨다.	주문하신 ○○와인입니다.
레드 와인 오픈 (red wine open)	상표가 고객에게 보이도록 왼손에 놓고 확인시킨 다음 오픈 여부를 묻는다.	주문하신 ○○와인입니다.
에피타이저 서빙 (appetizer serving)	고객의 오른쪽에서 서빙한다.	실례하겠습니다. 주문하신 ○○입니다.
에피타이저 접시 제거 (dish take out)	고객의 오른쪽에서 뺀다.	실례하겠습니다. 다 드셨습니까?
수프 서빙 (soup serving)	고객의 오른쪽에서 서빙한다.	실례하겠습니다. 주문하신 ○○수프입니다.
수프 볼 제거 (bowl take out)	고객의 오른쪽에서 뺀다.	실례하겠습니다. 다 드셨습니까?
생선요리 서빙 (fish serving)	고객의 오른쪽에서 서빙한다.	실례하겠습니다. 주문하신 ○○입니다.

서비스 절차 (service sequence)	서비스 동작	사용 언어
생선요리 접시 제거 (dish take out)	고객의 오른쪽에서 뺀다.	실례하겠습니다. 다 드셨습니까?
셔벳 서빙 (sherbet serving)	고객의 오른쪽에서 서빙한다.	실례하겠습니다. OO셔벳입니다.
셔벳 볼 제거 (bowl take out)	고객의 오른쪽에서 뺀다.	실례하겠습니다.
샐러드 서빙 (salad serving)	샐러드 볼은 고객의 오른쪽에서 서빙하고, 드레싱은 왼쪽에서 초이스할 수 있도록 한다.	실례하겠습니다. 어떤 드레싱을 드릴까요?
샐러드 볼 제거 (bowl take out)	고객의 오른쪽에서 뺀다.	실례하겠습니다.
와인 서빙 (wine serving)	고객의 오른쪽에서 따른다.	와인 테스트를 하시겠습니까?
앙뜨레 서빙 (entree serving)	고객의 오른쪽에서 서빙한다.	실례하겠습니다. 주문하신 OO입니다.
앙뜨레 접시 제거 (dish take out)	고객의 오른쪽에서 뺀다.	실례하겠습니다. 다 드셨습니까?
테이블 클리닝 (table cleaning)	고객의 왼쪽에서 한다. 이때 글래스 종류를 제외한 모든 기물을 제거한다.	실례하겠습니다.
디저트 메뉴 제공(dessert menu presentation)	고객의 오른쪽에서 드린다.	디저트 메뉴를 보시겠습니까?
디저트 주문받기 (dessert order taking)	고객의 왼쪽에서 주문을 받는다.	주문하신 OO디저트를 곧 준비해 드리겠습니다.
디저트 서빙 (dessert serving)	고객의 오른쪽에서 드린다.	맛있게 드십시오.
디저트 접시 제거 (dish take out)	고객의 오른쪽에서 뺀다.	실례합니다. 맛있게 드셨습니까?
커피/티 주문받기(coffee or tea order taking)	고객의 왼쪽에서 주문을 받는다.	커피 또는 홍차를 드시겠습니까?
커피/티 서빙 (coffee or tea serving)	고객의 오른쪽에서 서빙한다.	실례합니다. 커피(홍차)가 뜨겁습니다.

4.2 커피숍의 업무

커피숍의 개요 커피숍은 단순히 커피 등의 음료를 판매하는 곳이 아니라 조식을 비롯하여 경양식의 음식도 판매하는 업장이다. 따라서 커피숍의 메뉴는 동서양의 조식 및 점심과 저녁을 위한 일품요리 그리고 음료(beverage) 등으로 구성되어 있다. 커피숍은 조식뷔페를 포함한 모든 조식을 취급하고, 일반적으로 아침 7시부터 저녁 11시까지 연속하여 영업을 하는 등 식음료 업장 중에서 가장 분주한 레스토랑이다.

커피숍의 테이블 세팅 커피숍의 테이블 세팅은 양식당과 비슷하며, 조식과 점심 및 저녁 세팅으로 구분된다. 양식당의 테이블 세팅과 큰 차이점은 쇼 플레이트 대신에 매트(천 또는 종이)를 사용하며, 나이프 포크 등의 은기물을 한꺼번에 냅킨 속에 끼워둔다.

4.3 뷔페 레스토랑의 업무

뷔페 레스토랑의 개요 뷔페 레스토랑은 불특정 다수의 고객을 대상으로 준비하는 상설뷔페(open buffet)로 메뉴가 다양하며, 고객이 직접 셀프 서비스하는 것이 특징이다. 뷔페의 장점은 신속한 식사를 할 수 있어서 시간이 절약되므로 회전이 빨라 매상이 증진되고, 소수의 종사원으로 많은 수의 고객을 맞이할 수 있으며, 종사원의 서비스 숙련도가 높지 않아도 된다. 그리고 고객은 자기의 기호에 맞는 음식을 선택해서 먹을 수 있으므로 불평사항이 비교적 적다. 단점은 다양한 음식의 준비와 재고에 따른 음식 코스트(cost)가 높다는 것이다.

뷔페 메뉴의 구성과 테이블 세팅 뷔페 메뉴는 양식의 코스 즉 애피타이저, 수프, 샐러드, 생선, 육류, 디저트 등 코스별로 요리를 다양하게 차리며, 동양식의 음식도 준비하여 여러 고객층을 흡수하도록 구성되어 있다.

뷔페 레스토랑의 테이블 세팅은 양식당이나 커피숍의 기본 세팅 형태에서 수프 스푼과 디저트 스푼 및 포크를 추가한다.

테이블의 안내 및 음료 주문받기 고객이 입장하면 먼저 예약 여부를 확인하고 예약자의 경우 예약 테이블로 안내한다. 예약하지 않은 고객의 경우는 인원수에 맞는 테이블로 안내한다. 코트 등의 옷은 클로크 룸(cloak room) 또는 한쪽에 위치한 옷걸이에 보관하도록 한다.

뷔페 레스토랑은 요리가 이미 차려져 있기 때문에 메뉴판이 없으며, 특별히 요리에 대한 주문은 받지 않고 음료의 주문만 받는데 고객이 안내되면 시간적 여유를 주고 고객의 신분, 식사종류 등을 고려하여 음료주문을 받도록 한다. 필요할 경우 음료 리스트를 제공하고 음료를 들지 않고 있는 고객에게는 식사 중에 음료를 권한다.

뷔페 서비스 유의사항 셀프 서비스에 익숙하지 않은 노약자나 어린이의 경우 종사원이 돕고, 수프와 커피 등은 가능한 종사원이 서빙해 주는 것이 좋다. 부족한 음식은 수시로 보충하고, 고객이 사용한 접시는 즉각 치우며, 고객이 자리를 떠나면 테이블 위에 남아 있는 기물은 모두 트레이를 사용하여 신속히 치운 다음 사용한 테이블은 새로운 고객을 위하여 테이블 클로스를 신속하게 교체하고 리세팅(resetting)한다.

4.4 룸 서비스 업무

룸 서비스의 개요 룸 서비스(room service)는 객실의 투숙객을 상대로 식음료를 판매하는 곳이다. 투숙고객은 객실에서 전화를 이용하거나 도어 늡 메뉴(door knob menu)에 의하여 식음료를 주문하게 된다. 룸 서비스의 메뉴는 커피숍의 메뉴를 축소한 것이며, 별도의 룸서비스용 주방이 있는 것이 아니라 일반적으로 커피숍의 주방을 겸용하여 사용한다.

룸 서비스 캡틴의 직무

- 룸 서비스 지배인을 보좌한다.
- 룸서비스 웨이터를 지휘, 감독하며 서비스를 주도한다.
- 룸으로 배달할 주문품이 주문한 내용과 일치하는지 확인한다.

- VIP고객이 투숙 시 객실 내에서 직접 식음료 서비스를 하는 버틀러(butler) 역할을 한다.
- 객실복도에 서비스 도구나 기물이 나와 있는지 체크한다.

룸 서비스 웨이터의 직무

- 오더 테이커(order taker)로부터 주문서를 받는다.
- 주문서를 주방 또는 바(bar)에 전달한다.
- 트레이 또는 룸 서비스용 트롤리를 준비하고 필요한 기물을 준비한다.
- 완성된 식음료를 트레이 또는 룸 서비스용 트롤리에 올리고 객실까지 배달한다.
- 객실의 주문고객에게 빌(bill)에다 사인을 받는다.
- 한가한 시간을 이용하여 룸 서비스 트롤리를 체크하고, 각종 기물을 깨끗이 닦고 정리정돈을 한다.

오더 테이커(order taker)의 직무

- 객실고객으로부터 전화에 의한 식음료를 주문받는다.
- 메뉴의 품목과 가격 등을 숙지하고 있어야 한다.
- 전화를 끊기 전에 주문사항, 객실번호, 고객성명을 복창확인(repeat)한다.
- 식음료부서의 영업장과 영업시간, 호텔 내 이벤트 등에 대해서도 안내할 수 있도록 내용을 숙지하고 있어야 한다.

룸 서비스의 유의사항

- 트레이를 운반할 때 왼손 손바닥을 펴서 받쳐 들어야 한다.
- 트레이에 세업된 상태에서 식사하기 때문에 트레이 클로스를 깔아야 한다.
- 뜨거운 포트(pot)의 물이 나오는 곳을 바깥쪽을 향하게 놓는다.
- 무거운 품목은 트레이의 중앙부에 놓아야 한다.
- 뜨거운 요리가 제공될 때는 접시에 푸드 커버(food cover)를 씌워 운반한다.

- 캐셔로부터 전표를 받아 룸 서비스를 출발하기 직전에 트롤리나 트레이에 있는 음식과 전표상의 음식품목이 일치하는가 점검을 한다.
- 객실 문을 노크하고 고객의 허락에 따라 입실한다. 이때 문은 약간 열어 놓아야 한다.
- 트레이를 객실 내 테이블 위에 놓을 때는 주식의 접시가 의자를 향하도록 놓아 드린다.
- 병에 들어 있는 음료를 서브할 경우는 병마개를 열어 주어야 한다.
- 전표에 사인을 받은 후에 트레이나 트롤리 수거를 위한 안내카드(table removal tent card)를 설명하고 객실을 나온다.
- 식사시간은 대체적으로 한 시간 정도 소요됨을 감안하여 트레이나 트롤리를 수거해야 하며, 이때 조직적인 수거작업을 위하여 크리어링 챠트(clearing chart)를 이용한다.

  즉 수거된 방은 'off' 표시를 하여 수거되지 않은 방이 어느 방인가 한눈에 볼 수 있도록 한다. 트레이나 트롤리 및 기타 룸 서비스용 기물을 수거하는 작업은 객실 정비부서(housekeeping)의 업무가 아니다.
- 서명 날인된 전표는 룸서비스 도착 즉시 캐셔에게 전하고, 비정상적인 사항은 캡틴에게 즉시 보고한다.

4.5 한식당의 업무

한식의 특성 한식은 ① 주식과 부식의 구별이 뚜렷하고 ② 부식의 가지 수가 많아 일손이 많고 ③ 상차림이 복잡하고 ④ 부식은 공동으로 제공되므로 낭비가 많고 ⑤ 계절식이 발달하고 ⑥ 음식이 자극성을 띠며 간 맞추는 것을 중요시하고 ⑦ 정성과 손끝이 맛을 좌우하는 특징을 가지고 있다.

특히 한국 음식은 청국장, 된장, 삼계탕, 미역국, 김치와 같이 건강, 낮은 칼로리, 약리성, 유산균, 항암 및 항노화 효과를 추구하는 음식이 많아 세계인들이 많은 관심을 가지고 있는 실정이다.

한식의 서비스 개선방안 한식은 88올림픽과 2002년 월드컵을 계기로 국제화되기 시작하였다. 김치는 물론 비빔밥 등은 세계적으로 유명한 음식이 되었으며, 웰빙과 한류의 바람에 의하여 한식은 세계적으로 관심을 끌고 있다. 한식이 더욱 국제화되기 위해서는 다음과 같은 서비스 개선이 요구된다.

- 가장 한국적인 것이 세계적인 것이므로 독특한 요리를 창출한다.
- 부식은 공동으로 먹고 가지 수가 많으므로 별도의 앞 접시를 준비하여 개인적으로 들어먹을 수 있도록 한다.
- 음식의 낭비를 줄이기 위해 기본 찬을 제외하고는 코스별로 요리를 제공한다.
- 간을 주방에서 적당히 하고 테이블에 각종 조미료를 준비하여 고객이 직접 취향에 맞추도록 한다.
- 각종 기물은 한국적인 것을 사용한다.
- 계절별로 식단을 달리하여 변화를 준다.

한식 서비스 한식의 상차림과 서비스는 상차림의 형식은 정형화되어 있는 것이 아니라 차리는 사람, 재료, 지방 등에 따라 약간씩 다르다. 그러나 주식과 부식을 분리하여 영양의 균형을 고려하고, 재료와 조리법을 감안하여 예로부터 전해 내려오는 기본형식과 원칙이 있는데 반상을 중심으로 살펴보면 다음과 같다.

- 반상으로 식사를 낼 때는 반상기를 사용하므로 요리를 담은 그릇은 반드시 뚜껑을 덮는다.
- 국은 밥의 오른쪽에 놓는다.
- 상의 오른쪽 윗부분은 더운 요리 중 국물이 없는 요리를 놓는다.
- 상의 오른쪽 아랫부분에는 찌개처럼 국물이 있는 더운 요리를 놓는다.
- 간장, 초장 등은 중앙에 놓는다.
- 중간 줄은 마른 반찬이나 조림을 놓는다.

- 여러 명이 식사를 할 경우 공동으로 사용하기에 부적합한 간장, 초장, 국, 물김치 등은 개인당 서비스한다.
- 공동으로 먹는 요리는 개인에게 앞 접시를 제공하여 들어먹을 수 있도록 한다.
- 음식을 먹다가 나오는 뼈, 가시 등을 담을 수 있는 빈 접시를 왼쪽 상 끝에 놓는다.
- 코스로 요리를 낼 때는 차가운 요리, 마른 요리, 국물이 없는 뜨거운 요리, 국물이 있는 뜨거운 요리 순으로 서비스한다.
- 요리는 가능한 같은 조리법 또는 재료가 중복되지 않도록 한다.
- 식사가 끝나면 상을 깨끗이 치우고 차와 후식을 제공한다.

사례 한류 음식의 세계화

세계 곳곳의 현지 식당에서 옷을 갈아입은 한국 김치의 모습을 볼 수 있다. 정부 출연연구소인 세계김치연구소는 미국 · 중국 · 일본 · 독일 등 13개국 45개 도시 271개 레스토랑에서 판매하고 있는 김치 메뉴를 조사한 결과 총 63가지의 김치 요리가 나와 있으며, 현지 음식과 융합된 다양한 형태의 메뉴로 변신하고 있다고 밝혔다. 김치찌개 · 김치볶음밥 · 김치전과 같은 한국의 순수 토종 김치 메뉴들이 가장 많은 것으로 나타났다. 김치찌개를 판매하는 레스토랑이 51곳(18.8%)으로 가장 많았으며, 다음으로 김치볶음밥 50곳(18.5%), 김치전 47곳(17.3%) 순이었다.

현지 요리와 융합된 형태의 김치 메뉴는 덮밥(23곳, 8.5%)이 가장 많았으며, 이 밖에도 김치를 감자튀김(21곳, 7.7%), 샌드위치(12곳, 4.4%), 버거(9곳, 3.3%) 등에 응용해 판매하고 있었다. 일본 도쿄의 한 식당에서는 김칫국물로 육수를 낸 샤부샤부를, 중국 푸젠(福建)성의 항구도시 샤먼(廈門)에서도 김칫국물로 맛을 낸 후어궈를 내놨다. 미국 뉴욕의 멕시칸 · 코리안 레스토랑에서는 김치 수프를, 호주 시드니의 한 브런치 카페에서는 김치를 넣은 와플도 팔고 있다. 이 외에도 덴마크 코펜하겐의 김치 호떡, 미국 휴스턴의 김치 치킨과 김치 샐러드 등 이색 메뉴들이 많았다.

➔ 호주의 김치와플

김치를 마요네즈 · 아이올리 · 스리라차 등의 현지 소스와 결합해 토핑으로 활용하는 곳도 있었다. 아이올리는 마늘과 올리브유로 만든 지중해 소스이고, 스리라차는 태국의 매운 칠리소스다. 미국 시카고의 한 식당은 나초에 올리는 토핑으로 김치를 사용하기도 했다. 이 외에도 39곳의 레스토랑에서 김치 자체를 별도의 메뉴로 판매하고 있었다(중앙일보).

4.6 일식당 업무

일식의 특성 일본은 사면이 바다로 해산물요리가 발달하였으며 고온 다습한 기후로 인하여 담백한 음식이 주를 이룬다. 음식을 담을 때는 입체적인 공간의 미를 중요시하며, 신선한 어패류가 풍부하여 생식으로서의 회 요리와 스시는 일본을 대표하는 요리라고 할 수 있다.

일식 서비스 식사 전에 항상 물수건과 오차를 제공하고, 사시미와 모듬요리가 2인분 이상일 경우엔 앞 접시를 제공한다. 샤부샤부 등의 냄비요리를 치울 때는 각종 접시 및 기물을 냄비 안에 담지 말고 트레이를 이용하여 치우고 냄비는 별도로 치운다. 특히 방에서의 서비스는 다음과 같은 사항에 유의해야 한다.

- 손님이 방에 들어가면 신발을 나올 때 쉽게 신을 수 있도록 돌려서 정리한다.
- 문을 열고 닫을 때는 무릎을 꿇고 앉아 양손으로 열고 닫는다.
- 방문은 약 10~15cm 정도 열어 놓고 밖에서 대기자세를 한다.
- 서브하고 나올 때는 뒷모습이 보이지 않도록 한다.
- 음식과 트레이가 손님의 머리 위로 가지 않도록 한다.
- 방을 들어가고 나올 때는 정중하게 목례를 하고 서비스를 한다.

4.7 중식당 업무

중식의 특성 중국은 광대한 국토와 수많은 종류의 특산물로 인하여 요리가 다양하게 발전하였으며, 중국의 문화유산이라고 할 정도로 오랜 역사와 전통을 지니고 있다.

세계 도처에 중국 음식점이 산재해 있고 독특한 맛과 풍부한 영양의 요리는 국제적으로 널리 평가받고 있다.

「서채주순(西菜主純), 중채주화(中菜主和)」란 말이 있는데 서양요리는 고기나 생선을 주재료로 하는 반면에 중국요리는 고기와 야채를 잘 조화시킨다는 뜻이다. 즉 중국요리는 여러 가지 재료의 맛을 잘 조화시켜 섬세한 맛을 낸다고 할 수 있다. 중국요리의 특징은 ① 조리시간이 대체로 짧고 ② 재료를 낭비 없이 사용하고 ③ 기름의 사용이 합리적이고 ④ 큰 접시에 담아 여러 사람이 각자 들어먹을 수 있으므로 식기, 재료, 일손 등의 면에서 경제적인 측면이 있다.

지역적 특성

[그림 7-4] 중국요리의 지역적 구분

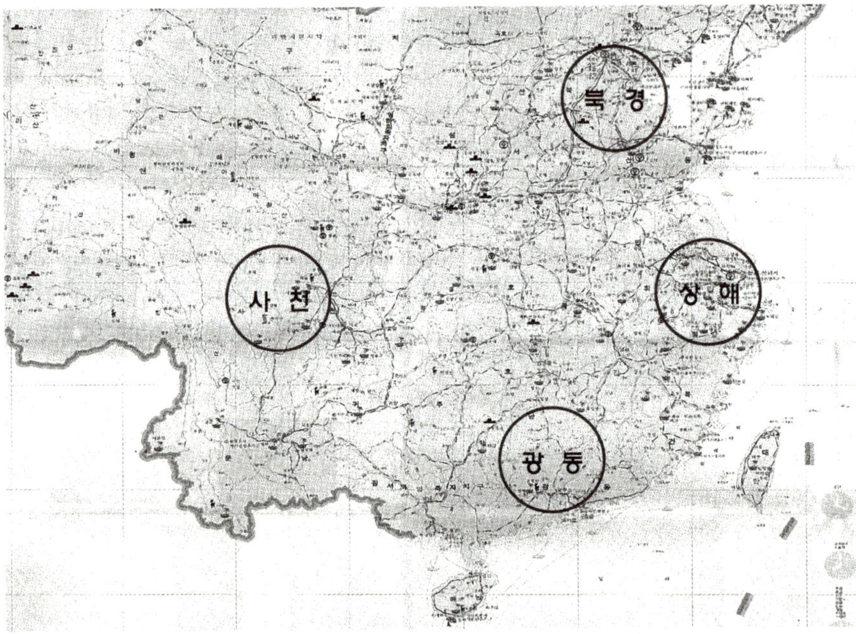

✲ 북경요리

북경요리를 징차이라고 한다. 북경은 오랜 중국의 수도였으므로 궁정요리는 물론 민간 요리도 크게 발달하였다. 특히 북경과 가까운 산동성 출신의 요리사가 많아 산동식 요리가 도입되고, 만주지방의 요리와 역대 황제가 즐기던 소주요리가 가미되어 세련된 북경요리가 정착되었다고 한다. 대표적인 요리로는 카오야즈(오리 통구이) 등이 있다.

✲ 광동요리

광동요리를 유에차이라고 한다. 광동은 옛날부터 여러 도시와 교류가 빈번하였고 청조시대에는 북경의 요인들이 왕래를 자주 하였는데 이들을 수행한 일류 요리사가 광동의 특산물을 사용하여 유에차이를 만들어 내었다. 또한 광동은 바다를 면한 국제통상의 요지이기도 하여 유럽 요리의 장점을 받아들여 조리방법에 유럽풍이 많은 것이 특징이다.

광동요리는 상어 지느러미, 제비둥지, 사슴 뿔, 곰 발바닥, 뱀의 뼈, 고양이, 원숭이 골요리 등 특수한 재료가 많으며, 식재광동(食在廣東) 즉 "모든 음식은 광동에 있다"란 말이 있을 정도로 요리가 다양하다.

✲ 사천요리

사천요리를 촨차이라고 한다. 사천은 바다에서 멀리 떨어져 있는 산악지대로 해산물이 흔치 않아 식품 보존법이 발달하였고 조리의 변화가 풍부하며 다채로운 맛을 내는 것이 특징이다. 또한 산이나 들에서 나는 재료에 여러 가지 양념이나 향신료를 가미하는 향토식으로 발전하였다.

대표적인 요리로는 마퍼두부(두부와 다진 고기를 고추와 된장에 볶은 것)와 깐싸오밍(새우 고추볶음) 등이 있다.

✲ 상해요리

상해요리를 후차이라고 한다. 맛이 농후하고 설탕을 넉넉히 사용하며 색채가 선명한 요리와 면류의 조리법이 뛰어난 것이 특징이다. 대표적인 요리로는 탕수육 등이 있다.

중식 서비스 중식을 주문받을 때 일품요리의 경우 1인분씩 주문받는 것이 아니고 양 또는 접시의 크기에 따라 대(大), 중(中), 소(小)로 나누어 주문을 받는다. 일반적으로 대의 경우 7~8인분, 중은 4~5인분, 소는 2~3인분의 양으로 구성되어 있다. 따라서 주문받을 때 인원수에 비하여 너무 많은 양이 주문되지 않도록 한다. 그러나 정식이나 약식의 세트 메뉴의 경우는 인원수만큼의 주문을 받을 수 있다. 음식 서비스 방법은 다음과 같다.

- 일품요리의 경우 테이블 중앙(회전판이 있을 경우 그 위에) 서비스하여 손님이 들어먹을 수 있도록 한다.
- 세트 메뉴의 경우 만든 요리를 테이블에서 1인분씩 개인에게 서비스해 준다.
- 코스요리를 서브할 때는 그때마다 새로운 개인접시를 제공한다.
- 차가 식었을 때는 항상 뜨거운 것으로 바꾸어 주어야 한다.

연습문제(호텔관련 종사원 자격시험 대비)

1. 호텔 식음료상품의 생산적인 특성이 아닌 것은?

① 수요예측이 어려워 대량생산이 안 된다.
② 고객의 주문에 의한 주문생산을 한다.
③ 고객의 욕구나 취향이 다양하여 표준화 생산이 불가능하다.
④ 기계 의존도가 높다.

2. 호텔 식음료상품의 판매적 특성이 아닌 것은?

① 전 업장 Take-out service가 가능하다.
② 식음료는 진부화가 빠르므로 저장판매가 불가능하다.
③ 식음료는 즉석에서 소비됨으로 반품과 재고가 없다.
④ 호텔 내에서만 판매하므로 유통과정이 없다.

3. paging service란 무엇인가?

① 고객의 영접 서비스　　② 고객의 짐 운반 서비스
③ 주차 서비스　　④ 고객을 찾아주는 서비스

4. 호텔 식음료상품화 과정의 순서가 올바른 것은?

① storing → purchasing → cooking → serving
② storing → cooking → purchasing → serving
③ purchasing → storing → cooking → serving
④ purchasing → cooking → storing → serving

5. 한 · 일조식을 비롯하여 조식뷔페를 판매하는 곳은?

① coffee shop　　② buffet restaurant
③ cafeteria　　④ lounge

6. 각종 행사의 모임, 이벤트 등을 유치하여 식음료를 판매하는 업장은?

① pub ② buffet restaurant
③ cafeteria ④ banquet

7. 호텔에서 직접 만든 제과 · 제빵 · 소시지 · 햄 등의 가공식품을 판매하는 업장은?

① pub ② coffee shop
③ cafeteria ④ delicatessen

8. 다음 업장 중 테이크 아웃(take out) 서비스가 가능한 곳은?

① banquet ② coffee shop
③ lounge ④ delicatessen

9. 대중적 사교의 장이란 의미로 영국식 선술집 형식의 업장은?

① pub ② entertainment center
③ bar ④ discotheque

10. 종합 사교 유흥장으로 바(bar), 다트게임(dart game), 당구대 등의 스포츠시설과 디스코테크 등의 시설을 갖추고 음료를 판매하는 업장은?

① pub ② entertainment center
③ lounge ④ discotheque

11. 다음 중 관계가 없는 것 하나는?

① chef de rang 시스템 ② American restaurant
③ platter service ④ silver service

12. 비 · 비 플레이트(B · B plate)란?

① 빵과 버터를 놓는 접시 ② 냅킨을 얹는 접시
③ 앞 접시 ④ 디저트용 접시

13. 다음 테이블 세팅 내용 중 틀린 것은?

① 나이프, 포크 등의 은기류는 테이블 끝 선 1cm 위에 놓는다.
② 물잔은 육류용 나이프 바로 위에 놓는다.
③ B · B plate는 나이프 오른쪽에 놓는다.
④ 모든 포크류는 항상 고객의 왼쪽에 위치한다.

14. 버틀러(butler)란?

① VIP고객이 투숙 시 객실 내에서 직접 식음료 서비스를 하는 직원
② 현관에서 고객의 심부름을 도맡아 하는 직원
③ 고객의 잠자리를 정리해주는 직원
④ 고객의 세탁물을 배달해 주는 직원

15. 룸 서비스 오더 테이커(order taker)가 식음료를 주문받은 후 전화를 끊기 전에 반드시 복창확인해야 할 사항이 아닌 것은?

① 주문사항 ② 객실번호
③ 고객성명 ④ 계산방법

16. 다음 설명 중 올바른 것은?

① 한정식은 코스로 제공되어야 한다.
② 중국식 일품요리는 1인분씩 주문받는다.
③ 일본식 된장국 미소시루를 제공할 때는 스푼을 제공한다.
④ 룸서비스 기물은 룸 메이드가 치우는 것이다.

17. 메뉴 A.B.C분석이란?

18. platter service와 plate service의 차이점에 대하여 설명하시오.

19. 양식의 풀코스(full course)를 6가지 코스로 구성해 보시오.

제8장

메뉴 및 조리부의 이해

1. 메뉴의 개요
2. 메뉴계획 및 엔지어링
3. 메뉴가격 결정
4. 양식메뉴의 이해
5. 조리부의 이해

호텔경영의 이해

제 8 장

메뉴 및 조리부의 이해

1 메뉴의 개요

1.1 메뉴의 의의

식음료업장에서 메뉴는 그 업장의 상징으로 음식과 음료에 대한 안내 차림표 및 가격표이다. 메뉴는 고객에게는 주문의 수단이며, 업장의 접객원들에게는 요리와 음료를 세일즈하는 도구이다.

메뉴(menu)라는 용어에 대하여 웹스터스(Webster' s) 사전에 의하면 'a detailed list of the foods served at a meal : bill of fare' 로 되어 있는데, 결국 메뉴란 요리에 관한 상세한 목록인 동시에 가격표라는 것이다. 그러나 메뉴는 처음부터 요리의 내용과 가격을 나타내기 위하여 만들어진 것은 아니다. 메뉴(menu)의 어원은 라틴어 미넛트스(minutus) 즉 상세히 기록한다는 뜻에서 유래되어 영어의 미넛(minute)으로 발전하였는데 본래 조리사의 요리에 관한 메모였음을 짐작할 수 있다.

1.2 메뉴의 역할

메뉴는 식음료의 마케팅 도구이다 메뉴는 고객층의 결정과 수요에 영향을 주는 중요한 마케팅 도구로서 영업의 정책이나 목적에 의하여 이윤의 극대화, 영업목표의 달성, 고정고객의 확보, 향후 영업전략을 수립하는데 유용한 수단이 된다.

메뉴는 식음료업장의 규모와 조리능력을 결정한다 메뉴를 보면 홀과 주방 규모를 알 수 있고 또한 조리수준과 서비스를 가늠해 볼 수 있다.

메뉴는 업장을 상징하고 분위기를 창출한다 메뉴판 표지의 업장 로고와 디자인, 색상 등은 그 업장을 상징하고 메뉴판 자체는 연출물로 분위기를 창출한다.

메뉴는 무언의 서비스맨(serviceman)인 동시에 세일즈맨(salesman)이다 메뉴는 고객에게 말없이 안내를 해주고, 고객은 메뉴에 의해서 주문하게 된다. 결국 메뉴는 고객에게 식음료상품을 말없이 세일즈하고 있는 것이다.

1.3 메뉴의 분류

매뉴의 차림에 의한 분류 정식메뉴, 일품메뉴, 뷔페메뉴 등으로 구분할 수 있다.

- 정식메뉴(table d' hote) : 풀코스(full course) 형식으로 음식의 코스가 세트화되어 있고 가격도 비싼 편이다. 양식의 경우 과거에는 코스가 15가지 이상도 있었으나 현대에 와서 식사시간을 고려하여 6가지 코스, 8가지 코스, 9가지 코스 등으로 약식화 또는 세트화되어 있다.
- 일품요리(a la carte) : 몇 가지를 선택하여 먹을 수 있는 메뉴이다. 정식으로 세트화되어 있지 않은 메뉴는 모두 일품요리라고 할 수 있다. 또한 정식요리 품목에는 없는 별도의 특정 음식을 말하기도 한다.
- 뷔페(buffet) 메뉴 : 정식의 코스별로 음식종류를 다양하게 차려놓고 일정액을 지불하면 자유롭게 먹을 수 있는 메뉴이다. 고객의 입장에서 양정식은 앉아서 코스

에 따라 서비스를 제공받지만 뷔페는 양식의 풀 코스 순서대로 하나씩 셀프하여 가져다 먹어야 한다. 뷔페에는 불특정 다수를 위한 상설뷔페(opened buffet)와 연회장에서 주문에 의해 제공되는 주문뷔페(closed buffet)가 있다.

시간별 분류 메뉴는 시간대별로 조식, 브런치, 점심, 저녁 등의 메뉴로 구분된다.

- 조식(breakfast) : 시간적으로는 주로 오전 7시부터 10시까지 제공되는데 양조식, 한조식, 일조식, 조식뷔페 등이 있다.
- 브런치(brunch) : 'breakfast'와 'lunch'의 합성어로 시간적으로는 오전 10시부터 12시 사이에 제공되는 메뉴이다. 주로 휴양지 호텔에서 많이 실시한다.
- 점심(lunch) : 시간적으로는 오후 12시부터 3시 사이에 제공되는 메뉴이다. 대부분 메뉴판 자체에는 점심과 저녁메뉴가 구분되어 있지 않은데 점심특선 형식으로 별도의 메뉴를 운용하는 경우도 있다. 격식을 갖춘 점심메뉴일 경우 런천(luncheon)이라고 한다.
- 저녁(dinner) : 시간적으로는 저녁 6시부터 10시까지 제공되는 메뉴이다. 늦은 저녁에 간단히 먹는 메뉴는 서퍼(supper)라고 한다.

특별메뉴 특별메뉴의 종류는 다음과 같다.

- 축제메뉴(gala & festival menu) : 특정 나라의 축제일이나 기념일에 특별히 제공되는 메뉴인데 예를 들면 추수감사절 때 칠면조 요리와 같은 것이다.
- 계절메뉴(seasonal menu) : 식자재의 성숙기인 계절을 선택하여 일정 기간 운영하는 메뉴이다. 예를 들면 가을철에 송이버섯 요리를 들 수 있다.
- 오늘의 메뉴(daily special menu) : 요일별로 메뉴를 다양하게 세트화하여 만든 메뉴이다. 이 메뉴의 운영상 장점은 ① 매일 준비된 메뉴로 신속한 서비스를 할 수 있고 ② 재료의 재고를 활용할 수 있으며 ③ 고객의 흥미를 유발시켜 매출을 증진시킬 수 있다.

2 메뉴계획 및 엔지어링

2.1 메뉴계획

메뉴계획 과정은 다음 그림과 같이 일련의 마케팅계획에 의하여 수행된다.

[그림 8-1] **메뉴 마케팅 프로그램**

2.2 메뉴 엔지니어링

메뉴 엔지니어링(menu engineering)이란 현재와 미래의 메뉴를 평가하고 디자인과 가격결정을 위한 마케팅 지향적인 접근방법이다. 가장 보편적인 메뉴 엔지니어링 방법은 보스톤 컨설팅 그룹(BCG : Boston Consulting Group)의 포트폴리오(portfolio) 모형 즉 시장의 성장점유를 조사 분석하여 사업을 유지 · 육성 · 수확 · 철수를 할 것인지 결정하는데 쓰이는 매트릭스 분석법으로 다음과 같은 3가지 요소에 의하여 단계별로 진행된다.

- 고객수요(customer demand) : 일정 기간 식음료를 구매한 고객의 총수

- 메뉴믹스(menu mix) : 각각의 메뉴 아이템에 대한 고객 선호도 분석
- 공헌이익(contribution margin) : 각각의 메뉴 아이템에 대한 공헌이익 분석

[그림 8-2] BCG의 모형을 이용한 메뉴 아이템의 재정위 전략

선호도	Plowhorses형(고선호 저공헌이익형)	Stars형(고선호 고공헌이익형)
고	○ 고객지각 가격이 높다고 인식하며 표준형 타입의 아이템을 요구한다. ○ 관리지침 • 구매욕구를 위한 특징을 확고히 하고 제조명세서와 메뉴 묘사를 엄격하게 유지한다. • 메뉴에 대한 포지션을 낮게 잡고 지역색이 짙은 메뉴를 개발한다. • 높은 공헌이익 아이템과 더불어 패키지화하여 공헌이익을 높인다.	○ 고객지각 가격이 구매결정에 중요한 요소가 아니므로 레스토랑의 명성 있는 아이템을 유지한다. ○ 관리지침 • 구매욕구를 위한 특징을 확고히 하고, 메뉴가 눈에 잘 띄도록 가시성을 높인다. • 특색 있는 메뉴로 유지한다. • 정기적으로 촉진시킨다. • 성수기에는 가격인상을 검토한다.
	Dogs형(저선호 저공헌이익형)	**Puzzles형(저선호 고공헌이익형)**
저	○ 고객지각 낮은 가격이지만 아이템에 대하여 흥미를 가지지 않는다. ○ 관리지침 • 새로운 메뉴로 개선할 수 있는지 아이템 개발에 시간을 투자한다. • 대체메뉴를 검토한다. • 가격을 올려 Puzzles형 수준으로 끌어올린다. • 메뉴에서 삭제한다.	○ 고객지각 구매욕구는 있지만 가격이 높다. ○ 관리지침 • 메뉴를 더 특징 있게 재정위화한다. • 판매량을 증가시키도록 한다. • 메뉴이름을 새롭게 하고 메뉴 묘사에 변화를 준다. • 특별 아이템이라는 인식을 주도록 한다.
	저 ← 공 헌 이 익 → 고	

※ 자료 : Davis, B., Lockwood, A., Stone, S.(1998), Food and Beverage Management, Butterworth-Heinemann, p.117에서 저자 정리

사례 메뉴 엔지니어링

[표 8-1] 메뉴 엔지니어링에 의한 분석표(가상)

	a			b	c	d=a×b	e=a×c	f=d−e			
메뉴	판매수	메뉴믹스(%)	선호도	판매가격	원가	총판매액(원)	총원가(원)	총공헌이익(원)	공헌이익믹스	공헌도	BCG 분석
닭고기	420	28	고	9,900	4,420	4,158,000	1,856,400	2,301,600	22	저	Plow–horse
등심스테이크	360	24	고	17,000	9,000	6,120,000	3,240,000	2,880,000	27	고	Star
안심스테이크	150	10	고	19,000	9,900	2,850,000	1,485,000	1,365,000	13	고	Star
폭찹	70	4.67	저	12,900	8,000	903,000	560,000	343,000	3	저	Dog
랍스터	180	12	고	19,000	9,000	3,060,000	1,620,000	1,440,000	14	고	Star
생선스테이크	210	14	고	9,900	4,400	2,079,000	924,000	1,115,000	11	저	Plow–horse
송아지요리	75	5	저	19,900	9,900	1,492,500	742,500	750,000	7	고	Puzzle
스파게티	35	2.33	저	12,900	4,000	451,500	140,000	311,500	3	고	Puzzle
계	1,500	100				21,114,000	10,567,900	10,506,100	100		

※ 자료 : Davis, B., Lockwood, A., Stone, S.(1998), 전게서 p.118를 참고하여 저자 재작성

- 원가는 식자재비용 임
- 메뉴믹스 = (해당품목 판매수 ÷ 전체판매수) × 100
  예) 닭고기의 메뉴믹스 = (420 ÷1,500) × 100 = 28%
- 메뉴의 선호도는 (100 ÷ 메뉴의 수) × 70%로 계산하여 그 수치 이상이면 선호도가 높다고 할 수 있고, 그 이하이면 선호도가 낮다고 할 수 있다. 여기서 70%는 절대수치가 아니라 적어도 70%는 되어야 선호도가 있다고 판단되기 때문이다.
  상기 자료를 기준으로 하면 메뉴수가 8개이므로 계산을 하게 되면 (100 ÷ 8) × 70% = 8.75이라는 숫자가 나온다. 따라서 메뉴믹스가 8.75% 이상인 품목은 선호도가 높은 것으로 간주된다.
- 공헌이익믹스 = (해당품목 공헌이익 ÷ 전체공헌이익) × 100
  예) 닭고기의 공헌이익믹스 = (2,301,600 ÷ 10,506,100) × 100 = 22%

- 공헌도 = 메뉴믹스(%) - 공헌이익믹스(%)
  즉 메뉴믹스보다 공헌이익믹스가 작으면 공헌도는 낮고, 크면 공헌도는 높다.

- $$\text{평균 식자재원가(\%)} = \frac{\text{총원가}}{\text{총판매액}} \times 100 = 50.05\%$$

상기자료를 토대로 BCG의 모형을 이용하여 메뉴 아이템을 포지션하면 다음 그림과 같다.

[그림 8-3] BCG 분석

3 메뉴가격 결정

메뉴가격은 ① 수요를 자극할 수 있는 가격인가? ② 경쟁력이 있는 가격인가? ③ 코스트(cost)와 이익이 균형을 이루고 있는가? 등을 고려하여 결정한다. 결국 메뉴가격결정의 방법은 크게 비용지향적 가격결정과 경쟁지향적 가격결정으로 나눌 수 있는데 상황에 따라 전략적 선택이 요구된다.

3.1 비용지향적 가격결정

마진확보방법 사전에 결정된 마진을 메뉴원가에 추가하는 방법이다. 예를 들어 메뉴원가가 10,000원이고 마진을 메뉴원가에 30%를 한다면 13,000원이 된다.

목표원가에 의한 방법 일정한 마진을 확보하기 위해서는 원가가 적절해야 하는데 원가를 목표로 하여 가격을 설정하는 방법이다. 목표원가에 의하여 가격을 결정하는 공식은 다음과 같다.

$$\text{판매가격} = \frac{\text{총 식자재비용}}{\text{식자재 목표원가}}$$

예제1

안심스테이크 1개를 만드는데 총 식자재비용이 8,000원 소요되고, 판매가격에 대한 식자재 목표원가를 32%로 책정했다면 판매가격은 얼마인가?

➡ $\text{판매가격}(X) = \frac{8{,}000\text{원}}{0.32} = 25{,}000\text{원}$

3.2 경쟁지향적 가격결정

경쟁자의 가격을 고려하여 그것과 비슷하게, 아니면 그보다 높거나 낮게 가격을 결정하는 방법이다. 즉 ① 경쟁자와 비슷한 가격을 유지하고자 할 때는 원가구조나 메뉴가 유사해야 하고 ② 경쟁자보다 높은 가격을 유지하고자 할 때는 차별화된 메뉴와 서비스로 시장 진입이 가능해야 하며 ③ 경쟁자보다 낮은 가격을 유지하고자 할 때는 경쟁자의 시장을 잠식하거나 자사의 시장을 방어하기 위하여 가격을 결정해야 한다.

4 양식메뉴의 이해

4.1 애피타이저

애피타이저의 의의 전채요리를 뜻하는 에피타이저(appetizer)는 프랑스에서는 오드볼(hors d' oeuvre), 북유럽에서는 스모거스보드(smorgasbord)라고 부른다. 오드볼의 오(hors)는 '전(前)'의 의미이고, 드볼(d' oeuvre)은 '식사'라는 뜻으로 식사 전 또는 본 요리 이외의 음식이라는 뜻이다. 오드볼의 기원은 일찍이 러시아에서 연회를 하기 전에 별실에서 기다리는 고객에게 독한 술과 함께 자쿠스키(zakuski)라는 간단한 요리를 제공한데서 유래가 되어 오늘날의 오드볼이 되었다고 한다. 또 다른 학설은 14세기 초엽에 이탈리아의 탐험가 마르코폴로는 중국의 원나라에 가서 맥류 및 냉채요리를 배워 왔는데 이 요리가 이탈리아를 통하여 프랑스로 건너가 오드볼이 되었다고 한다.

오드볼의 또 다른 의미는 디너 전의 칵테일리셉션(pre-dinner cocktail reception)에 제공되는 술안주를 의미하기도 하는데 주로 야채스틱(vegetable relish), 카나페(canape), 스낵(snack)류 등이 있다.

양식의 본 요리는 수프부터 시작되는데 애피타이저는 수프 전에 제공되어 식욕을 촉진시켜주고 공복을 달래주는 역할을 하므로 주 요리의 맛을 손상시키지 않는 범위 내에서 제공한다.

애피타이저의 특징과 종류 애피타이저는 식욕을 돋워 주어야 하므로 우선 풍미가 있어야 하고 다소 짠맛이나 신맛이 나야 하며, 양은 적은 편이고 대부분 찬 음식이다. 세계 3대 애피타이저 요리는 달팽이(escargot), 철갑상어알(caviar), 거위간(foie gras) 요리이며, 그 외 애피타이저 요리로는 굴(oyster), 훈제연어(smoked salmon), 새우칵테일(shrimp cocktail) 등이 있다.

4.2 수프

수프의 의의 수프(soup)의 어원은 빵에 여러 가지 국물을 붓는다는 뜻의 숍(sop)에서 유래되었다. 가벼운 저녁식사라는 서퍼(supper)도 같은 어원에서 나온 것이다. 수프를 프랑스어로는 포타지(potage)라고 한다. 양식의 코스에 있어서 실질적으로 첫 번째 음식에 해당하는 수프는 스톡(stock)을 기본으로 하여 만든 것으로 입안을 촉촉이 적셔주고 위장을 달래주는 음식이다.

스톡(stock)이란 육류, 어류, 채소류를 주재료로 하여 향료와 함께 끓인 국물(육수)로서 영양과 향이 용해되어 있고 수프와 소스의 기본이 되는 중요한 요소이다.

수프의 종류 수프의 종류는 크게 맑은 수프(clear soup)와 걸쭉한 수프(thick soup)로 구분되는데 대표적인 수프를 소개하면 다음 표와 같다.

[표 8-2] **수프의 종류**

구 분	수프 종류	내 용
맑은 수프 (clear soup)	콘소메 (consomme)	스톡에 쇠고기와 야채를 넣어 끓인 다음 기름을 걸러내어 맑게 한 수프
	부이용 (bouillon)	스톡에 육류와 야채, 허브를 함께 물에 삶아 풍미가 우러나면 걸러서 만든 맑고 향기로운 수프
걸쭉한 수프 (thick soup)	크림수프 (cream soup)	밀가루를 버터에 볶은 루(roux)에 생크림과 계란 노른자로 마무리하여 만든 수프
	퓌레(puree)	당근, 감자, 옥수수, 호박 등의 야채를 바짝 졸인 후 체에 걸러내어 묽게 만든 야채수프

4.3 생선

생선요리는 수프 다음에 제공하는 코스 음식에 해당되나 육류를 대신한 주 요리의 역할도 한다. 생선요리는 다른 요리와 달라서 신선도가 맛에 절대적인 영향을 미치고 생선 자체에는 응집력이 없으므로 서비스할 때에는 조심스럽게 다루어야 한다. 또한 생선요리를 제공할 때는 생선의 머리가 고객의 좌측에, 배 부분은 고객의 앞쪽에 오도록 놓아야 한다.

생선요리는 지방성분이 적고 비타민과 칼슘이 매우 풍부하므로 많은 사람들이 건강식으로 즐겨 찾을 뿐만 아니라 여성들도 즐겨 찾으며 종교적인 이유로 육류대신 선택하기도 한다.

4.4 앙뜨레와 소스

양식의 주요리(main dish)를 프랑스어로는 앙뜨레(entree)라고 하며, 쇠고기, 송아지고기, 양고기, 돼지고기 등의 육류를 비롯하여 가금류로 만든다.

쇠고기(beef) 요리

✲ 안심 스테이크(tenderloin steak)

쇠고기의 안심부위로 만든 스테이크인데 안심은 다섯 부위로 나누어진다. 안심 중에서 가장 연하고 부드러운 부위는 가운데 부분의 샤또브리앙(Chateau Briand)으로 19세기 프랑스 귀족 샤또브리앙 남작이 즐겨 먹었다고 하여 붙여진 이름이다.

✲ 등심 스테이크(sirloin steak)

쇠고기의 등심부위로 만든 스테이크인데 영국의 왕 찰스 2세가 즐겨 먹던 스테이크로 남작의 작위를 수여할 만큼 훌륭하다고 하여 로인(loin) 앞에 'sir' 을 붙여' sirloin이라고 한다. 등심 스테이크 중에서도 ① 등심 부위를 얇게 두들겨 편 다음 구운 미넛 스테이크(minute steak) ② 등심 중에서 기름기가 가장 적은 가운데 부분을 잘라 놓은 모습이 뉴욕주의 지도와 비슷하다고 하여 붙여진 뉴욕 컷 스테이크(New York cut steak) ③ 안심 쪽에 가까운 허리 부분의 포터하우스 스테이크(porterhouse steak) 등이 있다.

✲ 갈비살 스테이크(rib steak)

쇠고기의 등 쪽에 있는 갈비부위로 만든 스테이크이다.

✲ 티본 스테이크(T-bone steak)

뼈를 사이에 두고 한쪽은 등심, 한쪽은 안심의 두 종류 부분이 붙어 있는 상태에서 구운 스테이크이다.

[표 8-3] **스테이크의 굽기 정도**

굽기 정도	조리 시간	특징
레어(rare)	2~3분	자르면 붉은 육즙이 흐르는 정도
미디엄 레어(medium rare)	3~4분	레어와 미디엄의 중간 정도
미디엄(medium)	5~6분	자르면 육즙은 흐르지 않지만 속은 붉은 상태
미디엄 웰던(medium well done)	8~9분	미디엄과 웰던의 중간 정도
웰던(well done)	10~12분	속까지 완전히 익은 상태

송아지 고기(veal) 송아지는 생후 12주(약 3개월)를 넘기지 않은 것으로 어미 소의 젖으로만 기른 것이 적은 지방층과 많은 양의 수분을 갖고 있어 연한 맛이 난다.

양고기(lamb) 1년 이하의 어린 양고기(lamb)는 육질이 부드럽고 맛이 담백한 반면 1년 이상 자란 양고기(mutton)는 섬유질이 많아 약간 질기며 맛도 담백하지 못하다. 양고기 요리는 신앙문제로 인하여 중동인들이 즐겨 찾는다.

돼지고기(pork) 돼지고기는 쇠고기 다음으로 많이 소비되는 육류이고 햄, 소시지, 베이컨 등의 가공식품으로도 많이 이용된다. 돼지고기로 만든 요리로는 바비큐 폭찹(babecued pork chop), 포크 커틀릿(pork cuttlet), 햄스테이크(ham steak) 등이 있지만 쇠고기 스테이크처럼 굽기의 정도는 없고 모두 익혀야 한다.

가금류 가금류(poultry) 요리는 영양분이 풍부하여 육류를 싫어하는 고객이 즐겨 찾는다. 호텔에서 주로 취급하는 가금류는 닭, 오리, 거위, 칠면조 등이다. 닭을 제외한 가금류는 대부분 통째로 로스트(roast)하여 요리되며, 닭고기 요리로는 닭 가슴살 요리(chicken breast)가 유명하다.

소스 육류에는 항상 소스가 곁들여진다. 소스(sauce)는 라틴어 'sal(소금이라는 뜻)'에서 유래되었고 밀가루와 버터를 1:1로 볶은 것 루우(roux)에 육수(stock)를 붓고 걸쭉하게 만든 것이다. 소스의 사용 목적은 ① 색상을 부여하여 음식의 풍미를 높이고 ② 영양가를 증진시키며 ③ 육류의 맛을 살리고, 식욕과 소화를 돕는다.

소스 사용 시 주의사항은 음식의 맛을 압도할 정도로 농후해서는 안 되고, 소스의 양은 음식의 양보다 적어야 한다. 소스의 종류는 다음 표와 같다.

[표 8-4] 소스의 종류

구분	종류	내용
화이트 소스 (white sauce)	베사멜(bechamel) 소스	화이트 스톡에 루우, 우유, 소금, 후추 등을 넣어 만든 것으로 주로 야채요리에 사용한다.
브라운 소스 (brown sauce)	데미글라스 소스 (demi-glace sauce)	브라운 스톡에 소뼈, 버터, 당근, 양파, 파슬리 등을 넣어 만든 것으로 주로 스테이크에 사용된다.
	그레비 소스 (gravy sauce)	브라운 스톡에 베이컨, 버터, 당근, 양파, 샐러리, 밀가루, 소금 등을 넣어 만든 것으로 주로 스테이크에 사용된다.
레드 소스 (red sauce)	토마토(tomato) 소스	스톡에 토마토, 베이컨, 당근, 샐러리, 양파, 소금, 후추, 밀가루 등을 넣어 만든 것으로 주로 피자를 비롯한 많은 요리에 사용된다.
옐로우 소스 (yellow sauce)	홀랜다이즈 소스 (hollandaise sauce)	버터, 양파, 통후추, 월계수 잎, 백포도주, 소금, 후추, 레몬주스 등을 재료로 하여 만든 것으로 주로 생선의 찜이나 조림 요리에 사용된다.
	마요네즈 소스 (mayonnaise sauce)	계란 노른자, 설탕, 소금, 후추, 겨자, 식초, 샐러드 오일 등을 재료로 하여 만든 것으로 주로 샐러드, 샌드위치 등에 사용된다.
	타르타르 소스 (tartar sauce)	마요네즈, 피클, 파슬리, 피망, 양파 등을 재료로 하여 만든 것으로 주로 생선 튀김 등의 요리에 사용된다.
기성품 소스	핫 소스(hot sauce)	고추, 소금, 식초를 재료로 하여 매운 맛을 낼 때 사용한다.
	타바스코 소스 (tabasco sauce)	핫 소스보다 매운 맛이 더 강한 소스이다.
	에이원 소스 (A.1 sauce)	토마토, 식초, 건포도, 소금, 오렌지, 마늘, 향초 등을 재료로 하여 만든 것으로 주로 스테이크에 사용된다.
	워스터시아 소스 (worcestershire sauce)	식초, 설탕, 멸치 젓, 양파, 소금, 마늘, 향초를 이용하여 만든 것으로 간장과 비슷하다.

4.5 샐러드와 드레싱

샐러드 샐러드(salad) 역시 라틴어 'sal'에서 유래되었는데 '싱싱한 야채를 주재료로 하여 소금을 가미한 것'이라는 뜻이다. 그러나 오늘날에는 샐러드는 야채뿐만 아니라 과일, 육류, 생선 등을 첨가하여 드레싱(dressing)과 함께 제공되기도 한다. 샐러드는 앙뜨레 다음 코스에 제공되었으나 요즘에는 직전에 제공되기도 한다. 산성인 육류를 전후해서 알칼리성인 샐러드를 섭취함으로써 영양의 균형을 도모하는 것이다. 호텔에서 판매되는 주요 샐러드의 종류는 다음 표와 같다.

[표 8-5] **주요 샐러드의 종류**

종 류	내 용
믹스트 샐러드(mixed salad)	여러 가지의 야채를 혼합하여 만든 샐러드
계절 샐러드(seasonal salad)	그 계절에 나는 야채를 이용하여 만든 샐러드
시저 샐러드(caesar salad)	로마시대 시저가 즐겨 먹던 샐러드로 만들기 전에 주문 고객의 기호에 맞는 각종 재료 및 양념을 넣어 즉석에서 만들어 주는 샐러드
셉스 샐러드(chef's salad)	양상치, 햄, 치즈, 닭고기, 계란, 토마토, 올리브 등을 이용하여 만든 샐러드

드레싱 샐러드에는 반드시 드레싱을 곁들이는데 샐러드의 소스를 드레싱(dressing)이라고 한다. 그런데 미국에서는 드레싱이란 표현을 쓰지만 유럽에서는 그냥 소스라고 한다. 드레싱이란 용어는 본래 몸단장을 마무리한다는 뜻으로 소스를 샐러드 위에 뿌리면 여자가 옷을 치장하는 것처럼 여겨지는 데서 유래되었다. 드레싱은 샐러드의 맛을 한층 높여 주고, 향미를 증가시키며, 주로 식초와 오일류를 주재료로 한다. 주요 드레싱은 다음과 같다.

[표 8-6] **주요 드레싱의 종류**

종 류	내 용
프렌치 드레싱 (French dressing)	식용유, 식초, 소금, 후추에 양파, 파슬리, 피망 등을 다져 넣고 겨자와 향료를 가미하여 만든다.
이탈리안 드레싱 (Italian dressing)	적포도주, 레몬즙, 올리브유, 소금, 후추, 향료 등을 넣어 만든다.
1000 아일랜드 드레싱 (Thousand island dressing)	마요네즈에 칠리 소스, 토마토 케찹, 계란, 양파, 피망, 피클 등으로 만드는데 일반 시중에서 쉽게 구할 수 있는 드레싱이다.

4.6 디저트와 커피

디저트 디저트(dessert)의 어원은 프랑스어 드세뵈르(desservir)에서 유래되었는데 '치우다' '정돈하다' 라는 뜻이다. 오늘날에도 디저트를 서비스할 때는 테이블 위에 모든 기물을 제거한 후 제공한다. 디저트의 목적은 식사가 끝난 후에 입안을 개운하게 하는 것으로 맛은 감미롭고 향기롭다. 디저트의 종류는 아이스크림, 과일과 같은 찬 디저트(cold dessert)와 크렙 수젯(crepe suzette), 푸딩(pudding)과 같은 따뜻한 디저트(hot dessert)가 있다.

커피 커피(coffee)의 어원은 이디오피아의 '카파(kaffa)' 라는 말에서 유래되었다. 카파는 힘이란 뜻이고, 커피나무가 야생하는 이디오피아의 지명이기도 하다. 커피는 쓴맛, 떫은 맛, 신맛, 구수한 맛이 잘 조화해 만든 음료로 피로감을 없애주고, 머리를 맑게 하고, 혈액순환을 도와주는 성분이 함유되어 있으며, 특유의 맛과 향을 지니고 있어 세계인의 기호음료가 되었다. 커피는 기원전에 발견해 그 당시에는 의약용으로 사용하였는데 커피가 기호음료로 보편화된 것은 지금으로부터 약 300년 전이다. 커피의 종류는 다음 표와 같이 순수커피로만 만든 비알코올성 커피와 술이 첨가된 비알코올성 커피로 분류된다.

[표 8-7] **커피의 종류**

구 분	커피명	내 용
비알코올성 커피	레귤러 커피 (regular coffee)	일반적인 커피
	아메리칸 커피 (American coffee)	연한 커피
	디카페인 커피 (de caffeine coffee)	카페인이 없는 커피
	에스프레소 커피 (espresso coffee)	이탈리아식 농축 커피
	비엔나 커피 (vienna coffee)	위핑 크림 또는 아이스크림을 얹은 커피
	카푸치노 커피 (capuccino coffee)	전통 이탈리아 커피로 더운 우유를 섞고 계피가루와 휘핑크림을 얹은 커피
	카페오레(cafe au laite)	커피와 우유를 반반 섞은 커피
알코올성 커피	아이리시 커피(Irish coffee)	아이리쉬 위스키와 휘핑크림을 넣은 커피
	로열 커피(royal coffee)	브랜디를 넣은 커피
	깔루아 커피 (kahlua coffee)	멕시코의 커피 리큐르 깔루아를 넣은 커피

4.7 양조식

호텔에서 주로 취급하는 양조식은 콘티넨탈 블렉퍼스트(Continental breakfast)와 아메리칸 블렉퍼스트(American breakfast)로 대별된다.

콘티넨탈 블렉퍼스트(Continental breakfast) 유럽에서 성행하는 조식으로 메뉴는 주스, 과일, 음료, 빵 등으로 구성되어 있다.

➔ 유럽에서 성행하는 조식으로 메뉴는 주스, 과일, 음료, 빵 등으로 구성되어 있다.

아메리칸 블렉퍼스트(American breakfast) 미국에서 성행하는 조식으로 메뉴는 콘티넨탈 블렉퍼스트에 곡물류(cereal)과 계란요리가 추가된다.

➔ 미국에서 성행하는 조식으로 메뉴는 콘티넨털 블랙퍼스트에 곡물류(cereal)와 계란요리가 추가된다.

[표 8-8] **계란요리의 종류**

종 류		내 용
삶은 계란(boiled egg)		삶은 계란은 끓는 물에 삶는 정도에 따라 soft(3~5분), medium(6~8분), hard(10~12분) 3가지로 나눌 수 있는데 주문받을 때 반드시 삶는 정도를 물어보아야 한다.
프라이 (fried egg)	스트레이트 업 (straight up)	한쪽 면만 익힌 것으로 위쪽의 노른자가 거의 안 익을 정도로 구운 것
	써니 사이드 업 (sunny side up)	한쪽 면만 익힌 것으로 위쪽의 노른자가 익을 정도로 구운 것
	오버 이지 (over easy)	양쪽 면을 익힌 것으로 안쪽의 노른자가 거의 안 익을 정도로 구운 것
	오버 하드 (over hard)	양쪽 면을 익힌 것으로 안쪽의 노른자가 익을 정도로 구운 것
포치드 에그(poached egg)		식초를 가미한 물에 계란을 깨어 넣고 약 3분간 반숙 정도로 익힌 것
스크램블 에그(scrambled egg)		노른자와 흰자를 풀어 버터를 두른 팬에 붓고 낮은 온도에서 나무주걱으로 휘저어 만든 것
오믈렛(omelet)		계란 3개를 소금과 크림을 약간 가미하여 푼 다음 팬에 얇게 익혀 말아가면서 만든 것. 양파, 햄, 베이컨 등을 첨가하기도 한다.

5 조리부의 이해

5.1 조리부의 조직

일반적으로 대형 호텔 조리부의 조직은 다음과 같다.

[그림 8-4] **조리부의 조직도**

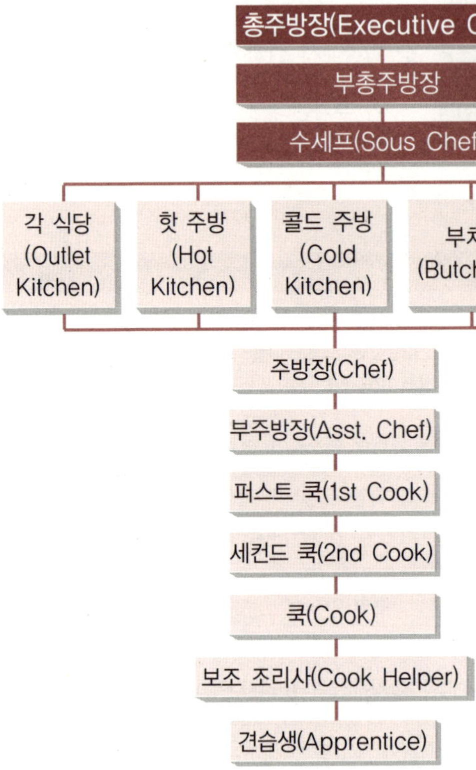

5.2 조리부의 직무

조리란 음식을 만드는 것으로 그 행위 자체를 과학 또는 예술이라고도 한다. 그 만큼 조리자체가 정밀하며 계수적이고, 음식의 모양과 색상을 조화시키고 창조한다는 점에서 예술적 감각을 동원하기 때문이다. 호텔에서의 조리기능은 음식이라는 상품을 생산하는 것이다. 따라서 조리사는 음식을 만드는데 효율적이고 과학적인 관리가 요구되고, 전문성과 축적된 경험을 바탕으로 생산활동을 수행해야 한다. 호텔의 주방에서 근무하는 사람을 요리사라고 하지 않고 조리사라고 하는 이유도 여기에 있다.

총주방장(executive chef) 총주방장은 조리부의 총 책임자로서 조리작업을 지휘 · 감독하고, 각 조리장의 근무스케줄을 관리한다. 또한 식음료 영업의 한 축으로 고객분석 및 영업분석 등을 통하여 메뉴를 개발하고 각 주방 간의 유대관계를 잘 유지하도록 하여야 한다.

수세프(sous chef) 직속상관은 부총주방이나 총주방장이며 주된 임무는 자기가 담당하고 있는 몇 개의 주방에 조리작업을 직접 지휘 · 감독하고 조리장의 근무스케줄을 관리하며, 주방의 냉장고 및 조리사의 위생상태도 점검한다.

주방장(chef) 자기가 맡은 단위 주방에서 만드는 요리를 직접 지휘 · 감독하고 부하 직원의 근무 스케줄을 작성한다. 또한 메뉴작성 · 식재료주문 · 원가관리 및 위생교육에 대한 교육도 실시한다.

부주방장(assistant chef) 주방장을 보좌하고 부하 직원 간의 유기적인 협조체계를 마련한다. 또한 완성된 요리를 체크하고 주방기기 관리, 주방 창고관리 등을 한다.

퍼스트 쿡(1st cook) 자기가 맡은 요리분야에 책임을 지고 실질적으로 생산을 담당하는 요리사로 탁월한 기능과 노-하우를 습득하고 있어야 한다.

세컨드 쿡(2nd cook) 퍼스트 쿡을 보좌하여 실적으로 조리업무를 담당하며 식재료의 파악 및 신청 그리고 창고관리업무도 담당한다.

조리사(cook) 조리를 위한 준비를 책임지며 세컨드 쿡의 지시에 따라 부분 요리를 한다. 또한 조리장의 청결 유지 및 기물을 체크한다.

보조 조리사(cook helper) 조리사의 보조 역할을 하고 식자재 수령 및 조리장의 청소를 담당한다.

5.3 주방 분야별 업무

부처(butcher) 쇠고기 등의 육류를 다듬어 각 주방에 공급한다.

핫 키친(hot kitchen) 야채, 수프, 생선, 육류에 이르기까지 뜨거운 요리를 기본적으로 조리하여 각 주방으로 공급해 주는 역할을 한다.

콜드 키친(cold kitchen) 각종 야채 및 과일류로 만드는 전채나 샐러드류를 조리하여 각 주방에 공급하는 역할을 한다.

베이커리(bakery) 각종 제과 · 제빵 및 디저트류를 생산하여 각 주방에 공급하며 판매업장인 델리카테슨(delicatessen)에도 공급한다.

스튜어드(steward) 각 주방에서 사용되는 기물을 관리 및 공급을 하고, 고객들이 사용한 식기류를 세척하기도 한다.

5.4 조리관리의 기본

품질관리 고객이 상한 음식을 먹게 되면 치명적일 수도 있다. 따라서 식자재는 물론 조리기구와 작업대 그리고 조리사 자신까지도 위생점검을 통한 품질관리를 해야 한다. 음식의 품질은 위해중점관리요소(HACCP ; Hazard Analysis and Critical Control Point)에 의하여 관리되는데 HACCP란 식품관리자에게 잠재적인 위험요인을 사전에 알려주어 즉각 조치를 취할 수 있도록 고안된 예방체계로 미생물이 증식할 수 있는 재료, 생산 공정 중에 위험한 단계, 식품안전에 영향을 미치는 인적 요인 등을 규정하여 관리하도록 하는 시스템을 말한다.

원가관리 가능한 원재료 구입 시부터 저렴한 단가에 좋은 품질의 식자재를 구입하고 생산과정에서 불필요한 손실이 나지 않도록 주의한다. 또한 판매부서와 협의하여 메뉴의 회전을 높일 수 있도록 다각도의 노력이 필요하다. 조리사의 능력은 원가관리에 있다고 하여도 과언이 아니다.

공정관리 표준 제조명세서(recipe)를 사용하여 항상 통일된 요리가 생산될 수 있도록 관리되어야 한다. 공정관리를 위한 제조명세서에는 ① 요리명 ② 요리분류 ③ 작성일자 ④ 생산기준량 ⑤ 1인당 배분량 ⑥ 온도 ⑦ 소요시간 ⑧ 원가 ⑨ 식재료 ⑩ 조리법 ⑪ 주의사항 등을 기입한다.

메뉴 작성 시 주의사항

- 주방 시설과 조리사의 기술 및 인원수를 고려한다.
- 창고와 냉장고에 있는 재고를 파악한다.
- 같은 재료의 요리를 중복시키지 않는다.
- 같은 색의 요리를 중복시키지 않는다.
- 비슷한 소스를 중복해서 사용하지 않는다.
- 같은 조리방법을 두 가지 이상 같은 요리에 적용하지 않는다.
- 요리제공의 순서는 경식에서 중식으로 균형을 유지한다.
- 주 요리에 곁들여지는 부수 음식의 배합 및 배색에 유의한다.
- 계절감각과 특산물을 고려하여 작성한다.

연습문제(호텔관련 종사원 자격시험 대비)

1. a la carte란?

① 정식요리 ② 일품요리
③ 계절요리 ④ 특선요리

2. brunch 메뉴를 주로 운영하는 호텔은?

① 비즈니스 호텔 ② 리조트 호텔
③ 컨벤션 호텔 ④ 가족호텔

3. gala 메뉴란?

① 특정 축제일이나 기념일에 특별히 제공하는 메뉴
② 성숙기인 계절을 선택하여 일정기간 운영하는 메뉴
③ 프로모션 메뉴
④ 늦은 저녁을 위한 메뉴

4. 오늘의 메뉴(daily special menu)의 운영상 장점이 아닌 것은?

① 신속한 서비스가 가능하다. ② 재료의 재고를 활용할 수 있다.
③ 고객의 흥미를 유발시킨다. ④ 고단가의 메뉴를 판매할 수 있다.

5. 크렙수제(crepe suzette)는 어떤 종류의 음식인가?

① 애피타이저 ② 수프
③ 샐러드 ④ 디저트

6. 소스의 사용목적이 아닌 것은?

① 스테이크를 부드럽게 ② 영양가 증진
③ 음식의 풍미 ④ 소화

7. 다음 중 등심 스테이크가 아닌 것은?

① Minute steak ② Porterhouse steak
③ New York cut steak ④ Chateau Briand

8. 다음 중 애피타이저가 아닌 것은?

① 달팽이요리 ② 캐비어
③ 거위간 ④ 콘소메

9. 애피타이저의 특징이 아닌 것은?

① 단맛 ② 짠맛
③ 신맛 ④ 찬음식

10. 수프와 소스의 기본이 되는 재료는?

① stock ② cream
③ fillet ④ Garnish

11. 다음 중 갈비살 스테이크는?

① sirloin ② ribs
③ lamb ④ tenderloin

12. 다음 중 소스와 음식의 조화가 되지 않는 것은?

① 타르타르 소스 – 생선 ② 토마토 소스 – 피자
③ 그레비 소스 – 스테이크 ④ 타바스코 소스 – 샐러드

13. 고객의 기호에 맞는 각종 재료 및 양념을 넣어 즉석에서 만들어 주는 샐러드는?

① mixed salad ② seasonal salad
③ caesar salad ④ chef's salad

14. 다음 중 커피와 설명이 잘못된 것은?

① 아이리시 커피 - 아이리시 위스키가 들어간 커피
② 카푸치노 - 프랑스 전통 커피
③ 디카페인커피 - 카페인이 없는 커피
④ 에스프레소 - 이탈리아식 농축 커피

15. 다음 중 계란요리의 설명이 잘못된 것은?

① straight up -한쪽 면만 익힌 것으로 위쪽의 노른자가 거의 안 익은 정도
② sunny side up - 양쪽 면을 익힌 것으로 안쪽의 노른자가 익을 정도
③ poached egg - 식초를 가미한 물에 계란을 깨어 넣고 약 3분간 반숙
④ scrambled egg - 노른자와 흰자를 풀어 팬에 붓고 낮은 온도에서 휘저은 것

16. 다음 중 조리부의 직급 중 가장 높은 것은?

① 1st cook ② 2nd cook
③ apprentice ④ sous chef

17. 쇠고기 등의 육류를 다듬어 각 주방에 공급하는 부서는?

① butcher ② hot kitchen
③ cold kitchen ④ bakerly

18. 디너 전의 칵테일리셉션(pre-dinner cocktail reception)에 제공되는 술안주를 의미하는 것은?

① a la carte ② table d' hote
③ hors d' oeuvre ④ gale menu

19. 다음 설명 중 틀린 것은?

① 소스는 스테이크의 양보다 많아야 한다.
② 돼지고기에는 쇠고기 스테이크처럼 굽기의 정도가 없다.
③ 샐러드의 소스를 드레싱이라고 한다.
④ T-bone 스테이크는 안심과 등심을 모두 맛을 볼 수 있다.

20. 호텔에서 고객이 사용한 식기류를 세척하고, 관리하는 사람은?

① steward　② 2nd cook
③ sous chef　④ house man

21. HACCP는 무엇을 관리하기 위한 것인가?

① 원가관리　② 인사관리
③ 음식품질관리　④ 판매관리

22. 갈비살 스테이크 1개를 만드는데 총 식자재비용이 9,000원 소요되고, 판매가격에 대한 식자재 목표원가를 30%로 책정했다면 판매가격은 얼마인가?

23. 스테이크의 굽기 정도를 5단계로 설명하시오.

24. Continental breakfast와 American breakfast의 메뉴에 대하여 설명하시오.

제9장

연회관리

1. 연회의 개요
2. 연회행사의 종류
3. 연회상품의 종류
4. 연회예약 업무
5. 연회 서비스의 업무

호텔경영의 이해

제 9 장 연회관리

1 연회의 개요

1.1 연회의 개념

연회(宴會)란 국내 사전적 의미로는 「축하, 위로, 환영, 석별 등을 위하여 여러 사람이 모여 베푸는 잔치」로 되어 있다. 연회에 해당하는 영어인 'banquet'은 이탈리아의 고어인 'banchetto'에서 유래되었다. 'banchetto'는 'banquet' 외에 bench(벤치), bank(은행) 등의 단어를 파생시켰는데, 이들 단어의 공통점은 '사람들이 모이는 곳'이라는 뜻을 담고 있다. 웹스터 사전에서는 'banquet'을 호화로운 향연: 특히 영예로운 사람을 위하여 혹은 참석한 많은 사람들을 위하여 정성들여 만들거나 격식을 갖춘 식사(a sumptuous feast; especially : an elaborate and often ceremonious meal for numerous people often in honor of a person)라고 규정하고 있다. 이와 같이 연회(banquet)는 어떠한 목적으로 여러 사람이 모여 식사를 즐기면서 향연을 즐기는 것이라고 정의할 수 있다.

그러나 오늘날 호텔의 연회장에서는 식사를 즐기면서 향연을 즐기는 순수 연회(banquet) 목적의 행사만 개최되는 것이 아니라 각종 회의 및 세미나, 전시회, 패션쇼, 디너쇼, 컨벤션(convention) 등 다양한 기능의 행사와 각종 이벤트 등도 개최되고 있다.

이러한 측면에서 연회장에서 개최되는 모든 행사를 포괄적으로 펑션(function)이라고 한다. 따라서 호텔의 연회장(banquet room)은 다목적의 기능을 갖추고 있다는 점에서 펑션 룸(function room)이라고 부르기도 한다.

1.2 연회장의 중요성

최근 여성의 사회진출로 인한 시간부족과 핵가족화 및 아파트 문화로 인한 공간의 부족에 따라 과거 집에서 행하던 각종 모임을 호텔의 연회장에서 하고 있다. 기업의 교육, 세미나, 설명회, 단합대회 등의 행사도 호텔의 연회장을 자주 이용하고 있으며, 사회적으로도 각종 모임이 증대되고 있어 호텔의 연회장은 대중화되고 있다. 또한 세계화의 추세에 따라 크고 작은 국제행사도 증대되고 있어 호텔 연회장의 중요성은 더욱 높아가고 있다.

호텔의 연회장은 식음료부서의 한 영업장으로 가장 넓은 평수와 대 · 중 · 소의 다양한 룸을 가지고 있는 호텔의 주요 수입원이다. 연회장의 수용규모는 작게는 10명 미만에서부터 많게는 2~3천 명의 인원을 수용할 수 있으며, 식음료를 판매하거나 연회장 자체를 대여하여 영업할 수 있다. 호텔의 영업부서는 객실과 식음료부문으로 크게 대별되지만 최근에는 식음료부문 중에서도 연회부분의 매출이 호텔에 따라서 60~90%를 차지하고 있어 객실, 식음료, 연회 등 세 부분으로 구분할 만큼 그 비중이 높아지고 있다.

특히 연회장 영업은 객실이나 한정된 일반 레스토랑과 달리 예약 및 판촉 여하에 따라 매출을 탄력적으로 신장시킬 수 있고, 비수기 타개를 위하여 연회장에서 디너쇼 등의 다양한 이벤트 등을 기획할 수 있다는 점에서 호텔영업에 있어서 매출 극대화를 위한 전략적 영업장이라고 할 수 있다.

1.3 연회영업의 파급효과

연회영업이 호텔 경영에 미치는 파급효과로는 첫째, 연회 행사는 단 한번의 행사로 많은 매출을 올릴 수 있고, 둘째, 객실 · 커피숍 · 사우나 등 타 영업장의 매출에도 영향을 주는 등 부가가치가 매우 높으며 셋째, 연회에 참석한 많은 고객을 통하여 자사의 홍보 및 판촉 효과도 기대할 수 있어 호텔 전반에 공헌도가 높다고 할 수 있다. 특히 국제회의(convention)를 유치할 경우 대량매출은 물론 세계 각국에 호텔을 홍보할 수 있는 기회를 얻을 수도 있다.

따라서 각 호텔에서는 연회고객을 유치하기 위하여 다양한 서비스의 개발과 함께 별도의 연회판촉요원을 두고, 치열한 경쟁을 벌이고 있는 실정이다.

1.4 연회영업의 특성

연회는 식음료 영업의 한 부분이지만 일반 레스토랑의 영업형태와는 달리 다음과 같은 다양한 특성을 가지고 있다.

대량성 호텔의 연회장은 일반 레스토랑에서는 수용할 수 없는 대량의 인원을 수용하여 대량의 식음료를 서비스한다.

동일성 호텔 연회장 참석 고객들은 사전에 예약된 동일한 메뉴에 동일한 서비스를 제공받는다.

예약성 호텔 연회장은 반드시 사전 예약을 통하여 영업이 가능하다. 즉 사전에 연회장을 확보해야 하며, 대량 인원에 따른 음식의 준비도 해야 하기 때문이다.

가변성 호텔의 연회장은 영업시간이 일정하지 않고, 다양한 행사로 인하여 연회장의 준비도 행사마다 달라지며, 메뉴의 가격도 일반 레스토랑처럼 메뉴판에 의하여 품목별로 고정된 것이 아니라 종류별, 등급별로 다양하고 고객과의 협의에 의하여 할인되기도 한다. 또한 연회장만 대여하여 영업이 가능하며, 호텔 외부에서 출장파티(outside catering)와 같은 서비스도 가능하다는 점에서 레스토랑과는 달리 가변성이 많다고 할 수 있다.

창의성 연회영업은 무에서 유를 창조하는 호텔의 종합예술이라고 할 수 있다. 즉 텅 빈 연회장을 테이블 배치 및 세팅, 데코레이션, 소품활용, 조명 등을 통하여 시각적 · 공간적의 조화를 창출해야 하는데, 연회장은 이러한 점에서 창의성이 요구된다.

비단독성 호텔의 연회장 영업은 연회담당부서 외에 시설부, 하우스키핑을 비롯한 호텔의 여러 부서와 플라워, 사진 · 비디오 또는 DVD 제작, 엔터테인먼트, 이벤트 기획사 등 외부 업자의 지원에 의해서 이루어진다.

[표 9-1] 레스토랑과 연회장 영업의 비교

구분	레스토랑	연회장
조직	레스토랑 서비스 단위 조직	예약, 판촉 서비스 등 3개의 조직으로 구분되어 있음
영업장 규모	30~100여 명 정도 수용	많게는 수천 명까지 수용가능
메뉴 및 서비스	고객의 주문 내용에 따라 달라짐	동일 메뉴, 동일 서비스
예약 여부	반드시 예약을 하지 않아도 됨	반드시 사전 예약을 해야 함
영업시간	일정함	정해진 영업시간이 없음
홀 대여 영업	불가능	가능
영업범위	레스토랑 내에서만 가능	출장파티 등 외부영업이 가능함
테이블 배치 및 세팅	고정적	가변적
운영방법	단위 레스토랑별 독자운영	연회관련 부서 및 호텔 내 타 부서와 외부에서 지원받아 운영

1.5 연회영업의 절차와 조직

연회영업의 절차 연회영업은 연회예약과 연회판촉 담당이 예약을 접수하거나 계약을 하고, 그 내용을 연회 서비스 지배인에게 전달하여 행사당일 고객에게 서비스함으로써 이루어지는데 그 흐름은 다음 그림과 같다.

[그림 9-1] 연회영업의 흐름도

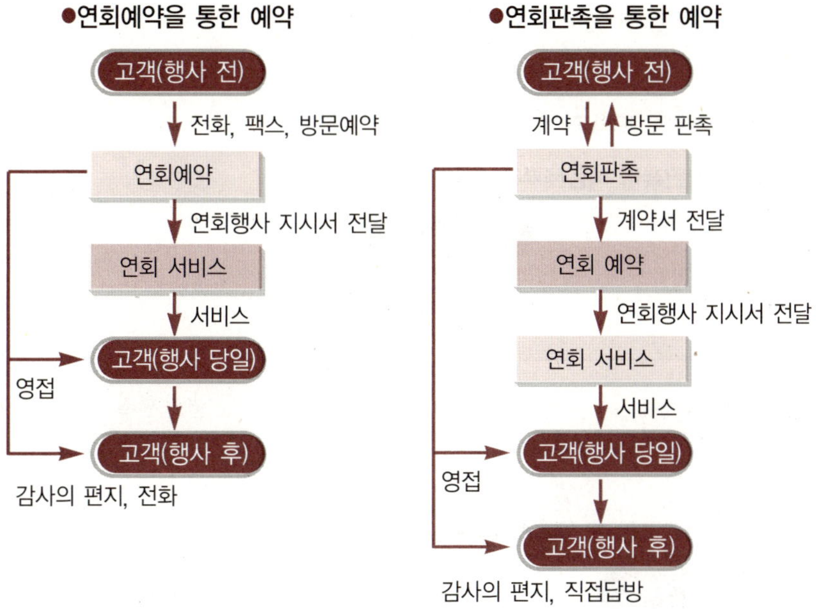

연회부서의 조직 연회부서는 대부분 식음료부에 속해 있으며, 연회를 담당하는 부서를 케이터링 부(catering department)라고 한다. 'catering'과 'banquet'은 호텔에서는 구분 없이 혼용하여 사용하고 있는데, 'catering'이 'banquet'보다는 더 포괄적인 개념이라고 할 수 있다. 케이터링 부를 더욱 세분화하면 연회예약(banquet reservation), 연회판촉(banquet sales), 연회 서비스(banquet service)로 구분되며, 호텔에 따라서는 연회판촉은 판촉부에 소속되기도 한다.

연회예약은 호텔 내에서 전화문의 및 직접 내방고객에게 상담을 하거나 예약을 접수하는 곳이며, 예약을 받은 후 그 내용을 연회행사지시서(BEO ; Banquet Event Order)로 만들어 연회 서비스에 넘겨주는 역할을 한다. 연회 서비스는 연회예약으로부터 받은 연회행사지시서에 의하여 행사를 준비하고 당일 고객에게 식음료 등의 서비스를 담당한다. 그리고 연회판촉은 호텔 외부로 나가서 세일즈를 통하여 연회를 유치하여 그 내용을 연회예약에 전달하는 역할을 한다.

연회예약, 연회판촉, 연회 서비스 3자는 항상 밀접한 협력체계를 구축하여 고객의 다양한 요구 및 주문사항이 착오가 없도록 해야 하며, 궁극적으로는 고객의 연회행사가 성공적으로 마무리될 수 있도록 최선을 다해야 한다.

[그림 9-2] **연회부서의 조직도**

● **Type 1 : 연회판촉이 식음료부에 속하는 경우**

● **Type 2 : 연회판촉이 판촉부에 속하는 경우**

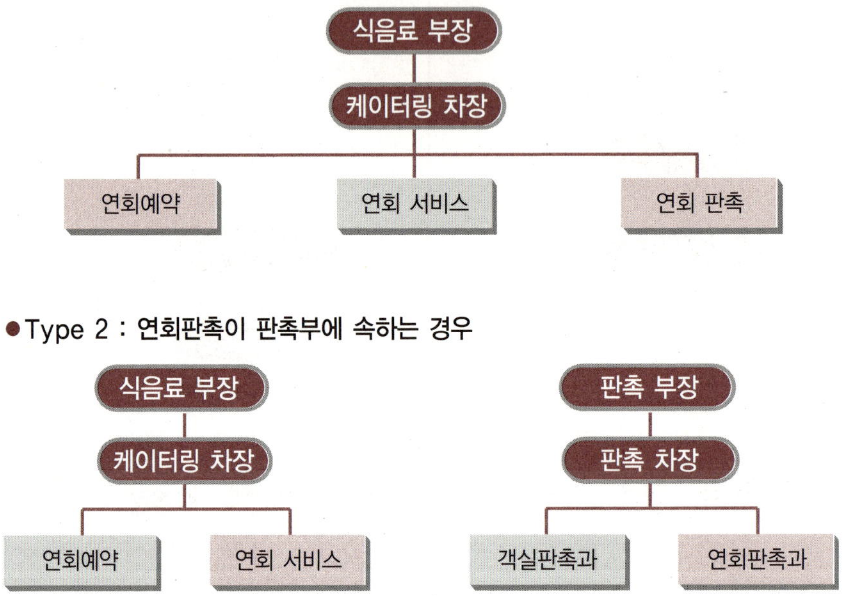

2 연회행사의 종류

[그림 9-3] **연회의 종류**

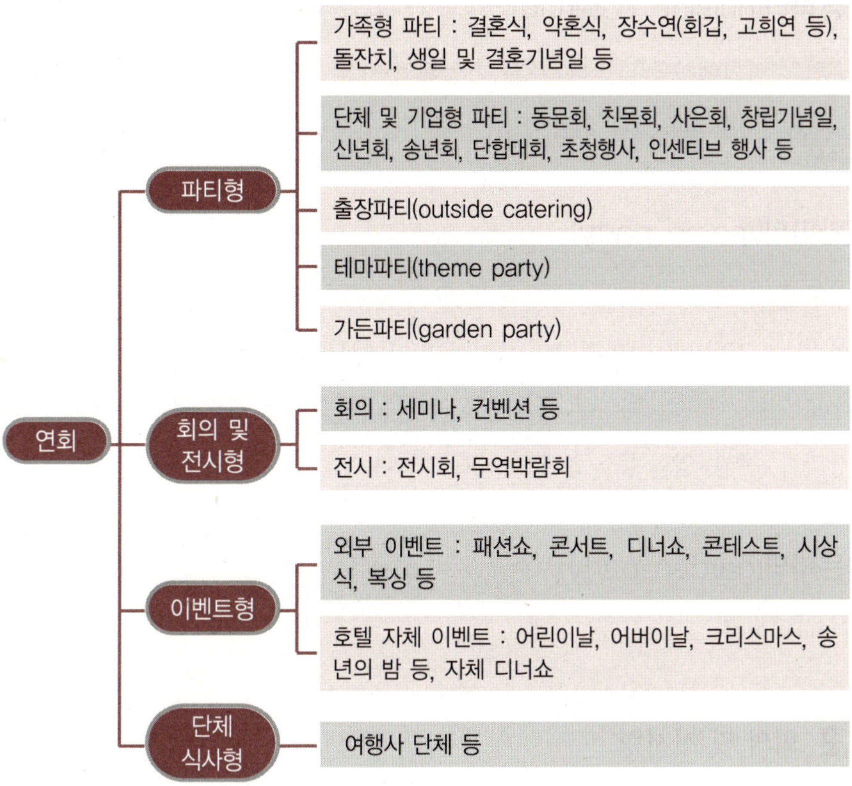

2.1 파티형

가족형 파티 가족형 파티(family party)는 가족 중에 특정 의식이나 축하의 자리가 필요한 경우 식사와 더불어 개최하는 파티로 결혼식, 약혼식, 장수연(회갑, 고희연 등), 돌잔치, 생일 및 결혼기념일 등이 있다.

단체 및 기업형 파티 단체 및 기업형 파티로는 동문회, 친목회, 사은회, 창립기념일, 신년회, 송년회, 단합대회, 초청행사, 인센티브(incentive) 등의 파티가 있다. 인센티브 파티(incentive party)란 기업에서 주어진 목적이나 목표달성을 한 직원(특히 판매원),

거래상(대리점업자), 거액 구매 고객들에게 동기 유발을 시키거나 보상을 하는 차원에서 실시하는 파티를 말한다.

출장파티(outside catering) 호텔을 떠나 주최 측이 원하는 장소에서 식음료를 제공하는 연회행사를 말한다. 주로 기업체의 사옥 기공 및 준공식, 일반 가정의 가족모임, 야외에서의 야유회나 특별 행사 등에서 출장파티를 요구하는 경우가 많다.

테마파티(theme party) 일정한 주제를 정하여 그 주제에 맞는 음식, 복장, 데코레이션 등을 하고 개최되는 파티를 말한다. 할로윈(Halloween) 파티 등을 예로 들 수 있으며, 사교모임이나 기업체의 인센티브 파티에서도 테마파티 형식으로 연회를 즐기는 경우도 있다. 테마는 대부분 세계 각국의 전통 민속을 소재로 하거나 현대적 개념에서 공상과학, 전쟁, 영화 등을 소재로 하기도 한다.

가든파티(garden party) 가든을 이용하여 바비큐 등 스탠딩 뷔페 형식으로 진행되는 파티이다.

2.2 회의 및 전시형

회의 및 전시형 행사의 종류 연회장에서 회의형 행사는 규모가 작은 미팅이나 세미나에서부터 대형 컨벤션까지 있는데, 연회장을 대여판매하거나 또는 회의를 전후로 식음료를 판매할 수 있는 행사이다. 전시형은 연회장을 대여하여 각종 전시회를 개최하는 것을 말한다. 회의 및 전시형 행사의 종류는 다음 표와 같다.

국제회의장 시설 국제회의장 시설은 전문회의시설과 준 회의시설로 구분하는데, 호텔 연회장은 준회의장 시설로 ① 600명 이상의 인원을 수용할 수 있는 대회의실이 있어야 하고 ② 30명 이상의 인원을 수용할 수 있는 중소회의실이 3실 이상이 있어야 하며 ③ 5개 국어 이상의 동시통역시설을 갖추고 있어야 한다.

2.3 이벤트 및 단체 식사형

이벤트형 이벤트 행사로는 외부와 호텔 자체의 이벤트 행사로 나누어지는데, 외부 이벤트 행사로는 패션쇼, 콘서트, 디너쇼, 콘테스트, 시상식 등이 있으며, 호텔 자체 이벤트 행사로는 매년 특정한 날 개최하여 홍보와 식음료 매출증진을 도모하고자 어린이날, 어버이날, 크리스마스, 송년의 밤 등의 이벤트를 개최하고 있다. 그리고 디너쇼도 호텔이 영업전략상 필요한 경우 자체적으로 개최하기도 한다.

단체 식사형 특별한 연회의 목적은 없지만 대량인원으로 인하여 호텔 내의 식당을 이용할 수 없을 경우 연회장에서 식사를 하게 된다. 예를 들면 객실에 투숙하는 여행사 단체관광객의 경우 특별한 연회목적이 없지만 대량인원으로 인하여 호텔 내 식당을 이용할 수 없으므로 연회장에서 식사를 하게 된다.

3 연회상품의 종류

[그림 9-4] 연회상품의 종류

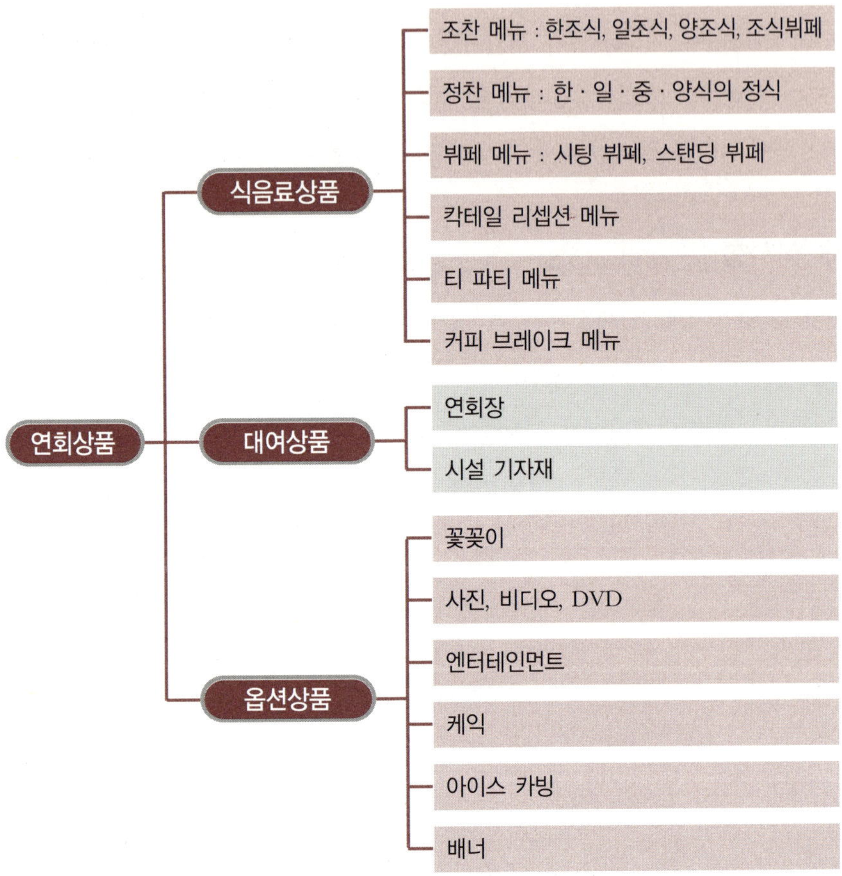

3.1 식음료상품

연회장에서는 호텔 내 식음료 업장에서 취급하는 대부분의 메뉴를 판매할 수 있으나 주방시스템 및 요원, 채산성 등을 고려하여 별도의 메뉴를 준비하고 있다. 연회장 메뉴는 고객의 선택이 용이하도록 음식종류별로 등급화되어 있고, 대량인원에게 동일한 메뉴를 제공해야 하므로 세트화하여 판매하고 있다. 물론 일품요리도 취급한다. 그리고 연회메뉴는 신축성이 강하여 고객과의 상담을 통하여 별도의 메뉴를 구성할 수도 있다. 음료의 경우도 호텔의 판매음료를 모두 취급하고 있으므로 예약 시 이를 협의해야 한다.

조찬 메뉴 연회장은 한조식, 일조식, 양조식, 조식뷔페 등 모든 조식의 메뉴를 판매하고 있다.

정찬 메뉴 중 · 석식에 제공되는 메뉴로서 한 · 일 · 중 · 양식의 정식이 등급별로 세트화되어 있다.

뷔페 메뉴 뷔페메뉴도 등급별로 구성되어 있으며, 앉아서 먹는 시팅 뷔페(seating buffet)와 서서 먹는 스탠딩 뷔페(standing buffet)로 구분한다. 스탠딩 뷔페는 서 있는 자세에서 자유롭게 이동하면서 식사를 하므로 수프(soup) 요리가 없으며, 대부분 한 입에 먹을 수 있도록 커트되어 있으므로 나이프(knife)가 제공되지 않는다.

칵테일 리셉션(cocktail reception) 메뉴 스탠딩 뷔페 형식의 메뉴이나 비교적 가벼운 편이다. 만찬에 들어가기 전의 칵테일 리셉션(pre-dinner cocktail reception) 메뉴는 칵테일 등의 술안주용으로 오드볼(hors d' oeuvre), 카나페(canape), 야채스틱(vegetable relish), 스낵(snack), 과일 등이 제공된다.

티 파티(tea party) 메뉴 식사 전후 시간에 간단하게 쿠키, 과일, 카나페(canape), 커피, 티, 음료수 등으로 구성된 메뉴이다.

커피 브레이크(coffee break) 메뉴 각종 회의를 진행하는 동안 쉬는 시간을 이용하여 커피, 티, 음료수 등이 제공되는 메뉴로 다과류를 곁들이는 경우도 있다.

3.2 대여상품

연회장 대여는 주로 회의행사, 전시회, 패션쇼 및 각종 공연 행사 등에서 요구되는 경우가 많은데, 연회장 자체 대여를 비롯하여 각종 시설기자재의 대여가 있다.

연회장 대여 연회장의 규모와 사용시간에 따라 요금이 달라지고, 식사 여부에 따라서 무료와 일부 유료를 적용하는 경우도 있다. 이와 같은 연회장 대여는 주로 전시회 및 패션쇼 등의 행사에서 많이 요구되고 있다.

시설 기자재 대여 마이크 등과 같은 기본적인 시설기자재는 무료로 제공되지만 동시통역시설 등 고가의 장비에 대해서는 대여료를 받는다.

3.3 옵션(option)상품

연회장에서는 고객과 옵션을 통하여 부수적인 상품을 판매할 수 있는데, 그 종류는 다음과 같다.

꽃 연회행사에서 요구되는 꽃으로는 화환, 꽃다발, 수반, 부케, 코사지(corsage : 가슴에 꽂는 꽃), 특별 꽃장식 등이 있다.

사진, 비디오, DVD 사진(스냅, 원판, 앨범제작 등)과 비디오, DVD 등의 촬영 및 제작은 주로 가족모임에서 요구되고 있다.

엔터테인먼트(entertainment) 음악연주가, 사회자(MC), 연예인 등을 호텔 측에서 소개를 해주고 있는데, 요금은 등급에 따라 다르다.

케이크(cake) 케이크는 가족모임을 비롯하여 각종 축하 또는 기념행사에는 대부분 요구된다. 케이크는 1단에서부터 5단까지 있다.

아이스 카빙(ice carving) 아이스 카빙은 행사장의 분위를 고취시키는데 일조를 한다. 크기는 일반적으로 2단이며, 특별주문 제작하는 경우도 있다.

배너(banner) 배너는 천으로 만든 현수막으로서 대부분의 연회행사에서 요구하고 있다.

4 연회예약 업무

4.1 연회예약실 근무의 기본자세

연회예약실(banquet reservation office)은 내방고객, 인터넷, Fax 및 전화 등을 통하여 상담을 하거나 예약을 담당하는 곳이다. 연회예약을 접수할 때는 SS정신 즉 서비스(service)와 세일즈(sales) 정신을 최대한 발휘하여 한 건의 전화문의나 내방고객을 놓쳐서는 안 된다. 연회예약실 직원은 고객에게 원활한 예약 서비스를 제공하기 위해서 연회장에서 판매하고 있는 각종 식음료 상품의 종류와 가격, 각 연회장의 수용력과 테이블 배치도(table layout), 그리고 각종 기자재 보유 및 시설현황 등에 대하여 사전에 충분한 지식을 습득하고 있어야 한다. 따라서 연회예약실 직원은 고객의 문의 시 자신 있게 답을 할 수 있어야 할 뿐만 아니라 고도의 협상(negotiation) 기술이 요구된다.

4.2 방문고객의 안내

연회예약 고객은 대부분 자신이 주최하는 행사가 개최될 연회장을 사전에 둘러보고 최종 예약을 하고자 한다. 이때는 적절한 안내를 해야 하는데, 출발하기 전에 연회 서비스에 연락을 하여 해당 연회장의 문을 오픈시키고, 불을 밝히도록 한다. 혹시 주변의 연회장도 같이 보기를 희망하는 경우가 많으므로 연회장의 키를 관리하는 연회 서비스 직원이 대기하는 것도 필요하다.

4.3 연회예약실의 직무

연회예약 지배인(banquet reservation manager)

- 연회예약실을 총괄 운영한다.
- 연회예약의 코디네이터와 클럭을 교육 · 훈련하고, 통제한다.

- 주 · 월 · 연간 단위로 연회행사 계획을 체크한다.
- 연회행사지시서의 발행을 체크한다.
- 필요한 경우 관련부서와 업무협조를 위한 회의를 개최한다.
- 연회 서비스는 물론 관련부서와의 협조를 통하여 연회상품을 개발한다.

연회예약 코디네이터(banquet reservation coordinator)

- 고객의 연회예약에 대하여 상담하거나 예약을 받는다.
- 방문고객이 연회장을 보기를 원하면 안내를 한다.
- 연회행사지시서를 발행한다.
- 연회 서비스의 준비상황과 관련부서의 업무협조를 체크한다.
- 플라워, 배너, 사진 · 비디오 또는 DVD 제작, 엔터테인먼트, 이벤트 등에 대하여 고객의 요구사항이 있을 경우 외부 업자에게 연락하고, 체크한다.

연회예약 클럭(banquet reservation clerk)

- 고객의 연회예약에 대하여 상담하거나 예약을 받는다.
- 연회행사지시서를 발행한다.
- 연회행사지시서를 복사하여 관련부서에 배부한다.
- 연회예약 장부를 정리한다.
- 월간 연회행사 예정표(monthly banquet forecast)를 정리하고, 일정 주기로 업데이터(up date)하여 G.M을 비롯한 관련부서에 배부한다.
- 각종 서식을 체크하고, 불출한다.
- 행사가 끝난 고객의 자료를 파일(file)화한다.

4.4 연회예약의 절차

고객이 연회에 대하여 문의를 하거나 예약을 하고자 할 때는 일정한 절차에 의하여 하나씩 협의해 나가야 하는데, 그 절차 및 내용은 다음 표와 같다.

[표 9-2] 연회예약의 절차

절차	내용
1. 날짜 및 시간 상담	예약 장부를 열람하여 날짜와 시간이 가능한지 여부
2. 펑션 룸(function room) 배정	행사규모에 따른 적절한 펑션 룸의 배정
3. 식수 인원의 협의	• 지불보증(guarantee)과 예상(expect) 인원의 적용 • 뷔페와 칵테일리셉션의 최저인원 등
4. 음료(beverage) 협의	테이블(table) 서비스, 바(bar) 서비스, 콜케이지 요금(corkage charge) 등
5. 배너와 싸인보드 협의	유료 및 무료 여부 등
6. 기타 옵션 협의	꽃장식과 데코레이션, 아이스카빙, 사진 및 비디오 · DVD 제작, 케이크, 엔터테인먼트 등

4.5 연회예약 상담의 일반

연회날짜 상담 고객이 원하는 날짜를 제시하면 예약장부를 열람하여 연회장의 사용여부를 체크한다. 만약 그 날짜에 고객이 원하는 규모의 연회장이 선 예약이 되어 있다면 그 예약이 확정적 예약(definite reservation)인지 잠정적 예약(tentative reservation)인지를 파악한다. 잠정적 예약이라면 그 예약단체에게 연락을 취해 빠른 결정을 요구하고 예약금(deposit)으로 구체화시켜 놓는다. 그러나 잠정적 예약이 확정적 예약으로 확인되면 연회장 사용이 불가능하므로 문의고객에게 다른 날짜를 유도해 본다.

연회시간 상담 연회예약에 있어서 시간 조정은 연회장의 효율적인 운영을 위해 중요한 요소이다. 연회장의 사용시간대는 크게 조 · 중 · 석식의 시간대로 나누어지는데 적절하게 운영하면 매출의 극대화를 기할 수 있다.

예를 들어 식사예약을 받을 때 중식시간대는 12:00~16:00으로 한정하고 석식은 18:00 이후로 예약을 받으므로써 연회장 가동을 2회전할 수 있으며, 또한 중식 후 석식을 준비할 수 있는 시간적 여유도 가질 수 있다.

펑션 룸(function room) 배정 날짜와 시간이 확인되면 펑션 룸을 배정해야 하는데, 호텔은 대 · 중 · 소규모의 연회장을 다수 가지고 있으므로 적절한 펑션 룸의 배정도 연회장의 효율적인 운영과 매출의 극대화를 기할 수 있다. 따라서 펑션 룸을 배정할 때는 행사의 규모나 성격을 고려하여 연회장을 배정해야 하는데, 다음과 같은 원칙이 요구된다.

첫째, 인원수에 맞는 적정한 연회장을 배정한다.

둘째, 테이블 플랜을 고려하여 연회장을 배정한다.

셋째, 앞 · 뒤의 행사시간을 고려하여 연회장을 배정한다.

넷째, 대연회장을 파티션하여 배정할 때는 바로 옆의 연회장에서 음악소리 등의 소음으로 인하여 행사에 지장을 주는지를 고려하여 배정한다.

지불보증(guarantee)과 예상(expect) 인원의 적용 연회행사는 정확한 인원수를 예측하기 힘들다. 행사 당일 예약인원보다 많이 올 수도 있고, 적게 올 수도 있다. 이러한 변동 폭이 심하면 호텔과 예약고객 모두에게 피해가 오므로 서로 증감의 폭을 줄여야 한다. 행사당일 인원이 적게 왔다고 하여 만들어 놓은 음식을 줄여달라거나 인원이 많이 왔다고 해서 음식을 더 만들어 달라는 것은 무리이다.

따라서 호텔에서는 지불보증과 예상 인원제도를 두고 있는데, 지불보증(guarantee)이란 인원의 감소에 관계없이 고객이 지불을 보증하는 인원수이고, 예상(expect)이란 인원의 증가에 대비하여 음식의 양을 더 준비해 놓는 것이다. 지불보증과 예상 인원수와의 갭(gap)은 10% 내에서 유지하는 것이 통례이다. 인원수는 호텔이나 고객 양자 모두 민감한 문제이므로 행사가 가까워지면 인원을 재확인할 필요가 있다.

특히 결혼식 피로연과 고희연과 같은 가족모임은 예상인원을 예측하기 힘든데, 예상인원을 초과하여 음식이 부족할 경우 타 레스토랑으로 유도하고, 같은 가격대의 메뉴를 제공하는 것을 주최 측과 협의한다.

예제1

연회장 뷔페인원을 100명으로 지불보증하였는데 당일 90명밖에 오지 않았다. 몇 명분을 계산해야 하는가?

➡ 답 : 100명

예제2

양식 세트 메뉴로 50명을 지불보증하였다면 예상인원을 몇 명으로 한정하는 것이 좋은가?

➡ 답 : 55명

예제3

양식 세트 메뉴로 50명을 지불보증하고 예상인원을 55명으로 하였는데 당일 53명이 참석하였다. 몇 명분을 계산해야 하는가?

➡ 답 : 53명

뷔페와 칵테일리셉션 협의 뷔페와 칵테일리셉션의 음식은 종류별로 한 번 준비하는데 일반적으로 최소 50~60인분이므로 그 이하의 인원수를 받아서는 안 된다. 만약 고객의 강한 요구로 인하여 40명 정도의 뷔페를 받을 경우 객단가를 올려 받을 수 있다. 그 방법은 다음의 예제로 설명할 수 있다.

예제4

A 호텔의 연회장 뷔페는 최소 인원 50명을 기준으로 하고 있으며, 단가는 30,000원이다. 그런데 주최 측에서 40명으로 뷔페를 하고자 하였을 경우 1인당 객단가는 얼마를 받으면 되는가?

➡ 최소 매출액 ································ 50명×30,000원 = 1,500,000원
최소 매출액을 40명으로 환산 ······ 1,500,000원÷40명 = 37,500원
답 : 37,500원

4.6 음료(beverage) 협의

연회장에서는 모든 음료를 취급할 수 있는데, 음료판매 방법은 테이블 서비스형식과 바(bar) 서비스 형식이 있다.

테이블(table) 서비스 테이블 서비스는 고객이 원하는 음료를 테이블 위에 올려놓고, 직접 따서 마시며, 소비량만큼 계산하는 방법이다.

바(bar) 서비스 바 서비스는 이동식 연회장 바를 설치하여 고객이 직접 바에 와서 음료를 선택하여 마시는 경우이다. 바는 국산과 하우스 브랜드(house brand)의 음료들로 구성된 스탠다드 바(standard bar)와 수입 음료 및 프리미엄(premium)급으로 구성된 딜럭스 바(deluxe bar)가 있으며, 계산방법은 소모량 또는 시간당 계산하는 방법이 있다. 시간당 계산 방법은 예약 시간과 참석자 1명 기준으로 가격이 결정되는데, 주어진 시간 내에 음료의 종류와 양에 관계없이 무제한으로 마실 수 있다.

하우스 브랜드(house brand)란 호텔 내부에서 와인 등 음료를 잔 단위로 판매할 때 사용하는 것으로 품질은 보통급 이하이다.

[표 9-3] **바 서비스의 시간당 계산(예)**

구분	아이템	1시간/1인	2시간/1인
스탠다드 바	국산(맥주, 와인, 위스키, 브랜디, 진, 보드카, 럼 등) 및 하우스 브랜드	20,000	30,000
딜럭스 바	수입(맥주, 와인, 위스키, 브랜디, 진, 보드카, 럼 등) 음료 및 프리미엄급	30,000	45,000

콜케이지 요금(corkage charge) 원칙적으로 음료는 호텔 외부에서 반입이 안 된다. 그러나 고객이 예산 등의 이유로 부득이 반입을 요구할 때는 일차적으로 콜케이지 요금을 부가하고 그것도 여의치 않으면 호텔의 음료와 반입의 음료를 절충한다.

콜케이지 요금이란 손님이 호텔의 음료(beverage)를 사용하지 않고 직접 가져온 음료를 호텔 측에서 바(bar) 또는 테이블에 세팅하여 잔과 얼음 및 생수를 제공하고 병당 서비스 요금을 받는 것을 말한다. 일반적으로 값이 비싼 위스키나 와인의 경우 병당 콜케이지 요금이 높으며, 진 · 보드카 등 값이 싼 음료일수록 콜케이지 요금이 낮게 책정된다.

4.7 기타 협의

배너와 사인보드 협의 일반적으로 연회고객은 행사장에 설치할 배너(banner) 및 호텔 로비와 연회장 입구에 안내를 할 수 있는 사인보드(sign board)를 요청하게 되는데, 사인보드는 호텔에서 무료로 작성해 주지만 배너는 유료가 원칙이다. 왜냐하면 대부분의 호텔은 배너 제작을 자체적으로 하는 것이 아니라 외주업체에 비용을 들여 의뢰를 하기 때문이다. 그러나 행사의 규모 및 매출에 따라 배너를 무료(complimentary ; comp.)로 제공하는 경우도 있다.

사인보드나 배너의 문구는 정확히 받아서 오자가 없도록 하고, 특히 단체나 기업의 로고를 삽입할 때는 모양이나 색상에 유의해야 한다. 외주업체로부터 들어 온 배너는 행사 전에 체크하여 오자의 실수를 예방해야 한다. 천으로 된 배너는 당일 수정이 어렵다. 종종 호텔에서는 배너의 문구나 로고가 잘못되어 행사 당일 낭패를 보는 경우가 발생한다.

꽃장식과 데코레이션 테이블 위의 꽃이나 기본적인 꽃 장식은 호텔 연회장 측에서 준비를 하지만, 결혼식, 약혼식 등과 같은 행사에 고객이 특별 꽃(화환, 꽃다발, 수반, 부케, 코사지 등)을 주문할 때는 요금을 받는다. 또한 칵테일리셉션 행사 시 고객이 미니 정원과 같은 특별한 데코레이션을 원할 경우 그에 따른 제작 및 설치 요금을 받는다.

아이스카빙 아이스카빙 제작은 모양만 만들거나 모양 밑에 문구나 로고를 삽입하는 경우가 있다. 문구나 로고를 삽입할 경우는 사전에 그 내용을 받아서 디자인 작업 및 코팅처리 후 얼음 속에 넣을 수 있도록 아이스카빙 담당자에게 전달해야 한다. 아이스 카빙의 일반적인 크기는 2단 과 3단이지만, 특별히 주문하여 대형을 만들기도 한다. 요금은 크기에 따라 다르며, 행사의 매출 규모에 따라 호텔 측에서 무료로 제공하기도 한다.

케이크 약혼식, 장수연 등의 행사는 물론 특정 기념행사에는 반드시 케이크가 요청된다. 케이크의 일반적인 크기는 1단에서부터 5단까지이며, 특별 주문 케이크도 있다. 요금은 크기에 따라 다르며, 행사매출 규모에 따라 크기가 작은 케이크의 경우 무료로 제공하거나 할인을 해 주는 경우도 있다.

사진 및 비디오 · DVD 제작 결혼식, 약혼식 등과 같은 가족모임 행사에는 사진 및 비디오 촬영 및 DVD제작 등이 수반되는데, 샘플 사진 앨범 등을 통하여 가격을 제시하고 협의를 해야 한다.

엔터테인먼트 행사의 성격에 따라 음악연주가, 사회자(MC), 가수 등의 엔터테인먼트를 요구하는 경우가 있는데, 특히 사회자(MC), 가수 등의 엔터테인먼트 섭외는 즉석에서 답을 줄 수 없고, 해당 엔터테이너(entertainer) 측과 스케줄 및 요금을 협의한 후 고객에게 연락을 한다.

4.8 출장파티 협의

메뉴협의 출장 파티는 호텔 외부에서 요리가 제공되는 특수성으로 인하여 메뉴는 한계가 있는데, 즉 외부에서 음식을 제공해야 하므로 사실상 세트 코스 음식의 제공은 불가능하다. 따라서 시팅 및 스탠딩 뷔페와 칵테일리셉션 메뉴를 추천하도록 한다.

요금협의 음식요금 외에 출장 서비스에 대한 추가 요금을 받아야 하는데, 음식은 호텔의 케이터링 카(catering car)로 운반하면 되지만, 테이블 등의 기물은 일반 트럭을 사용해야 하므로 이에 대한 요금을 산정하고, 또한 호텔 내 연회장에 행사가 많을 때는 자체 인력만으로는 출장 서비스를 담당할 수 없으므로 아르바이트 등 지원인력에 대한 요금도 감안해야 한다.

현장답사 출장 파티의 장소는 주최 측과 협의하여 반드시 사전에 현장을 답사하여 음식 테이블 위치, 백 사이드 위치 등을 확인하는데, 답사를 갈 때는 연회 서비스 등 관련부서의 담당자와 함께 가서 서비스에 차질이 없도록 한다. 준비 및 현장에서의 서비스 계획은 연회 서비스에 일임한다.

4.9 회의행사 예약접수

회의행사 예약접수의 개요 오늘날 국제회의뿐만 아니라 기업체 및 일반 단체에서도 쾌적한 호텔의 연회장을 이용하여 각종 회의를 개최하고 있다. 회의형 행사는 회의가 주가 되고, 식사는 부수적이라고 할 수 있으며, 회의준비와 진행에 초점을 맞추어 주최 측과 세밀한 협의가 필요하다. 회의행사의 예약을 접수받을 때는 가장 먼저 주최 측으로부터 일정표를 받아서 ① 회의장 및 식사장소 배정 ② 회의장 테이블 플랜 및 필요한 기자재 협의 ③ 대여료 및 식사 · 커피 브레이크 메뉴의 가격 등 협의 ④ 배너 및 기타 준비사항 등의 순으로 협의하면 된다.

회의행사의 요금은 회의장 대여료와 시설기자재 사용료, 회의참석자들의 식사요금 등으로 나눌 수 있는데, 식사를 어떻게 하느냐에 따라서 연회장의 대여료가 달라진다.

회의장 및 식사장소 배정

① 회의장 및 식사장소 배정은 적정규모의 연회장에 할 수 있도록 한다.

② 배정을 할 때는 앞뒤행사의 스케줄을 고려하여 연회 서비스를 준비할 수 있는 시간적 여유를 두어야 한다.

③ 회의가 연속적으로 있을 경우 회의장은 가능한 한 곳에 배정한다.

④ 중식과 석식의 장소는 별도의 연회장을 배정한다.

⑤ 조식은 100명 이상 인원이 많을 경우 연회장에 배정하고, 그 이하의 인원일 경우 커피숍을 이용하도록 한다. 이때는 조식 쿠폰을 발행하여 자유이용을 하도록 한다.

⑥ 커피 브레이크 장소는 회의장 바로 앞쪽의 복도를 이용한다.

5 연회 서비스의 업무

5.1 연회 서비스의 의의

연회 서비스는 연회예약에서 넘겨준 연회행사지시서의 내용을 현장에서 집행하는 부서이다. 연회 서비스는 일반 레스토랑과는 달리 고객의 요구사항에 따라 사전에 테이블 세팅 등을 통하여 고객이 식사 또는 회의를 할 수 있도록 연회장을 꾸며야 하고, 고객이 참석하면 식사 등의 서비스를 해야 하며, 행사가 끝나면 다시 연회장을 깨끗이 치워야 하는 등 한 번의 고객 서비스를 위하여 많은 시간과 노력이 필요한 부서이다.

또한 연회 서비스의 직원은 연회장에서 모든 종류의 식사가 가능하다는 점에서 한 · 중 · 일 · 양식의 테이블 세팅 및 서비스가 가능해야 하고, 연회장의 기물 및 장비는 물론 회의에 필요한 각종 기자재를 다룰 줄도 알아야 한다.

이와 같이 연회장 직원은 무에서 유를 창조하고, 식음료를 비롯한 토털 서비스(total service)를 수행하는 전문가로서 연회 서비스 지배인을 중심으로 일사불란한 팀워크를 구축하여 행사 준비에서부터 마무리까지 완벽을 기해야 한다.

5.2 연회 서비스의 중요성

연회예약실과 연회판촉부서에서 연회행사를 아무리 잘 유치하여도 당일 연회 서비스에서 대고객 서비스에 문제가 발생한다면 다음 연회행사를 유치하는데 어려운 점이 따른다. 일반적으로 고객이 서비스를 구매하여 만족하게 되면 재구매로 이어지고, 고정고객을 확보할 수 있으며, 주변에 좋은 구전을 전파하여 신규고객도 창출되어 결국 매출이 증대된다.

그러나 불만족하게 되면 재구매가 중단되어 고객을 상실하게 되고, 나쁜 구전을 주변에 전파해 잠재고객까지도 상실되므로 매출의 감소를 가져다준다. 따라서 연회 서비스 직원은 고객만족 서비스를 위하여 투철한 사명과 서비스정신이 요구된다.

5.3 연회 서비스의 직무

연회 서비스 지배인(banquet service manager)

- 연회장의 대고객 서비스를 책임진다.
- 연회예약 및 연회판촉과 유기적으로 연락 및 회의를 하여 행사준비 및 진행에 차질이 없도록 한다.
- 연회행사지시서(BEO ; Banquet Event Order)를 토대로 주간, 월간 준비계획을 수립하고 직원들의 근무 스케줄 작성 및 업무분장을 한다. 스케줄을 짤 때는 가능한 한 날에 휴무일이 몰리지 않도록 한다.
- 연회장의 캡틴(captain), 웨이터/웨이트리스(waiter/waitress), 실습생(trainee) 등의 부하 직원을 관리 · 감독하고 교육 · 훈련을 시킨다.
- 고객을 영접 및 환송하고 불편사항(complaint)을 처리한다.
- 주방과 연회장 직원 사이에 업무협조가 잘 되도록 조정 역할을 한다.
- 청소, 수선 등 관련 부서와의 업무협조가 잘 되도록 조정 역할을 한다.
- 연회장을 유지 · 관리한다.

연회장 캡틴(banquet captain)

- 연회 서비스 지배인을 보좌하고 부하직원을 지휘한다.
- 연회행사지시서를 토대로 행사준비 및 서비스에 만전을 기한다.
- 연회 서비스를 주도적으로 담당한다.
- 행사 후 고객의 계산을 처리한다.
- 행사 후 뒤처리와 사후 행사 스케줄에 따라 행사장을 준비한다.
- 일일 매출과 업무일지(log book)를 작성한다. 업무일지는 당일 영업상황과 특이한 사항을 기록하여 부서장에게 문서로 보고하는 것이다.

연회장 웨이터(banquet waiter)

- 지배인이나 캡틴의 지시에 의하여 행사장 준비를 한다.
- 연회행사지시서에 의하여 테이블 배치 및 세팅 등을 한다.
- 고객에게 식음료 서비스를 한다.
- 글라스, 도기류, 은기류 등을 닦고, 정리정돈을 한다.
- 연회장 테이블 및 의자 등의 기물을 정리정돈한다.
- 연회 기물 및 비품 등이 파손에 대해서는 보고를 하고 적절히 대처한다.
- 테이블 클로스 등의 린넨(linen)을 비롯한 물품을 수불한다.
- 음료를 적정재고(par stock)만큼 신청하여 보충한다.

5.4 연회 서비스 절차

연회의 준비에서 마감까지는 연회행사지시서에 의하여 진행하며, 크게 사전준비단계, 영접 및 서비스 단계, 사후 단계 등의 3단계로 구분한다. 특히 사전준비 단계는 성공적인 연회 서비스를 위하여 많은 시간과 노력이 요구되는 단계인데, 역할 분담을 위한 미팅 → 테이블 플랜 확정 → 테이블 및 기자재 등 세팅 → 최종 점검의 순으로 한다.

[그림 9-5] **연회 서비스 절차**

미팅을 통한 역할 분담

↓

테이블 플랜(table plan) 확정

↓

테이블 및 기자재 등 세팅

↓

최종 점검

↓

영접 및 서비스

↓

계산 및 환송

5.5 테이블 플랜

라운드 테이블 배열(round table arrangement) 주로 많은 인원수가 식사를 할 때 필요한 테이블 배치이다. 테이블과 테이블의 간격은 3.3m 정도가 적당하며, 테이블을 종으로 여러 줄을 배열할 때는 무대를 중심으로 횡으로 앞줄을 고정한 다음 뒷줄부터는 테이블 사이로 어긋나게 배열하면 뒷줄 테이블에 앉은 사람들이 무대 쪽 시야를 보다 쉽게 확보할 수 있다.

일반적으로 식사를 하기 위한 스타일이지만 식사하기 전에 간단한 회의를 갖고자 할 때 별도의 회의장을 준비하는 것보다는 회의 후 그 자리에서 바로 식사로 연결하는 것이 연회장 활용에 효율적이다.

교실형 배열(school, classroom style) 45cm×153cm의 세미나 테이블을 이용하여 학교 교실처럼 설명을 듣고 필기를 할 수 있는 회의형태에 유용한 배열이다. 1개의 세미나 테이블에 3명이 앉도록 하며, 중앙에 복도를 마련할 때는 1.5m 정도의 간격을 유지한다.

극장식 배열(theater style) 의자만을 배치하는 형태인데 의자와 의자 사이를 공간이라고 하고, 의자의 앞줄과 뒷줄 사이를 간격이라고 한다. 연설자의 연단 또는 테이블 위치가 정해지면 그로부터 2m 이상 정도 떨어진 곳에 첫 번째 의자 줄을 배치한다. 많은 의자를 배치할 경우 1.5m 넓이 정도의 통로복도를 적정하게 만들어 주어야 하고 의자의 줄을 바르게 하기 위해서 긴 줄을 이용하여 가로와 세로를 맞춘다.

U자형(U-shape) **배열** 주로 회의를 하거나 소수 인원이 식사할 때 많이 쓰이는 배열이며, 76cm×153cm의 직사각형 테이블을 사용한다. 테이블 클로스는 양쪽이 균형있게 내려와야 하며, U자의 안쪽부분에는 드레이프(drape)를 쳐서 다리가 보이지 않게 한다.

리셉션(reception) **배열** 스탠딩으로 리셉션할 때 쓰이는 배열로 의자는 없고 음식을 배열하는 테이블만 놓게 되는데, 여러 가지 형태의 테이블 모양을 만들 수 있다.

T자형(T-shape) **배열** 헤드테이블에 많은 인원이 앉을 때 유용한 배열이다.

I자형(I-shape) **배열** 작은 인원이 회의나 식사를 할 때 유용한 배열이다.

타원형(oval shape) **배열** 상석의 개념이 필요 없는 회의나 식사를 할 때 유용한 배열이다.

사각형(hollow, square shape) **배열** 주로 회의를 겸한 식사를 할 때 유용한 배열이다. 사각형 안쪽에는 들어갈 수 없으므로 의자를 바깥쪽으로만 배열한다.

V자형(V-shape) **배열** 20명 이내의 인원이 프리젠테이션(presentation)을 할 때 많이 이용하는 배열이다.

5.6 연회장의 식음료 서비스

파티형 연회는 대부분 식음료를 즐기는데, 식사는 크게 한 · 일 · 중 · 양정식의 세트 코스(set course), 시팅 뷔페(seating buffet), 스탠딩 뷔페(standing buffet) 및 칵테일리셉션(cocktail reception) 형식이 있다. 연회장에서의 식음료 서비스 방법은 일반 레스토랑과 동일하나 단지 사전에 예약이 되어 있기 때문에 개별 주문을 받지 않는다는 것이다. 그리고 스탠딩 뷔페 및 칵테일리셉션에 대한 서비스는 일반 레스토랑에서는 할 수 없다는 점에서 연회장의 특징적인 식음료 서비스라고 할 수 있다.

특히 연회장에서 식음료를 서비스하기 위해서는 연회장의 인력만으로는 부족한 경우가 많다. 즉 한꺼번에 연회행사가 몰렸거나 대연회장에 대량인원의 세트 코스의 음식 서비스 등이 발생할 때는 타 업장으로부터 헬퍼(helper)를 지원받아야 하는데, 연회 서비스 지배인은 사전에 인원계획에 의하여 서면으로 식음료 부서장에게 지원요청을 해야 하고, 만약 식음료 부서 자체의 지원 인력만으로 부족한 경우는 타 부서 또는 파트타이머 인원을 요청해야 한다. 일반적으로 연회장에서 식음료에 대한 서비스 인원은 다음 표와 같다.

[표 9-4] 식사별 서비스 인원

종 류	서비스 인원	비 고
한 · 일 · 중 · 양정식 (set course)	테이블 당 2~3명	10인용 테이블 기준
시팅 뷔페 (seating buffet)	고객 20~30명 당 1명	
칵테일 리셉션 (cocktail reception)	고객 40~50명 당 1명	바텐더 제외

연회행사 시작 즉 고객이 입장하기 10분 전에는 연회장 직원은 제 위치에서 고객을 맞을 준비를 한다. 즉 연회장 지배인 또는 캡틴은 입구에서 고객을 영접하고, 서비스 직원은 각자 맡은 테이블에 대기의 자세로 취하고 있다가 고객이 자기의 테이블 근처에 오면 반갑게 인사를 하고, 착석을 도와준다. 메뉴별 서비스방법은 다음과 같다.

정식(set course) 서비스 연회장에서 한·일·중·양정식의 세트 코스 서비스는 다음과 같은 방법으로 한다.

① 연회 서비스 지배인은 서비스 요원들의 담당 테이블을 사전에 할당한다.

② 첫 번째 코스의 음식은 전체 인원에게 동시에 서브되어야 하는데 주빈석에 서브가 되는 것을 기점으로 일제히 담당 테이블에 서브한다.

③ 주빈석은 경험이 많고 능숙한 캡틴이 담당한다.

④ 지배인은 코스가 진행되는 사항을 파악하여 원활한 서비스가 될 수 있도록 지휘 및 통솔을 한다.

뷔페 서비스

① 따뜻한 음식을 위한 고체연료는 식사시작 한 시간 전에 불을 붙인다.

② 음식을 덮은 랩은 식사시작 10~20분 전에 벗긴다.

③ 뷔페의 접시는 식수인원의 3배 정도를 준비한다.

④ 고객이 사용한 접시는 즉시 치운다.

⑤ 부족한 음식은 주방에 연락하여 보충하도록 한다.

⑥ 부족한 물은 보충(refill)해 준다.

⑦ 커피는 고객의 테이블에서 직접 서비스한다.

⑧ 스탠딩 뷔페는 고객이 접시를 들고 포크로 돌아다니면서 먹으므로 수프(soup)는 제공되지 않고, 음식은 한 입에 먹을 수 있도록 커트되어 나오므로 나이프(knife)는 준비할 필요가 없다.

칵테일리셉션 서비스 칵테일리셉션은 디너 전의 칵테일리셉션(pre-dinner cocktail reception)과 디너를 겸한 리셉션이 있다. 첫째, 디너 전의 칵테일리셉션은 디너장 앞의 복도(foyer)나 별실을 이용하여 개최하는데, 음식은 간단한 오드볼 정도이고, 바(bar)는 인원의 규모에 따라 적당한 위치에 1~4군데에 설치한다. 음료의 1인당 1.5잔 정도의 양을 준비한다. 오드볼은 참석고객들이 자유로이 다니면서 먹지만 음료는 서비스 요원들이 트레이에 몇 가지 아이템을 담아 고객 사이로 다니면서 고객에게 권하거나 선택할 수 있도록 서비스한다. 이때 음료가 담긴 잔을 전달할 때는 종이 냅킨을 바깥쪽으로 싸서 전달하여 물기가 흘러내리지 않도록 한다.

둘째, 디너를 겸한 칵테일리셉션의 서비스 방식은 디너 전의 칵테일리셉션 방식과 동일하나 음식 자체는 스탠딩 뷔페 형식이고, 바(bar)도 디너장 안에 설치한다. 음료는 1인당 3잔 정도의 양을 준비한다. 연회장의 바는 이동식으로 되어 있다.

티 파티 서비스 티 파티(tea party)는 식사시간을 피하여 특별한 자리를 마련하여 다과회를 갖는 것을 말한다. 커피 브레이크와 유사하나 쿠키, 과일, 카나페 등의 간단한 음식이 곁들여지고 파티의 시간도 커피 브레이크보다는 다소 길다는 점이 다르다. 티 파티 서비스는 사전에 준비된 간단한 음식을 체크하고 시작 10분 전에 랩을 벗긴 후 고객들이 입장하면 커피, 티, 음료수 등을 서빙한다.

회의행사 서비스 회의행사는 사전에 행사장 안에 배너, 사인보드, 명찰(name tag), 방명록, 마이크, 연단, 화이트 보드, 빔 프로젝트 등 각종 기자재와 등록데스크만 완벽하게 준비해 주고, 회의 테이블 위의 물잔에 물만 서비스하면 회의 중에는 별다른 서비스가 없다. 그러나 행사장 내에 1~2명의 직원을 배치하여 주최 측의 담당자로부터 돌발적인 주문사항에 대처할 수 있도록 해야 하며, 만약 회의 중간에 커피 브레이크가 있다면 그 시간을 이용하여 회의장을 재정리 또는 필요한 기자재의 이동 등을 서비스하고, 테이블 위의 물 잔에 물을 보충해 준다.

회의행사에는 회의 중간에 커피 브레이크(coffee break)를 갖는 경우가 많다. 이와 같은 커피 브레이크는 회의 일정표에 나와 있으므로 그 시간에 맞춰 회의장 앞 복도 한 쪽에 준비한다.

커피 브레이크 서비스 방법

① 커피 브레이크 예정시간 30분 전에 세팅을 완료한다.

② 커피 포트에 커피를 준비하여 참석자들이 주변에 오면 서빙해준다(보온 물통을 준비하여 참석자들이 셀프로 커피를 타서 마시는 경우도 있다. 이때는 쓰레기통을 옆에다 준비한다).

③ 커피를 싫어하는 사람을 위하여 티(tea)를 준비하고, 뜨거운 물도 준비해 놓는다.

④ 커피 잔은 참석인원수보다 약간 여유 있게 준비한다.

⑤ 쿠키나 과일 등이 있을 때는 랩을 시작 10분 전에 벗긴다.

연습문제(호텔관련 종사원 자격시험 대비)

1. 연회장영업의 특성이 아닌 것은?

① 반드시 사전예약을 해야 한다. ② 영업시간이 정해져 있지 않다.
③ 대여영업이 불가능하다. ④ 동일메뉴에 동일 서비스가 제공된다.

2 호텔 연회장이 준 국제회의장으로 갖추어야 할 요건이 아닌 것은?

① 600명 이상의 인원을 수용할 수 있는 대회의실 보유
② 30명 이상의 인원을 수용할 수 있는 중소회의실이 3실 이상 보유
③ 5개 국어 이상의 동시통역시설의 보유
④ 통시통역사 고용

3. 다음 용어의 설명 중 잘못된 것은?

① corsage – 테이블 장식 꽃 ② banner – 천으로 만든 현수막
③ outside catering – 출장파티 ④ ice carving – 얼음조각

4. 연회장 배정 원칙이 아닌 것은?

① 인원수에 맞는 적정한 연회장을 배정한다.
② 테이블 플랜을 고려하여 연회장을 배정한다.
③ 앞 · 뒤의 행사시간을 고려하여 연회장을 배정한다.
④ 연회 서비스 직원의 근무 스케줄을 고려한다.

5. 음료를 잔 단위로 판매할 때 사용하며, 품질은 보통급인 브랜드를 무엇이라고 하는가?

① standard brand ② house brand
③ deluxe brand ④ domestic brand

6. Banquet Event Order란 무엇인가?

① 연회행사 견적서 ② 연회행사 예약서
③ 연회행사 지시서 ④ 연회행사 계산서

7. 가장 많은 인원을 수용할 수 있는 테이블 배치는?

① round table style ② classroom style
③ theater style ④ oval shape

8. 대규모의 인원이 식사하기에 적합한 테이블 배치는?

① round table style ② U-shape
③ hollow shape ④ oval shape

9. 40명 이상의 세미나를 비롯한 회의에 적합한 테이블 배치는?

① round table style ② classroom style
③ theater style ④ oval shape

10. 프리젠테이션(presentation)에 적합한 테이블 배치는?

① hollow shape ② classroom style
③ V-shape ④ oval shape

11. 식사인원의 지불보증(guarantee)과 예상(expect) 인원의 적용원칙에 대하여 설명하시오.

12. 콜케이지 요금(corkage charge)이란?

13. pre-dinner cocktail reception의 서비스는 어떻게 진행되는가?

제10장

주장관리

1. 주장의 개요
2. 주장관리의 기본
3. 주장 서비스관리
4. 음료의 이해
5. 양조주
6. 증류주
7. 리큐르와 칵테일

호텔경영의 이해

제 10 장

주장관리

1 주장의 개요

1.1 주장의 개념

주장(酒場)은 주로 음료(beverage)를 판매하는 곳으로 식당이 음식을 통하여 고객에게 식욕을 충족시켜주는 물적 공간이라면 주장은 음료와 유흥적 요소를 제공함으로써 고객의 기분을 회복시켜주는 정신적 공간이라고 할 수 있다. 일반적으로 주장(酒場)이라고 하면 음료(beverage)를 위주로 판매하는 각종 영업장을 말하는데 총칭하여 바(bar)라고 한다. 왜냐하면 대부분의 주장에는 바가 설치되어 칵테일을 비롯한 각종 음료가 만들어지거나 제공되기 때문이다.

'bar' 는 바텐더와 고객 사이에 가로지르는 카운터형의 널빤지에서 유래되었다. 바(bar)는 식당과는 달리 정신이나 기분을 회복시켜주는 공간으로 아늑한 분위기와 시설을 갖추고, 조명과 음악 그리고 바텐더에 의해서 영업이 이루어지는 공간이다.

1.2 음료영업의 중요성

음료(beverage)란 알코올성 음료와 비알코올성 음료를 포함하여 마실 수 있는 것을 모두 총칭하는 단어이다. 호텔의 경우 식음료 영업은 크게 음식(food)과 음료(beverage)로 구분하고 있다. 음식은 레스토랑에서, 음료는 주장에서 판매하고 있는데 레스토랑에서도 음식과 더불어 음료를 판매하고 있다. 그런데 음식 코스트는 일반적으로 판매금액의 30~35% 정도를 차지하는데 비하여 음료 코스트는 15~25% 정도이다. 또한 음식은 주방인원을 고려할 때 단위당 노동생산성이 낮지만 음료는 높다고 할 수 있다. 따라서 음료는 음식보다 부가가치가 높다는 점에서 각 호텔에서는 음료판매에 주력하고 있는 실정이다.

1.3 주장의 조직

주장의 조직도는 다음과 같다.

[그림 10-1] **주장의 조직도**

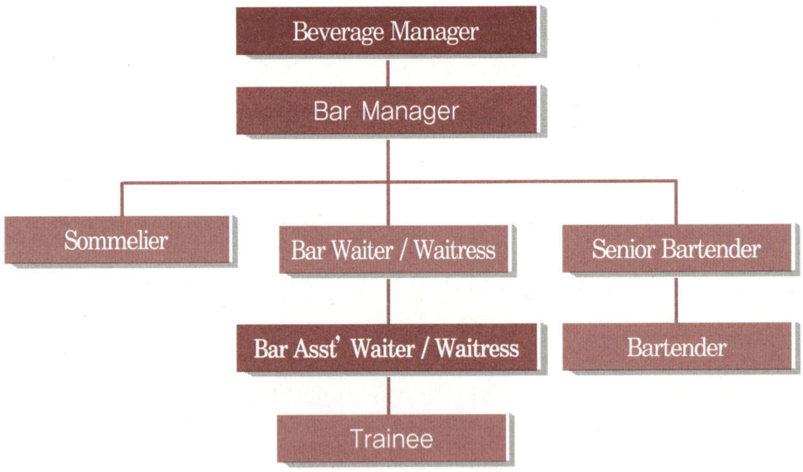

1.4 주장의 직무

바 지배인(bar manager) 바 지배인은 관리자로서 경영마인드를 가지고 자신이 맡고 있는 업장의 영업에 대하여 총괄책임을 지고 부하 직원을 지휘 감독하며, 음료에 대하여 풍부한 지식을 습득하고 있어야 한다. 구체적인 직무는 다음과 같다.

- 직원들의 근무를 편성하고 교육훈련을 담당한다.
- 고객영접과 불평처리를 담당한다.
- 영업향상을 위한 상품 및 촉진(promotion)을 기획한다.
- 영업 종료 후 영업일지 점검 및 마감작업 확인을 한다.
- 기물 파손(breakage) 등에 대해서는 적절한 조치를 취한다.

바 캡틴(bar captain) 바 캡틴은 바 지배인을 보좌하고 부재 시 그 업무를 대행하며 접객서비스에서 바텐더(bartender), 웨이터/웨이트리스 등 부하 직원을 통솔하는 조장의 역할을 한다. 구체적인 직무는 다음과 같다.

- 영업 전후의 업무를 관장한다.
- 고객을 영접하고 주문 및 서비스를 지휘한다.
- 음료 및 소모품 등의 재고를 파악하여 보충을 지시한다.
- 바의 청결 및 칵테일 도구, 제빙기, 냉장고 등을 점검한다.
- 바쁠 때는 바텐더를 도와서 직접 조주한다.
- 일일영업일지를 작성하여 지배인에게 보고한다.
- 칵테일 레시피(recipe)에 대한 교육을 실시한다.
- 판매하는 품목의 상품지식과 서비스시간을 숙지하여야 한다.

조주사/바텐더(bartender) 바텐더는 칵테일 조주법뿐만 아니라 각종 음료에 대한 지식을 가지고 있어야 하며, 바 카운터에 앉은 고객에게 직접 주문받고 서빙하기도 한다. 와인의 전문적인 판매는 소믈리에(sommelier)가 담당한다. 바텐더의 구체적인 직무는 다음과 같다.

- 바의 청결상태를 유지한다.
- 글라스류 및 바 기물을 정비한다.
- 음료의 일일 적정재고(par stock)를 파악하여 사전에 준비한다.
- 칵테일 부재료 및 비품 등을 파악하여 사전 분비 및 보충 관리한다.
- 영업종료 후 재고조사표(inventory sheet)를 작성하여 지배인에게 보고한다.

바 웨이터/웨이트리스(bar waiter/waitress) 바 웨이터/웨이트리스는 고객에게 주문을 받아 바텐더에게 전달하고 바텐더가 만든 칵테일 및 음료를 고객에게 서빙하는 역할을 한다. 구체적인 직무는 다음과 같다.

- 영업 전후의 업무를 수행한다.
- 테이블 및 서비스 기물을 정리정돈한다.
- 고객에게 주문을 받는다.
- 자기가 맡은 테이블의 주문서비스를 능동적으로 처리한다.
- 계산서와 주문내용이 일치하는지 체크한다.
- 고객이 떠난 테이블을 재정비(resetting)한다.
- 실습생을 지도하고 지배인 및 캡틴을 보좌한다.
- 칵테일 및 음료에 대한 지식과 서비스방법 등을 숙지한다.

바 보조(bus boy) 바 보조는 일반적으로 실습생(trainee)이 담당하며 바에서 바텐더를 보조하고 각종 잡무를 담당한다. 구체적인 직무는 다음과 같다.

- 바텐더의 지시에 따라 음료, 얼음, 가니쉬(garnish)용 과일, 글라스류, 은기류 등 바에서 필요한 모든 물품을 보급한다.
- 바의 비품을 정리정돈하고 카운터 주위를 항상 청결하게 유지한다.
- 사용된 기물 및 글라스류 등을 씻고 닦는다.
- 홀이 바쁠 때는 웨이터/웨이트리스의 업무를 도와준다.
- 틈틈이 음료에 대한 공부를 하고 조주법을 익힌다.

소믈리에(sommelier) 와인관리사라고 불리는 소믈리에는 바에서 다음과 같은 역할을 한다.

- 와인 등 음료의 맛을 테스팅(tasting)하고 관리한다.
- 와인 등의 음료를 전문적으로 판매한다.
- 와인의 진열과 음료재고를 관리한다.
- 주문받은 와인을 규정에 의하여 서브한다.
- 동료직원이 바쁠 때는 협조한다.

2 주장관리의 기본

2.1 음료관리의 기본

음료의 표준화 관리 음료의 표준화 관리는 표준 레시피(recipe)로써 가능하다. 즉 적정양의 표준(standard yield)을 정하여 음료가 허비되는 경우를 막고 항상 똑같은 맛과 양을 유지한다. 예를 들어 와인 1병의 양은 75cl이고 한잔의 표준 양을 15cl라고 한다면 5잔이 나와야 한다. 'cl'은 centiliter의 약어로 'ml'로 환산하면 1cl는 10ml이다. 따라서 75cl는 750ml이다.

또한 각 음료의 종류마다 표준 글라스를 지정하여 사용한다. 같은 양이라도 표준 글라스보다 큰잔을 사용하면 양이 작아 보일 수도 있다.

적정재고관리 재고관리는 적정량의 주류를 항상 보유함으로써 연속적인 판매를 촉진시키고 주류의 유통량이나 가격의 변동에서 오는 불확실성을 대비하는데 있다. 만약 재고가 적정량 이하가 되면 판매에 차질을 빚어 결국 고객의 상실로 인하여 사업의 기회를 놓치게 되고, 적정량 이상이 되면 유지 관리비용의 부담 및 품질의 저하를 초래할 수 있다. 따라서 주장에서는 판매예측을 통한 적정재고(par stock)를 항상 유지하도록 한다.

저장관리 주류의 저장은 적정 온도의 유지에 있다. 즉 주류 저장고의 위치는 통풍이 잘 되고 직사광선을 피할 수 있어야 하며, 습기가 없는 건조한 장소의 어두운 곳이 적합하다. 주류별 저장온도는 다음 표와 같으며, 저장온도와 서비스할 때의 온도는 차이가 있다는 점에 유의할 필요성이 있다. 특히 와인은 보관 여부에 따라 색, 향, 맛이 유지 또는 변질될 수 있으므로 와인 보관장소나 냉장고(wine cellar)는 다음과 같은 사항을 고려해야 한다.

첫째, 보관장소는 햇빛이 들지 않고 서늘하며 습기가 약간 있는 곳이 좋다.
둘째, 온도는 섭씨 13도 내외로 연중 급격한 변화가 없는 곳이어야 한다.
셋째, 와인에 전해지는 충격이나 진동이 없는 곳이 좋다.
넷째, 습도는 60~80% 정도가 유지되어야 한다. 습도가 너무 높으면 곰팡이가 피고, 너무 낮으면 코르크마개가 건조해져 와인의 변질을 초래할 수 있다.
다섯째, 코르크가 젖어 있도록 병을 눕혀서 보관해야 한다.

[표 10-1] 주류 저장온도와 서비스온도

구분	저장온도	서비스온도
레드 와인	13~16℃	18℃
화이트 와인/샴페인	10℃	6~8℃
스피리츠(증류주)류	13~16℃	18℃
병맥주	6~10℃	여름철 : 6~8℃ 겨울철 : 10~12℃
생맥주	2~3℃	4℃
청량음료	13℃	여름철 : 6~8℃ 겨울철 : 10~12℃

2.2 원가 및 판매관리

원가관리 음료판매가격은 총원가에 일정 이익을 붙여서 결정하는데 총원가를 구성하는 요소는 재료비, 노무비, 판매비, 일반관리비 등의 경비로 구성한다. 특히 재료비는 직접원가로 관리 여하에 따라 수익에 결정적으로 영향을 미친다. 따라서 재료의 낭비는 곧 원가상승의 원인이 되므로 효율적인 원가관리가 요구된다.

원가관리는 일별, 월별 등 정기적으로 실시하는 재고조사에 의하여 통제가 가능하며, 과학적이고 합리적인 재고조사를 위해서 칵테일의 경우 단위당 표준 조주명세서를 만들어 표준화할 필요성이 있다. 결국 표준 조주명세(standard recipe)는 칵테일의 양과 맛에 대한 동일성을 유지할 수 있고, 재료의 손실과 낭비도 막을 수 있는 원가관리의 근거가 되며, 빠른 조주에 의한 노무비 절감의 효과를 가져다주는 수단이다.

판매관리 음료의 판매가격은 먼저 재료의 원가를 판매가격의 몇 %로 할 것인지 목표원가를 설정한 다음 판매가격을 산출한다. 물론 목표원가를 설정할 때는 인건비, 일반관리비, 판매경비 그리고 마진 등을 고려하여 배분해야 할 것이다. 예를 들어 판매가격을 100으로 하였을 때 인건비를 30%, 각종 비용을 30%, 마진을 20%로 상정한다면 직접 재료의 목표원가는 20%가 된다. 판매가격 산출의 공식은 다음과 같다.

판매가격 = 원가 ÷ 목표원가

(1) 병당 판매가격 산정법

예를 들어 맥주 1병의 원가가 1,000원이고, 이 재료비의 목표원가를 판매가격의 20%로 정한다면 맥주 1병의 판매가(P)는 다음과 같다.

P × 20% = 1,000원

P = 1,000원÷20% = 1,000원÷0.2 = 5,000원

예제1

국산양주 한 병의 원가는 24,000원이고, 이 재료비의 목표원가를 판매가격의 20%로 정한다면 이 국산양주의 판매가(P)는 얼마인가?

➡ P × 20% = 24,000원
P = 24,000원 ÷ 20% = 24,000원 ÷ 0.2 = 120,000원　　∴ 답 : 120,000원

(2) 잔당 판매가격 산정법

주장에서는 양주와 와인의 경우 잔 단위로 판매하기도 한다. 잔당 판매가격 산정법을 예제를 통하여 설명하면 다음과 같다.

예제2

【예제 1】의 국산양주 한 병의 양은 720ml이다. 잔당 얼마에 판매하면 되는가? 양주 스트레이트 1잔의 양은 30ml, 즉 1온스(oz)이다.

➡ 720ml ÷ 30ml = 24잔
120,000원 ÷ 24잔 = 5,000원　　∴ 답 : 5,000원

(3) 칵테일 판매가격 산정법

칵테일의 경우 2종류 이상의 음료 재료가 들어가게 되는데 판매가격 산정법을 예제로 설명하면 다음과 같다.

예제3

스크류 드라이브 칵테일의 재료비 목표원가를 판매가격의 20%로 하여 가격책정을 하려고 한다. 스크류 드라이브의 표준 레시피는 보드카 $1\frac{1}{2}$온스, 오렌지 주스 5온스이다. 보드카 한 병의 원가는 12,000원이고 용량은 720ml(24온스)이며, 오렌지 주스의 원가는 2,500원이고 용량은 1,500ml(50온스)이다. 이 스크류 드라이브의 판매가격은?(1온스 = 30ml)

➡ ① 보드카 양의 가격($1\frac{1}{2}$온스)

12,000원 ÷ 24온스 = 500원(즉, 보드카는 1온스당 500원)

보드카 $1\frac{1}{2}$온스 = 500원 + 250원 = 750원

② 오렌지 주스 양의 가격(5온스)

2,500원 ÷ 50온스 = 50원(즉, 오렌지 주스는 1온스당 50원)

오렌지 주스 5온스 = 50원 × 5온스 = 250원

스크류 드라이브의 재료비(①+②)는 750원 + 250원 = 1,000원이다.
따라서 스크류 드라이브 판매가격(P)은 다음과 같다.

P × 20%(목표원가) = 1,000원

P = 1,000원÷20% = 1,000원÷0.2 = 5,000원　　∴ 답 : 5,000원

3 주장 서비스관리

3.1 글라스 서비스의 원칙

- 음료 글라스를 서빙할 때는 항상 트레이(tray)를 사용한다.
- 글라스의 손잡이가 있는 것은 손잡이(stem)를 잡고 서빙하고, 손잡이가 없는 글라스는 글라스의 아래(bottom) 부분을 잡고 서빙한다. 즉 고객이 입을 대는 위(rim) 부분을 잡아서는 안 된다.
- 코스터(coaster)가 있을 때는 코스터를 먼저 깔고 그 위에 글라스를 놓는다.
- 글라스를 놓을 때는 새끼손가락과 약지를 테이블에 대고 엄지, 검지, 중지로 쥐고 있는 글라스를 살짝 내리면 소리가 나지 않는다.

[그림 10-2] **글라스 취급요령**

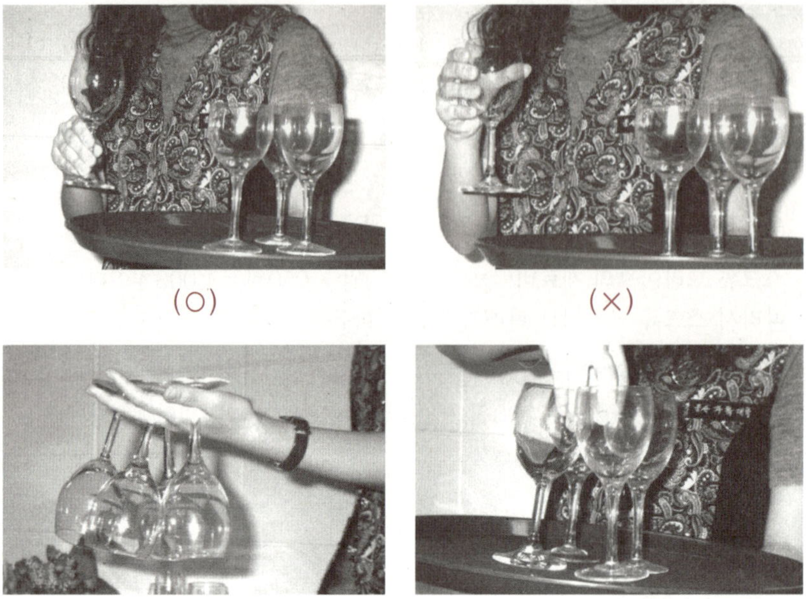

(○) (×)

(○) (×)

3.2 와인 서비스

와인 보관 및 와인 디캔팅(decanting) 와인은 코르크 마개를 통하여 공기와 접촉을 하여 병에 들어있는 상태에서도 계속 느린 속도로 숙성을 하고 있는데 이것을 와인과 공기가 결혼한다고 표현한다. 따라서 병을 세워서 보관하면 코르크 마개가 마르면서 와인이 변질되므로 반드시 눕혀서 보관해야 한다.

레드 와인은 장기간 저장하게 되면 앙금(sediment)이 가라앉는데 와인 캐비넷에서 꺼내어 서비스할 때는 먼지만 살짝 털어서 앙금이 흔들리지 않도록 해야 한다. 와인 디캔팅(decanting)이란 병을 서비스하기 전에 미리 1시간 정도 세워서 앙금을 가라앉히고 디캔터(decanter)에 조심스럽게 붓다가 앙금이 나오면 멈추고 다시 디캔터에 와인을 따르는 등 앙금과 와인을 분리하는 작업을 말한다. 따라서 레드 와인을 서비스할 때 마지막 한 잔 정도 남은 것은 따르지 않는다.

와인 서비스 절차

① 와인 리스트에 의하여 주문을 받는다.

② 화이트 와인 또는 샴페인을 주문할 경우 와인 스탠드와 얼음 쿨러를 준비한다.

③ 레드 와인일 경우 보관된 장소에서 흔들리지 않도록 조심하여 꺼낸다.

④ 주문된 와인은 냅킨에 싸서 받쳐들고 주문한 고객에게 상표를 확인받는다.

⑤ 화이트 와인의 경우 고객 테이블 옆에 와인 스탠드와 쿨러 속에 와인을 꽂고, 레드 와인의 경우는 와인 바스켓에 꽂아 테이블 위에 놓는다.

⑥ 고객 앞에서 코르크 스크류를 이용하여 마개를 오픈한다.

⑦ 코르크 마개를 빼낸 병입구를 암 타월로 닦아낸다.

⑧ 코르크 마개를 스크류에서 빼내어 주문한 고객에게 테스팅시킨다.

⑨ 와인을 주문한 고객(host)에게 1온스 정도 따른 다음 와인 테스팅을 시킨다.

⑩ 여성과 게스트에게 잔의 6부 정도를 따르고, 호스트에게 마지막으로 잔의 6부 정도 채워준다.

⑪ 와인을 따르고 나서 들어올릴 때는 트위스트를 하여 주변에 방울이 떨어지지 않도록 주의를 기울인다.

⑫ 화이트 와인을 서비스할 때는 병의 목부분에 냅킨을 감싸서 서비스 중에 물기가 흐르는 것을 방지한다.

⑬ 와인은 잔의 6부 정도 따른다.

⑭ 와인의 양이 줄면 즉시 본래의 양만큼 리필(refill)한다.

여러 와인을 서빙할 때

① 화이트 와인을 레드 와인보다 먼저 서비스한다.

② 드라이 와인을 스위트 와인보다 먼저 서비스한다.

③ 맛이 가벼운 와인을 맛이 중후한 와인보다 먼저 서비스한다.

④ 숙성기간이 짧은 와인을 오랜 숙성 와인보다 먼저 서비스한다.

샴페인 서비스

① 병목을 감싸고 있는 호일 캡을 벗긴다.

② 한 손으로 코르크 마개를 누르고 다른 손으로 코르크 마개를 감싸고 있는 철사를 푼다.

③ 코르크 마개가 튀어 나가지 않도록 조심스럽게 돌려서 뺀다. 이때 갑자기 코르크 마개가 빠지면서 펑 소리와 함께 거품이 발산되지 않도록 유의한다.

④ 병 입구를 암 타월로 닦고 와인과 동일한 서비스를 한다.

3.3 맥주 서비스

생맥주 서비스

① 머그(mug)잔에 부어서 제공한다. 단 피처(1000CC 이상)로 주문했을 때는 빈 머그잔을 제공한다.

② 생맥주를 따를 때 술의 양은 7~8부, 거품은 2~3부 정도로 한다. 만약 거품이 잘 생기지 않으면 탄산가스가 충분한지, 맥주가 너무 차거나 오래되었는지를 체크한다.

③ 생맥주 술통의 압력은 12~14pound로 일정하게 유지해야 한다. 12pound보다 낮으면 천연가스가 노출되어 플래트(flat) 현상 즉, 김이 빠진 맥주가 된다.

④ 생맥주의 저장온도는 2~3℃, 서비스온도는 3~4℃가 적당하다.

병맥주 서비스

① 병맥주를 고객에게 서비스할 때는 병이 글라스에 닿지 않아야 한다.

② 맥주는 7~8부, 거품은 2~3부가 되도록 따르되 거품이 넘치지 않도록 한다.

③ 다 따르고 난 뒤에는 병을 살짝 트위스트하고 멈추어 방울이 주변에 떨어지지 않도록 한다.

④ 병을 테이블에 놓을 때는 상표가 고객에게 보이도록 놓는다.

⑤ 병맥주의 저장온도는 3~4℃, 서비스온도는 5℃가 적당하다.

3.4 칵테일 조주

칵테일 조주의 절차

- 레시피의 재료를 검토하고 준비한다.
- 규정된 조주방법에 따라 사용할 잔, 도구, 가니쉬 등을 준비한다.
- 해당하는 잔 또는 기물에 얼음을 넣는다.
- 표준 조주법(standard recipe)의 규정된 양을 순서에 따라 넣는다.
- 규정된 조주의 방법과 기법에 의하여 만든다.
- 만든 칵테일을 잔에 따르고 제공한다(빌딩방법은 예외).
- 적절한 장식(garnish)을 한다.
- 정리정돈을 한다.

칵테일 조주 시 주의사항

- 제공될 잔에 얼룩이 있는지 금이 가거나 깨어진 것이 있는지 체크한다.
- 기물은 항상 깨끗한 상태를 유지한다.
- 가니쉬용의 과일은 신선한지 체크한다.
- 얼음의 양과 상태가 적정한지 체크한다.
- 셰이커는 캡, 스트레이너, 바디가 서로 잘 맞는지 점검한다.
- 칵테일 잔에 따를 경우 그 양은 잔의 8부를 넘지 않아야 한다.
- 칵테일을 잔에 따를 때는 넘어지지 않도록 왼손으로 잔의 받침을 고정한다.
- 과일을 가니쉬를 할 때는 작은 잔에는 작게, 큰 잔에는 크게 장식한다.

4 음료의 이해

4.1 술의 역사

술은 인류가 지구상에 출현하기 이전부터 자연발생적으로 존재했을 것으로 추측된다. 즉 당분(糖分)을 함유하고 있는 과실과 곡식이 오목한 돌이나 바위 등에 떨어져 그것이 자연적으로 발효를 일으켜 술이 되었을 것이다.

인간이 마신 최초의 알코올성 음료인 술(酒)은 양조주로 와인으로 추정된다. 와인의 역사적 사실을 고찰해 보면 기원전 4천년 청동기 시대의 분묘에서 포도씨가 발견되었으며, 이집트 피라미드의 부장품 중에서 술항아리 출토와 벽화에 그려진 포도주 만드는 과정 등이 있는데 이를 통하여 포도주는 기원전 4천 년~5천 년경에 이미 만들어지고 있었음을 알 수 있다. 따라서 술의 기원은 와인에서 찾을 수 있으며, 그 역사는 지금으로부터 약 7000년 전으로 추산할 수 있다.

와인 못지않게 역사가 오래된 알코올성 음료는 맥주이다. 맥주는 보리나 밀로 만든 빵이 물에 젖어 발효된 것을 마신 것에서 유래되었는데, 메소포타미아 지역에서 발견된 한 비문의 기록에 의하면 기원전 4000년경 메소포타미아의 수메르 민족이 원시적인 방법이지만 맥주를 양조하였다는 기록이 있다.

문헌상에 나타난 와인과 맥주의 기원은 기원전 1700년경 고대 바빌로니아의 함무라비 법전에서도 찾을 수 있다. 그 법전에는 와인 상인에 관한 규정이 있었는데 '신전에 봉사하는 여성은 와인을 팔지 못하고, 와인 상인은 술버릇이 나쁜 자에게는 와인을 팔지 못한다' 라고 적시하여 이미 와인은 그 당시에 중요한 음료로 취급되었음을 알 수 있다. 또한 맥주에 물을 타서 판매하는 자는 물에 빠뜨려 죽인다고 규정하였다. 이러한 역사적 자료를 근거해 볼 때 와인과 맥주와 같은 양조주는 오래전부터 인간생활의 한 부분을 차지하였다.

위스키와 같은 증류주는 중세에 와서 개발되기 시작하였다. 옛 서양에서는 기초적인 약을 와인과 같은 술을 담은 항아리에 향초, 뿌리, 씨, 열매, 꽃 등을 넣어서 밀폐한 후 우러나온 액체에서 얻었다. 증류주도 처음에는 기호품이 아닌 약으로 연구하여 오다가 술로 개발된 것은 중세기 아랍지역인 것으로 추측된다. 즉 영어의 'Alcohol' 은 아라비

아어로 'Alkohl'에서 유래되었으며, 중세기 아랍의 철학자 아비츠나(Avichna)는 증류기를 그려놓고 알코올은 냄새와 액체라고 하였다. 이러한 증류 기법은 유럽 각지에 전파되고 유럽의 각국은 자기 나라의 풍토에 맞는 증류주를 개발하게 되었다. 우리가 보편적으로 술이라고 표현하는 알코올은 알코올 성분이 강한 증류주를 의미한 것이었다.

그 후 증류기술이 발전하고 일반화되면서 각 지역에서는 구하기 쉬운 원료를 이용하여 증류주를 만들기 시작하게 되었다. 즉 포도가 풍부한 곳에서는 브랜디, 보리가 풍부한 곳에서는 위스키, 사탕수수가 풍부한 곳에서는 럼, 쌀을 주식으로 하는 우리나라에서는 소주를 빚어 마시게 된 것이다.

위스키는 11~12세기경 아일랜드에서 처음으로 만들어 15세기경 스코틀랜드에 전해졌고, 브랜디는 17세기경 프랑스에서 상업화되었다. 혼성주인 리큐르는 증류주가 개발된 이후 증류주에 각종 향료, 당분, 과즙 등을 가미하여 만들었고, 조주인 칵테일은 근대에 와서 개발되었다.

이상에서 살펴본 바와 같이 인류 초시 사회인 수렵, 채취시대의 술은 과실주였고, 곡물을 원료로 하는 곡주는 농경시대에 들어와서야 탄생했으며, 위스키와 같은 증류주는 중세에, 리큐르는 그 후에, 칵테일은 가장 후대에 와서 제조된 술이다.

4.2 술의 정의와 알코올 도수 표시

술의 정의 우리나라 주세법에 의하면 주류(酒類)란 '주정(酒精)과 알코올분 1도 이상의 음료'라고 정의하고 있다. 여기서 주정이란 과실이나 곡류를 양조하여 알코올분 85도 이상으로 증류한 것으로 분순물이 함유되었거나 알코올분이 높아 직접 음용할 수는 없지만 정제하거나 희석하면 음용이 가능한 것을 말한다. 알코올분이란 원용량에 함유된 에틸알코올로 원 용량을 100% 기준으로 할 때 함유된 알코올성분을 말하는데 흔히 알코올 도수라고 하며, % 또는 °로 표시한다.

술의 영어표현은 'alcoholic beverage' 또는 'hard drink'라고 하며, 반면에 알코올이 들어있지 않은 비알코올성 음료를 'non-alcoholic beverage' 또는 'soft drink'라고 한다.

알코올 도수 표시 알코올 농도를 수치로 표시한 것이 알코올 도수이다. 알코올 농도의 표시는 나라마다 다른데 우리나라의 경우 프랑스의 게이 뤼삭(Gay Lussac)이 고안한 용량분율(percent by volume)을 사용하고 있다. 용량분률은 온도 15℃일 때 원용량 100분 중에 함유되어 있는 에틸알코올의 용량을 의미한다.

미국에서는 프루프(proof)로 표기하는데 프루프는 60°F(15.6℃)에서 물을 0으로 하고 순수 에틸알코올을 200proof로 계산하고 있다. 따라서 우리가 사용하고 있는 용량분율(%)보다 약 2배의 수치이다. 예를 들어 알코올 도수 86proof는 43%이다.

영국은 사이크(Syke)가 고안한 사이크 프루프(Syke Proof)를 사용하였으나 다른 나라에 비해 계산이 복잡하여 수출품목에서는 미국식 프루프 또는 %를 사용하고 있다. 그리고 독일에서는 중량비율(percent by weight)로 표시하는데 예를 들어 100g의 액체 중에 에틸알코올이 40g 들어 있으면 40%의 술이라고 한다.

[표 10-2] **각국의 알코올 도수 표시**

국가명	도수표시	비고
한국, 프랑스	% 또는 °	용량분율(원용량 100분 중에 에틸알코올이 차지하는 용량을 %로 표기)
미국	Proof(Pf)	%보다 약 2배의 수치
영국	Syke proof	다른 나라에 비해 계산이 복잡하여 수출품에서는 미국식 프루프 또는 %로 표기하고 있다.
독일	%	중량비율(술 100g 중에 에틸알코올이 차지하는 무게 즉 g을 %로 표기)

4.3 음료의 분류

알코올성 주류(alcoholic beverage)인 술은 크게 양조주(fermented drink), 증류주(distilled drink), 혼성주(compounded drink) 그리고 조주(mixed drink)로 구분하고, 비알코올성 음료(non-alcoholic beverage)는 콜라와 사이다 등의 청량음료, 주스와 우유 등의 영양음료, 커피와 차(tea) 등의 기호음료로 구분한다.

[그림 10-3] **음료의 분류**

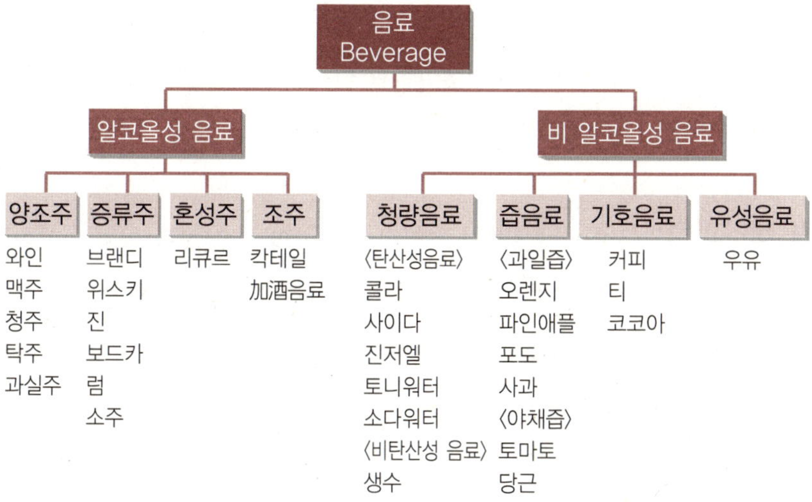

5 양조주

5.1 양조주의 개요

양조주란 과실(fruit)이나 곡물(grain)에 함유되어 있는 당분을 발효시켜 만든 술이다. 양조주는 알코올 발효가 끝난 술을 직접 또는 여과해서 마실 수 있고, 원료 자체에서 우러나오는 성분을 음미할 수 있으며, 알코올 함유량이 비교적 낮아 부담없이 즐길 수 있는 술이다.

과실을 주재료로 하여 만든 양조주를 모두 와인(wine)이라고 하는데 포도를 발효시켜 만든 포도주가 대표적이므로 협의의 와인이란 포도주를 의미한다. 포도 이외 다른 과일을 발효시켜 만든 와인은 와인 앞에 과일명을 붙인다. 예를 들면 애플 와인(apple wine) 등을 들 수 있다. 곡물을 주재료로 하여 만든 양조주로는 맥주가 대표적이고, 그 외 청주, 탁주 등이 있다.

5.2 와인

고대와 중세를 거친 와인은 양조과정의 발전과 와인 병 개발 및 18세기경 코르크 마개의 발명 등 저장기술의 발달에 힘입어 장기간 유통이 가능하게 되었고, 포도재배업자와 전문 상인들의 등장으로 인하여 보급이 대중화되었다. 오늘날 와인은 프랑스, 스페인, 이탈리아, 독일 등 유럽 전통 와인생산국과 미국, 칠레, 호주와 같은 신흥 와인생산국 등지에서 연간 250억 병이 생산되고 있다.

와인의 제조과정 와인의 제조과정은 화이트 와인의 경우 향을 얻기 위하여 청포도를 몇 시간 동안 탱크 속에서 부드럽게 만들거나 바로 압축을 하여, 발효 → 숙성시켜 만들고, 레드 와인은 흑포도를 분쇄하여 찌꺼기를 제거하고 압축 → 발효 → 숙성의 단계를 거친다. 어떤 과일로도 와인을 만들 수 있지만 포도 이외의 과일에는 효모작용을 돕기 위하여 설탕을 첨가해야 하나 포도는 자연적으로 이러한 반응에 필요한 당분이 충분히 생성된다.

와인의 품질은 양조기술이나 저장 방법에 따라 차이가 나지만 특히 수확 연도의 기상조건에 크게 좌우되는데 ① 기후 ② 토질 ③ 포도의 품종 ④ 인력 등은 와인의 질을 좌우하는 4요소라고 할 수 있다. 포도재배의 적정지역은 적도를 중심으로 남위 30~40도와 북위 30~50도 사이이고, 적정기후 및 강우량은 포도 주산지의 경우 연간 강우량이 850mm 이하, 생육기간인 4월~9월의 강우량은 400mm 이하가 적당하다. 빈티이지 와인(vintage wine)을 위한 7~9월의 강우량은 150~200mm 정도, 일조시간은 600시간이 적당하다.

와인의 분류 와인은 색상, 양조방법, 식사용도 등 다양한 기준으로 분류할 수 있는데 그 내용을 표로 정리하면 다음과 같다.

[표 10-3] 와인의 분류

구분	와인	내용
색에 의한 분류	레드 와인 (red wine)	흑포도를 과피채로 먼저 발표시킨 다음 압축하여 만드는데 껍질에 함유되어 있는 색소가 발효 중에 액으로 우러나와 적색의 와인이 되며, 수년간 숙성시킨다.
	화인트 와인 (white wine)	청포도를 먼저 압축한 다음 그 과정에서 생긴 과즙을 발표시켜 만들며, 숙성기간이 짧고 2~5년간 묵힌다.
	로제 와인 (rose wine)	분홍빛깔이 나는 와인으로 흑포도와 청포도를 섞어서 만드는 법과 완성된 화이트 와인에 흑포도의 껍질을 담그는 방법이 있다. 숙성기간은 2~3년 정도이다.
양조법에 의한 분류	비발포성 와인 (still wine)	탄산가스를 완전히 증발시킨 것으로 식사와 함께 곁들이는 테이블 와인(table wine)으로 화이트(white), 레드(red), 로제(rose) 와인이 있다.
	발포성 와인 (sparkling wine)	포도 속의 당분이 분해할 때 생기는 탄산가스를 제거하지 않고 그대로 둔 와인으로써 마개를 빼면 발포를 하고 거품이 나온다. 샴페인(Champagne)은 대표적인 발포성 와인으로 프랑스 상파뉴 지방에서 생산되는 발포성 와인에 한하여 붙일 수 있는 명칭이고, 그 이외 지역의 발포성 와인은 단순히 스파클링 와인(sparking wine)이라고 한다.
	주정강화 와인 (fortified wine)	와인을 발효시키는 도중에 알코올 도수가 높은 브랜디를 첨가하여 주정을 강화한 와인이다. 대표적인 와인으로는 포르투갈에서 주로 생산하는 포트와인(port wine)을 들 수 있으며, 알코올 도수는 16~20% 정도이다.
	가향 와인 (flavored wine)	주로 화이트 와인에 향료, 감미료, 약초, 색소 등을 넣어 만들며 독특한 맛과 향기가 나는 와인으로 혼성 와인이라고도 한다. 벌머스(Vermouth)와 두보넷(Dubonnet) 등이 대표적인 와인이다.
식사용도에 의한 분류	식전 와인 (aperitif wine)	식전에 마시는 와인으로 쌉쌀한 맛(dry)이 나고 식욕을 돋워준다. 대표적인 와인으로는 세리 와인(sherry wine)을 들 수 있다.
	식중 와인 (table wine)	식사 중에 요리와 함께 마시는 와인으로 일반적인 레드 와인과 화이트 와인을 말한다.
	식후 와인 (dessert wine)	식사 후에 마시는 와인으로 달콤한 맛(sweet)이 나고 소화를 도와준다. 대표적인 와인으로는 알코올 도수가 비교적 높은 포트 와인(port wine)을 들 수 있다.

와인의 빈티지 포도는 꽃이 피고 익을 때까지 100일 동안 날씨가 좋으면 품질이 좋지만 비가 오고 흐린 날이 많으면 햇빛을 충분히 받을 수 없어 포도의 당도가 충분히 형성되지 않아 시고 거칠어진다. 이와 같이 빈티지(vintage)란 특정 해의 잘된 포도로 담은 와인을 말하며, 병에 그 연도를 표시한다. 생산 연도가 중요한 이유는 각 포도주별

로 보관할 수 있는 기간이 다르기 때문이다. 와인은 포도 품종과 제조 방법에 따라 그 보존기간이 다르다. 예를 들어 카베르네 쏘비뇽(Cabernet Sauvignon) 같은 품종으로 만든 포도주는 상대적으로 오래 보관할 수 있으나, 가메(Gamay)로 만든 포도주는 그렇지 못하다.

일반적으로 위스키와 코냑은 묵힐수록 좋지만 와인은 무조건 오래되었다고 좋은 것이 아니므로 최적의 숙성 시기에 마셔야 한다. 갓 숙성돼 신선하고 상큼한 맛으로 마시는 와인이 있고, 장기간 세월의 관록이 밴 묵직하고 그윽한 맛을 즐겨야 하는 와인이 따로 있다.

5.3 맥주

맥주의 대중화는 맥주에 홉(hop)을 사용하기 시작한 11세기 이후이며, 19세기 중엽 프랑스의 유명한 화학자 파스퇴르는 저온살균법을 고안하여 맥주에도 적용하여 장시간 변질되지 않는 맥주를 만드는 것이 가능하게 되어 유통의 혁명을 가져 왔다. 또한 암모니아 냉장고의 발명은 4계절 양조를 가능하게 하였을 뿐만 아니라 품질향상에도 기여하였다.

오늘날 맥주는 대부분의 국가에서 생산하고 있으며, 전 세계 주류시장에서 60%를 점유하고 있어 전 세계인의 대중주가 되었다. 최근 국가별 맥주 총생산의 순위를 살펴보면 중국과 미국이 1, 2위를 다투고 있으며, 독일 3위, 브라질 4위, 러시아 5위, 일본 6위의 순이다. 그리고 맥주 브랜드별 순위는 미국의 버드와이저(Budwiser), 네덜란드의 하이네켄(Heineken) 순으로 세계 시장을 점유하고 있다.

맥주의 4대 원료는 ① 물 ② 보리 ③ 홉(hop) ④ 효모(yeast)이며, 그 밖에 옥수수, 쌀 등은 부재료로 구수한 맛을 내기도 한다. 맥주의 제조과정은 크게 맥아의 제조 → 당화 → 발효 → 저장 → 제품의 5단계 과정으로 되어 있으며, 특히 저장된 맥주를 여과하면 1차적으로 생맥주가 되고, 저온에서 살균하여 병입하면 병맥주가 완성된다. 최근에는 비열처리공법을 통하여 병맥주의 맛을 살리고 있다.

6 증류주

6.1 증류주의 개요

양조주보다 순도가 높은 주정을 얻기 위해서는 1차 발효된 양조주를 증류시켜야 한다. 알코올과 물의 끓는 점의 차이를 이용하여 양조주를 서서히 가열하면 끓는 점이 낮은 알코올이 먼저 증발하는데 이러한 증기를 모아서 냉각시키면 고농도의 알코올 액체를 얻을 수 있다.

이와 같이 증류주란 과실이나 곡류로 만든 양조주를 증류기를 사용하여 증류한 것으로 알코올 도수가 높은 술이다. 과실을 이용한 증류주로는 브랜디 등이 있으며, 곡류를 이용한 증류주로는 위스키, 진, 럼, 보드카, 테킬라, 소주 등이 있다. 우리나라 소주의 경우 안동소주와 같은 순수 증류주도 있지만 일반 소주의 경우 곡물발효액을 96%까지 증류한 것(주정)을 마시기 편하게 알코올 도수를 20% 전후까지 묽게 물로 희석시켰기 때문에 희석주라고 한다.

증류주와 같은 독한 술을 일명 스피릿(spirit)이라고 하는데 양주를 크게 분류할 때의 한 명칭으로 증류 과정을 통하여 알코올 분을 크게 높인 술을 이 범주에 넣고 있다. 위스키나 브랜디도 스피릿이라고 할 수 있으나 협의의 스피릿은 일반적으로 진(gin), 보드카(vodka), 럼(rum), 테킬라(tequila) 등을 말하며, 인도네시아, 그리스, 중동, 이집트 등에서 생산하는 소위 아락(arag)이라고 부르는 술들도 이에 속한다. 그리고 중국의 고량주, 우리나라의 소주도 희석식 과정을 거친다는 면만을 고려한다면 이에 속할 수가 있다.

6.2 위스키

위스키의 역사 위스키(Whisky)의 어원은 아일랜드의 '생명의 물'이라는 의미의 우스키바아(Usquebaugh)에서 유래되었다. 1170년 잉글랜드 헨리 2세의 군대가 아일랜드를 침공했을 때 이곳 주민들이 즐겨 마시던 토속주인 우스키바아(Usquebaugh)가 알려져 위스키의 역사가 시작되었다. 15세기경에는 위스키의 제조기술이 스코틀랜드에도 전해져 본격적으로 양조하였고, 이후 위스키는 아일랜드의 아이리시(Irish) 위스키와 스코틀랜드의 스카치(Scotch) 위스키로 나뉘어 발전하게 되었다.

그 후 1713년 영국 정부가 재원을 확보하기 위해 종전보다 높은 세금을 부과하고, 소규모 업자를 근절시키기 위하여 소형 증류기 사용을 금지하자 이에 불만을 품은 위스키 증류업자들이 하이랜드(High Land) 지방의 산 속에 숨어 위스키를 밀조하였다. 밀조자들은 맥아의 건조를 위해 이탄(泥炭 ; peat)을 사용하였는데, 이탄으로 건조하면 연기로 그슬린 훈연취(熏煙臭)가 생성된다. 이것이 스카치 위스키 특유의 향취를 가지게 된 시발이 되었다. 또한 증류한 술을 은폐하려고 셰리(sherry) 와인의 빈 통에 담아 산 속에 은폐시켰는데 나중에 통을 열어 보았더니 증류 당시에는 무색이었던 술이 투명한 호박색에 짙은 향취가 풍기는 술로 변해 있었다. 이것이 바로 참나무(oak) 술통에 저장하게 된 동기가 되었다. 이때만해도 스카치 위스키는 하이랜드의 토속주에 불과하였으나 오늘날 세계적인 술로 비약하게 된 계기는 두 가지 이유가 있다.

첫째는 1853년 글렌리벳 위스키의 대리점을 하고 있던 앤드류 우셔(Andrew Usher)가 몰트(malt) 위스키와 그레인(grain) 위스키를 섞는 블렌딩(blending) 기법을 개발하였기 때문이다.

둘째는 당시 런던의 상류층은 프랑스의 코냑(Cognac)을 수입하여 즐겨 마셨는데 1859년경 포도해충인 피록세라(phylloxera)가 프랑스의 포도원을 황폐화시켜 코냑의 제조가 불가능하게 되자 듀워(Dewar), 워커(Walker) 등과 같은 영국 위스키 회사들이 대체 증류주로 스카치 위스키를 대량 생산 및 판매를 하였기 때문이다.

위스키의 제조과정 위스키의 제조방법은 국가별, 원료별, 증류법 등에 따라 약간씩 차이가 있지만 일반적으로 보리, 호밀, 옥수수, 귀리 등 곡류의 전분을 당화하기 쉽게 분쇄하고, 이를 발효시킨 다음, 단식 또는 연속증류기에 증류시켜 알코올을 생성한다. 이 알코올을 참나무로 만든 오크(oak)통에 수년간 저장하고 숙성시키면 위스키가 완성된다. 위스키가 처음에 증류될 때에는 무색이지만 통에서 성숙되는 동안에 착색이 되고 향미가 생겨난다. 위스키의 경우 통속에서의 저장기간은 대략 30년이 한계이며, 알코올 도수는 증류기에서 나올 때는 90% 정도 되지만 저장기간을 거쳐 모든 과정이 끝난 후 병입을 할 때는 43% 전후가 된다.

위스키의 분류 위스키는 사용되는 원료에 따라 몰트(malt) 위스키, 그레인(grain) 위스키, 블렌디드(blended) 위스키, 콘(corn) 위스키, 라이(rye) 위스키 등으로 나누어지며, 주요 산지별로는 영국 스코틀랜드 지방의 스카치 위스키(Scotch whisky), 아일랜드 지방의 아이리시 위스키(Irish whiskey), 미국의 아메리칸 위스키(American whiskey), 캐나다의 캐나디언 위스키(Canadian whisky)의 4대 지역으로 분류된다. 특히 스카치 위스키(Scotch whisky)의 경우 전 세계 위스키 시장의 60%를 점유할 뿐만 아니라 그 종류는 3000여 종에 이르며, 위스키의 명주는 대부분 스카치 위스키라고 해도 과언이 아니다.

위스키의 영어 철자는 스카치와 캐나디언 위스키 경우 'whisky'로 표기하고, 아이리시와 아메리칸 위스키의 경우 'whiskey'로 표기한다.

[표 10-4] **주요 산지별 유명 위스키**

산지	유명 위스키	
스카치 위스키 (Scotch whisky)	로얄 살루트 21년 산(Royal Salute 21 Years Old) 발렌타인(Ballantine) 커티 샥(Cutty Sark) 죠니워커(Johnnie Walker) 딤플(Dimple)	 시바스 리갈(Chivas Regal) 제이앤비 제트(J & B Jet) 올드 파(Old Parr)
아이리쉬 위스키 (Irish whiskey)	제임슨(Jameson) 올드 부쉬밀(Old Bushmills)	털러모어 듀(Tullamore Dew)
아메리칸 위스키 (American whiskey)	잭 다니엘(Jack Daniel) 와일드 터키(Wild Turkey)	짐빔(Jim Beam) 어얼리 타임(Early Times)
캐나디언 위스키 (Canadian whisky)	캐나디언 클럽(Canadian Club) 크라운 로얄(Crown Royal)	씨그램스 브이.오(Seagram's V.O) 캐나디언 미스트(Canadian Mist)

6.3 브랜디

브랜디의 개요 포도를 발효시키고 증류하여 만든 술을 브랜디(brandy)라고 한다. 특히 프랑스 코냑과 알마냑 지방에서 만든 브랜디가 있는데 1909년 제정된 프랑스의 국내법에 의하여 코냑 지방에서 생산되는 브랜디만을 '코냑(Cognac)', 알마냑 지방에서 생산되는 브랜디만을 '알마냑(Armagnac)' 이란 명칭을 붙일 수 있다. 코냑과 알마냑을 제외한 프랑스의 브랜디를 프렌치 브랜디(French brandy)라고 한다.

코냑이 처음 탄생한 것은 17세기경에는 프랑스 코냑(Cognac) 지방에서 발생한 전쟁으로 인하여 포도밭이 황폐화되고, 제조한 와인이 품질이 좋지 못하자 네덜란드 상인들이 증류를 권유하여 만들게 되었으며, 당시 네덜란드 상인들은 스칸디나비아 지역과 영국을 주무대로 무역을 하였는데 이 지역이 춥고 습하여 사람들이 독주를 좋아한다는 것에 착안했다.

오늘날 코냑 생산의 3대 메이커는 헤네시(Hennessy), 마르텔(Martell), 꾸르브아지에(Courvoisier)이며, 5대 메이커에는 레미 마르탱(Remy Martin)과 까뮈(Camus)가 추가된다.

코냑의 제조과정 세계적으로 유명한 코냑은 위니블랑(Ugny Blanc), 꼴롱바르(Colombard) 등의 품종으로 만든 화이트 와인만을 증류한 것을 말하며, 2번의 증류과정을 거치게 되는데 1차 증류에서는 알코올 농도 27~30%, 2차 증류에서는 67~72% 정도의 알코올 도수가 생성된다. 증류과정이 끝나면 오크(참나무) 통에서 숙성과정을 거치게 되는데 숙성은 코냑의 완성도를 높이는데 결정적인 역할을 한다. 마지막으로 병입하기 전에 새로 제조된 원액과 오래 묵은 원액을 블렌딩하여 알코올 도수를 40% 정도로 희석시킨 다음 설탕을 태운 캐러멜로 착색하면 비로소 코냑이 탄생하게 된다.

브랜디의 등급 대부분의 코냑 회사들은 저장기간에 따라 품질등급을 3-스타(☆☆☆), 5-스타(☆☆☆☆☆), 7-스타(☆☆☆☆☆☆☆) 등 3개로 구분하고, 라벨에는 V.S, V.S.O.P, Napoleon, X.O, Extra 등으로 표기한다. 엑스트라(Extra)급 이상은 각 회사 특유의 별칭을 붙이기도 한다. 그러나 이러한 등급표시는 초기에는 법적으로 규정된 것이 아니었으나 1983년부터 프랑스 코냑 사무국(BNIC)에 의하여 관리되기 시작하였다. 해마다 4월 1일을 공식 증류가 끝난 날로 정해 다음해 4월 1일이 되면 콩트(Comte) 1, 또 그 다음해 4월 1일이 지나면 콩트 2 등의 식으로 숙성기간을 계산한다. 코냑이란 이름을 붙이려면 최소한 콩트 1 이상은 돼야 하며, V.S는 3-스타(☆☆☆)급으로 콩트 2이상, V.S.O.P는 5-스타급으로 콩트 4 이상, 나폴레옹(Napoleon), X.O, 엑스트라(Extra)는 7-스타급으로 콩트 6 이상이어야 한다. 이러한 코냑의 숙성연도 표시는 의무규정이 아니라 최소 숙성기간만 만족시키면 된다.

따라서 모든 코냑 회사의 나폴레옹급 제품이더라도 같은 숙성기간을 갖는다고는 할 수 없다. 예를 들어 프랑스에서 가장 권위가 있는 코냑 메이커 중에 하나인 헤네시(Hennesy)사의 경우 X.O급은 50년 이상, 엑스트라는 70년 이상으로 비교적 높은 숙성기간을 설정하고 있다.

품질등급을 별로 표시하게 된 것은 혜성이 나타난 1811년에 고급 브랜디가 생산되자 상인들 중에 한 사람이 자기 브랜디 상표에 별 하나를 그려 놓았고, 다음해에도 뛰어난 브랜디가 생산되자 별 두 개를 그린 데서 유래되었다는 설이 있다. 코냑은 25년에서 50년 숙성시켰을 때 최고가 된다. 이러한 기간은 물론 오크통 속에 있는 기간만을 말하며, 코냑은 일단 병입되면 변화하지도 숙성되지도 않는다.

[표 10-5] 브랜디의 등급

라벨 표기	품질등급	최소숙성기간
V.S(Very Superior)	Compte 2(☆☆☆)	2년
V.S.O.P(Very Superior Old Pale)	Compte 4(☆☆☆☆)	4년
Napoleon	Compte 6(☆☆☆☆☆☆)	6년
X.O(Extra Old)	Compte 6(☆☆☆☆☆☆)	6년
X(Extra)	Compte 6(☆☆☆☆☆☆)	6년

※ V.S와 V.S.O.P에서 'S'에 해당하는 'Superior'를 'Special'로 표기하기도 한다.

6.4 진(Gin)

진(Gin)은 호밀 등의 곡류를 발효시켜 증류하고 쥬니퍼 베리(juniper berry : 두송열매)라는 열매의 향료를 착향하여 만든다. 쥬니퍼 베리 이외 다른 과실로 향미를 첨가한 진을 'Flavored Gin'이라고 하며, 진 앞에 과실이름을 붙인다. 진의 원산지는 네덜란드이며, 네덜란드 진(Holland Gin)을 일명 제네바(Geneva)라고 부르고, 영국이 런던 드라이 진(London Dry Gin)을 통하여 세계에서 호평을 받게 되었다.

진은 옥수수, 호밀, 대맥 같은 곡물을 당화시켜 발효한 다음 단식 증류기로 2회 증류하여 쥬니퍼 베리로 착향한 다음 다시 재증류하여 55도의 알코올로 만들며, 병입할 때는 희석하여 40~45도로 완성된다. 진은 많은 증류주 중에서 잘 취하지 않는 음료이고 숙취회복이 빠른 것이 특징이며, 맛은 대부분 드라이한데 올드 탐 진(Old Tom Gin)과 같이 2% 정도의 당분을 첨가하여 약간 단맛이 나는 것도 있다. 진은 어느 술과도 잘 어울리기 때문에 스트레이트로 마시는 것보다 칵테일 기주로 많이 애용된다. 특히 진에 벌머스(Vermouth)를 믹스하여 올리브를 곁들인 마티니(Martini)와 진에 토닉워터를 첨가한 진토닉(Gin & Tonic)은 세계적인 칵테일로 유명하다.

6.5 보드카(Vodka)

보드카(Vodka)는 러시아의 국민주로 감자, 옥수수, 호밀 등의 곡류를 발효하고 증류하여 자작나무 숯으로 여과하여 만든 술이다. 오늘날 대부분의 보드카는 95% 알코올(주정)에 물을 타서 다시 한번 숯으로 여과한 후 알코올 도수 40% 정도로 만들어 병입하는데 우리나라의 희석식 소주와 제조과정이 유사하다고 할 수 있다. 러시아에서 보드카가 사랑받는 이유 중에 하나는 러시아인들이 이 술의 신비한 힘 또는 효능을 믿고 있기 때문이다. 열악한 의료시설밖에 없었던 시기에 보드카는 마취제의 역할을 하였으며, 약으로도 쓰였다. 배가 아프면 보드카에 소금을 타서 마시고, 감기에 걸리면 후추를 타서 마셨다. 이와 같이 보드카는 척박한 환경에서 생존해야 하는 러시아 사람들에게 배고픔과 추위 그리고 삶의 애환을 잊게 해주는 좋은 친구였던 것이다.

보드카가 해외에 알려지기 시작한 것은 모스크바에서 보드카를 제조하던 스미노프(Smirnoff)사의 사장인 스미노프 백작이 러시아 혁명 후 국외로 추방되면서부터이다. 보드카가 러시아의 국민주이지만 정작 세계 제일의 생산국은 미국이며, 1939년경부터 캘리포니아를 중심으로 과일 주스를 섞어 칵테일 베이스로 인기를 얻기 시작하면서 가히 폭발적이라고 할 수 있을 정도로 붐이 일었다.

보드카는 물처럼 투명하고 특별한 맛이 없으며 냄새가 없는 술이라는 점에서 무색(無色), 무미(無味), 무취(無臭)의 3무(無)의 술이라고 부르며, 추운 지방에서는 스트레이트로 마시지만 일반적으로 과즙음료를 비롯한 여려가지 재료를 이용한 칵테일의 기주로 애용된다. 특히 보드카는 철갑상어알(Caviar)과 잘 어울리는 술로도 유명하다.

6.6 럼(Rum)

럼(Rum)은 사탕수수로 즙을 내어 끓이고 시럽으로 농축하여 추출한 다음 발효해서 증류시킨 술이다. 럼은 과거 해적들이 즐겨 마셨다고 하여 해적의 술이라고도 하며, 자메이카, 쿠바, 멕시코, 푸에르토리코 등 주로 중남미 국가에서 생산하고 있는 알코올 도수 40%~75% 정도의 술이다.

럼의 제조과정은 당밀을 물로 묽게 하여 당분이 12~16% 정도 되게 한 후 발효시킨다. 이것을 다시 증류하여 얻은 주정에 태운 설탕(caramel)으로 착색한 다음 오크통에 넣어서 수년간 저장한 후 마시게 된다. 럼의 원료인 사탕수수는 인도가 원산지로 스페인을 거쳐 중남미에 전파되었으며, 17세기경 발바도스(Barbados) 섬에서 영국의 증류기술자가 사탕수수 줄기에서 즙을 내어 설탕을 만들고 나머지를 발효시키고 증류하여 처음으로 럼을 만들었다. 당시 이 술을 마신 원주민이 취해서 흥분하여 원주민의 말인 'Rum-bullion(흥분하다, 소동하다)'이라고 하였는데 이 말에서 럼(Rum)이 유래되었다. 그 후 자메이카를 중심으로 사탕공업의 발달과 함께 번창하게 되었지만 불만이 있는 사람들이 럼을 마시고 폭동을 일으켜 평이 좋지 못한 하급주로 취급되기도 했다. 그러나 1805년 영국 넬슨 제독이 전사하자 시신의 부패를 방지하기 위하여 럼을 담은 큰 통속에 넣어 본국으로 운송하였던 일로 '넬슨의 피(Nelson's Blood)'라는 별명을 얻기도 했다.

1862년에는 스페인에서 쿠바로 이주한 바카디(Bacardi)에 의해 투명한 라이트 럼(Light Rum)을 생산하게 되었으며, 럼이 세계적인 명성을 얻게 된 것은 1930년 미국에서 칵테일 럼이 성행하여 그 이후로 각광을 받았다.

6.7 테킬라(Tequila)

멕시코산 선인장인 용설란(Agave)을 원료로 하여 증기로 쪄서, 다시 잘게 부수어 당즙을 낸 다음 이 즙을 발효하면 풀케(Pulque)라는 양조주가 되고, 이것을 증류하면 테킬라가 된다. 예로부터 멕시코 인디언들은 사막에서 자라는 용설란이란 식물을 발효시켜 풀케를 빚어 마셨다고 한다. 이들은 풀케를 '생명의 물' 이라 부르며 성스러운 음료로 여겼다. 이 후 17세기경 스페인으로부터 증류기술이 도입되어 오늘날과 같은 테킬라(Tequila)가 생산되었으며, 1968년 멕시코 올림픽 이후 세계적으로 널리 알려지게 되었다.

테킬라는 소금을 핥아 가면서 마시는 습관이 있는데 테킬라 병에는 작은 소금 1봉지가 묶여져서 판매되기도 한다. 강렬한 햇볕 아래 독한 테킬라만 마시고 술에 취해 잠들면 땀을 많이 흘려 실신하고 목숨을 잃게 되는 경우가 많았는데 그래서 소금을 안주 삼아 마시는 습관이 생겼다고 한다.

테킬라는 칵테일 조주에 많이 사용되고 있는데 멕시코에서는 차게 하여 스트레이트로 즐겨 마신다. 테킬라를 스트레이트로 마시는 요령은 첫째, 소금을 왼손의 손등 엄지와 검지 사이 부분에 올려놓고 둘째, 같은 손에 잔을 들고 오른손에는 레몬을 든 다음 셋째, 먼저 소금을 맛보고 테킬라를 마신 다음 레몬을 빨아먹는다.

테킬라는 색에 따라 화이트와 골드로 분류되는데 화이트 테킬라(White Tequila)는 숙성시키지 않은 테킬라로 맛이 가볍고 색은 무색이며, 주로 칵테일 기주로 사용한다. 골드 테킬라(Gold Tequila)는 오크통 속에서 2개월 이상 또는 수년간 숙성시킨 테킬라로 맛은 중후한 편이고, 색은 골드 색이며, 주로 스트레이트로 즐겨 마신다.

7 리큐르와 칵테일

7.1 리큐르

혼성주 즉 리큐르(liqueur)는 증류주에 과일, 식물, 씨앗 등의 천연향료를 배합한 후 다시 설탕이나 꿀 등의 감미료 및 착색류를 첨가하여 만든 혼성주로 색깔이 아름답고 다양하여 '액체의 보석' 이라고도 불린다. 양조주나 증류주의 고유한 향미는 발효를 거쳐서 만들어지는 물질과 나무통에서 숙성되는 과정에서 대부분 구성되지만 리큐르는 발효라는 미생물에 영향을 받지 않고 이미 만들어진 증류주에 향미만을 더하는 것이다. 국제적으로 리큐르는 알코올 농도 15% 이상에 엑기스분(증발하고 남은 분량)이 10% 이상

함유된 술로 정의되고 있다. 우리나라 주세법에서는 증발잔분이 2% 이상으로 규정하고 있어 보다 광범위하다고 할 수 있다.

유럽지역에서는 리큐르(Liqueur)라고 하지만 영미지역에서는 코디알(Cordial)이라고 한다. 이러한 혼성주는 스트레이트로도 즐겨 마시지만 주로 칵테일 기주로 많이 사용한다. 따라서 다양한 혼성주가 없었다면 다양한 칵테일도 존재할 수 없었다. 리큐르의 주재료에 따라 다음과 같이 분류할 수 있다.

과실(fruits) 리큐르 과실류를 증류주에 넣어 수개월 동안 두면 색깔, 향취, 향미가 술에 옮겨가는데 이것을 여과시켜 설탕류 등을 가미하면 과실류 리큐르가 된다. 과실류 리큐르는 보통 식후주로 애용되며 주로 사용하는 과실류는 살구, 검은 딸기, 버찌, 복숭아 등이다. 대표적인 리큐르로는 오렌지를 이용한 큐라소(Curasao)를 비롯하여 코인뚜루(Cointreau), 트리플섹(Triple-sec), 마라스키노(Maraschino), 슬로진(Sloe Gin) 등이 있다.

식물(plants) 리큐르 약초(herbs)나 향초(spices) 등의 식물류를 증류주에 넣어두면 그 성분이 자연적으로 우러나오는데 그것을 증류기에 증류시킨 다음 캐러멀 등으로 착색하고 감미료를 첨가하면 식물류 리큐르가 된다. 식물류 리큐르는 주로 식물의 열매, 잎, 껍질 등을 사용하는데, 대표적인 리큐르로는 엡신스(Absinthe), 아니세트(Anisette), 베네딕틴(Benedictine), 샤투루즈(Chartreuse), 갈리아노(Galliano), 캄파리(Campari) 등이 있다.

종자(seeds) 리큐르 과실의 씨에 함유되어 있는 방향성의 성분이나 커피, 카카오, 바닐라 따위의 두류(豆類)를 이용하여 향기를 높인 리큐르로 주로 식후에 마신다. 단순히 씨만 이용하는 경우는 드물고 몇 가지 향료를 혼합하는 것이 일반적이다. 대표적인 리큐르로는 크렘 드 카카오(Creme de Cacao), 크렘 드 모카(Creme de Moka), 티아 마리아(Tia Maria) 등이 있다.

7.2 칵테일(cocktail)

조주 즉 칵테일(cocktail)은 알코올성 음료에 다른 알코올성 음료를 섞거나, 알코올성 음료에 비알코올성 음료를 섞어서 만든 술이다. 칵테일은 6대 증류주 즉 위스키(whisky), 브랜디(brandy), 진(gin), 럼(rum), 보드카(vodka), 테킬라(tequila)를 비롯한 리큐르 및 와인 등의 술을 기주로 하고, 각종 부재를 섞어 만드는데 초기에는 빨리 취하기 위한 목적으로 마셨으나, 오늘날에는 맛, 향, 색의 조화를 느낄 수 있는 예술적 감각의 술로 평가되고 있다.

연습문제(호텔관련 종사원 자격시험 대비)

1. par stock이란 무엇인가?

① 적정 구매　② 적정 재고
③ 적정 판매　④ 적정 양

2. 와인 보관장소(wine cellar)의 설명 중 잘못된 것은?

① 햇빛이 들지 않고 서늘하며 습기가 약간 있는 곳이 좋다.
② 실내 온도는 섭씨 18도 내외가 좋다.
③ 와인에 전해지는 충격이나 진동이 없는 곳이 좋다.
④ 습도는 60~80% 정도가 유지되는 곳이 좋다.

3. 다음 중 18℃ 정도의 온도에서 마시기에 가장 좋은 술은?

① 레드 와인　② 맥주
③ 화이트 와인　④ 샴페인

4. 화이트 와인과 샴페인의 서비스 온도는?

① 3~5도　② 6~8도
③ 9~12도　④ 13~15도

5. 맥주는 술과 거품의 양을 어느 정도 유지하는 것이 좋은가?

① 술의 양 8부, 거품 2부　② 술의 양 9부, 거품 1부
③ 술의 양 6부, 거품 4부　④ 거품이 거의 없게

6. 우리나라 주세법에 의하면 술이란 알코올 몇 % 이상의 음료를 말하는가?

① 1%　② 3%
③ 4%　④ 5%

7. 80Proof는 알코올 도수 몇 %인가?

① 40% ② 86%
③ 43% ④ 20%

8. 다음 중 술의 역사적 변천과정의 바른 것은?

① 증류주 → 양조주 → 혼성주 → 칵테일
② 양조주 → 증류주 → 혼성주 → 칵테일
③ 증류주 → 혼성주 → 양조주 → 칵테일
④ 양조주 → 혼성주 → 증류주 → 칵테일

9. 다음 중 양조주가 아닌 것은?

① 진 ② 와인
③ 맥주 ④ 막걸리

10. 다음 중 맥주의 주원료가 아닌 것은?

① 보리 ② 호프
③ 효모 ④ 설탕

11. 다음 중 식전 와인은?

① Rose wine ② Port wine
③ Sherry wine ④ Champagne

12. 프랑스 와인 등급 중 가장 좋은 것은?

① V.D.Q.S ② Vin de Table
③ Vin de Pays ④ A.O.C

13. 다음 중 알코올 도수가 가장 높은 와인은?

① Rose ② Sherry
③ Port ④ Champagne

14. 빈티지란 어떤 표시를 말하는가?

① 포도의 생산지역 ② 포도의 수확연도 표시
③ 와인의 등급 ④ 와인 맛

15. 다음 중 곡류로 만들어지는 것이 아닌 것은 ?

① 위스키 ② 진
③ 맥주 ④ 코냑

16. 다음 중 식후 와인은?

① Rose wine ② Port wine
③ Sherry wine ④ Champagne

17. 다음 중 스카치 위스키가 아닌 것은?

① Jameson ② Royal Salute
③ Chivas Regal ④ Johnnie Walker

18. 다음 중 관계가 없는 것 하나는?

① Jim Beam ② Jack Daniel
③ Whisky ④ Whiskey

19. 다음 브랜디 등급 중 가장 숙성기간이 가장 낮은 것은?

① X.O ② V.S.O.P
③ V.S ④ Napoleon

20. 다음 중 사과 브랜디는?

① 꼬냑 ② 알마냑
③ 칼바도스 ④ 키리쉬

21. 증류주에 감미, 착향, 착색한 술은?

① 양조주 ② 칵테일
③ 리큐르 ④ 희석주

22. 와인 디캔팅(decanting)이란?

제11장

호텔 세일즈 & 마케팅 관리

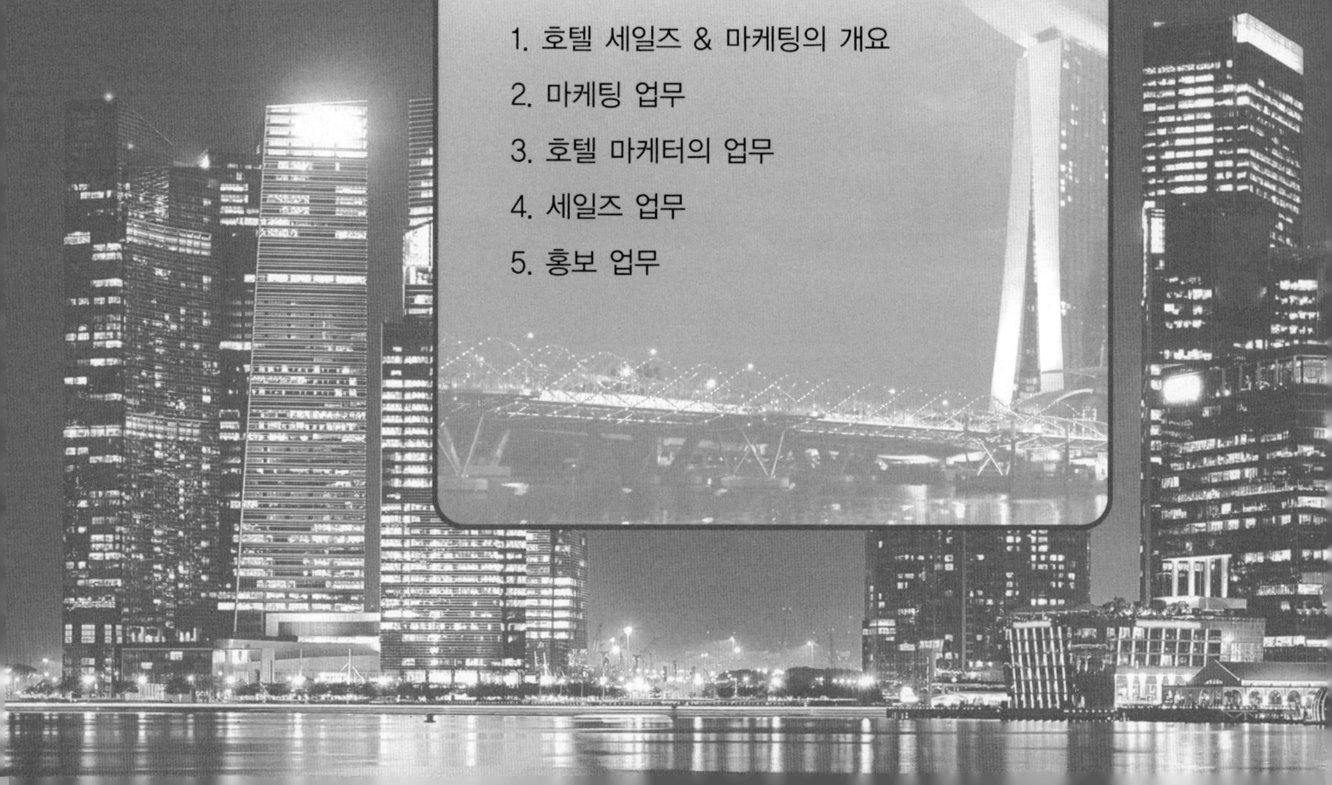

호텔경영의 이해

제 11 장 호텔 세일즈 & 마케팅 관리

1 호텔 세일즈 & 마케팅의 개요

1.1 호텔 세일즈 & 마케팅의 중요성

호텔에서 세일즈(sales)와 마케팅(marketing)을 담당하는 부서를 판촉부라고 한다. 판촉부는 상품기획에서부터 판매 및 촉진활동을 한다는 점에서 호텔의 중추적인 역할을 담당하고 있다. 마케팅 업무는 시장조사 및 분석, 영업분석 등을 통하여 호텔의 경영목표를 달성하기 위한 방향을 제시하고 이에 따른 상품기획, 가격, 유통, 촉진 등의 전략을 수립하는 것이며, 세일즈 업무는 마케팅 전략에 따라 고객과 직접 접촉하여 상품을 설명하고 판매하는 역할을 한다.

오늘날 고객의 욕구를 충족시켜주고, 경쟁호텔보다 상품을 더 팔고, 고객을 더 획득하려는 생존경쟁은 호텔기업 간의 마케팅 전쟁이라고 할 수 있다. 그리고 한정된 시장에서 고객획득만으로는 한계가 있으므로 자사의 고객을 지속적으로 유지하고 관리하는 것이 필요한데 이러한 것도 마케팅의 일환이다.

「판매 없는 사업은 없다.(no sales, no business)」라는 말이 있듯이 어느 기업이든 판매를 담당하는 부서는 중요하며 회사차원에서도 지원을 아끼지 않는 실정이다. 따라서 호텔 세일즈 · 마케팅부서에 근무하는 직원은 호텔을 대표하고 전 사원의 생계를 책임진다는 각오로 업무에 임해야 한다.

1.2 호텔 세일즈 · 마케팅의 조직도

일반적인 호텔 세일즈 · 마케팅부서의 조직도는 다음과 같다.

[그림 11-1] **호텔 세일즈 & 마케팅부서의 조직도**

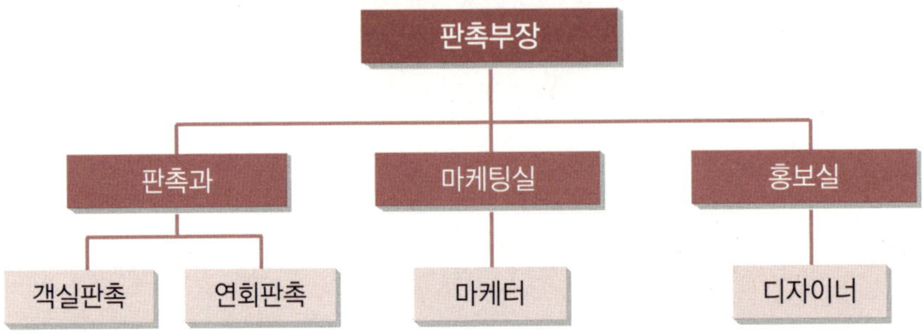

2 마케팅 업무

2.1 마케팅의 정의

호텔의 마케팅 업무를 수행하는 마케터(marketer)는 마케팅의 기본적인 개념을 이해할 필요가 있다. 마케팅에 대한 정의는 여러 학자들이 주장하고 있는데 대표적인 정의 두 가지를 소개하면 다음과 같다.

미국 마케팅협회의 정의 미국 마케팅협회(AMA)는 1985년 "마케팅이란 개인이나 조직의 목표를 충족시키는 교환을 창출하기 위하여 아이디어, 재화 및 서비스의 개념화, 가격결정, 촉진 및 유통을 계획하고 실행하는 과정이다."라고 정의하였다.

코틀러의 정의 마케팅의 대표적인 학자인 코틀러(Kotler)는 "마케팅이란 제품이나 가치를 창조하거나 다른 사람과의 교환과정을 통하여 소비자의 필요(needs)와 욕구(wants)를 충족시키는 인간활동이다."라고 정의하였다.

2.2 마케팅 핵심용어의 이해

필요와 욕구 필요(needs)는 인간이 본원적으로 가지고 있는 요구이고, 욕구(wants)는 필요를 만족시켜주는 수단으로 구체화된 바람이다. 예를 들어 배가 고플 때 음식을 찾고자 하는 것은 필요이고 음식 중에서 한식, 일식, 양식, 중식 등 구체화된 품목을 찾는 것은 욕구이다.

교환 기업의 제품 또는 서비스와 고객의 화폐가 서로 교환함으로써 기업은 생존유지, 고객은 욕구충족이라는 양자의 목적을 실현시키는 행위를 말한다.

시장(market) 어떤 제품이나 서비스에 대한 실제적 또는 잠재적 구매자의 집합을 말한다.

마케팅 프로세스 마케팅 프로세스(marketing process)란 마케팅 기회의 확인, 시장의 세분화 및 표적시장의 설정, 포지셔닝 구축, 마케팅믹스전략을 수립하여 그것들이 효과적으로 운용되도록 마케팅관리 시스템을 구축하는 것이다.

[그림 11-2] **마케팅 프로세스**

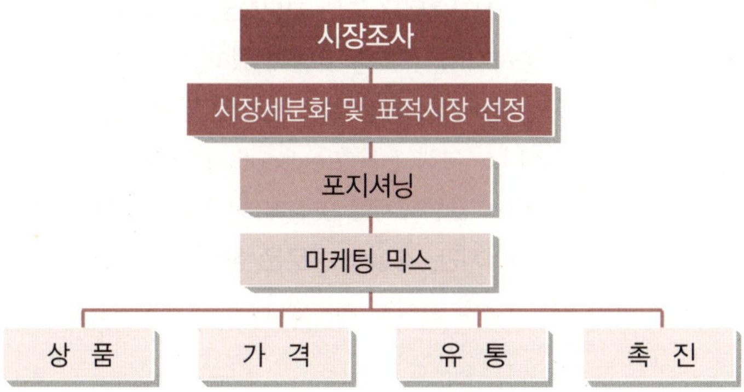

시장세분화 및 표적시장 시장세분화(market segmentation)란 유사한 필요, 요구, 선호, 구매행동을 보이는 고객끼리 군집화하여 분류하는 과정이다. 이 과정에서 나타나는 주 고객을 표적시장(target market)이라고 한다. 따라서 시장을 세분화하고 표적시장을 설정하여 그 표적시장에 마케팅 예산을 집중함으로써 최적의 효과를 거둘 수 있다.

포지셔닝 포지셔닝(positioning)이란 고객의 마음속에 자사의 상품이 시장에서 경쟁적 위치를 차지할 수 있도록 정위화하는 것이다. 즉 고객들에게 가장 중요한 혜택을 강조하는 이미지를 그려주고, 타사(또는 상품)와 차별화하고, 광고의 소구력을 높이기 위한 수단이라고 할 수 있다.

마케팅 믹스(marketing mix) 표적시장에서 마케팅 목표를 달성하기 위해 조정할 수 있는 여러 가지 수단을 말한다. 전통적인 수단으로는 이른바 4P 즉 상품(product), 가격(price), 유통(place), 촉진(promotion)을 들 수 있는데 이를 어떻게 조합시켜 마케팅목표를 달성시킬 수 있는가가 마케팅 믹스의 핵심이다.

사례 **신라호텔과 하얏트호텔의 차별화 마케팅**

신라호텔의 콘셉트는 '한국의 멋을 느낄 수 있는 비즈니스 호텔'이다. 들어가는 길이 마치 고궁을 찾아가는 듯하다. 정문에는 옛 경희궁의 출입문이었던 '흥화문'이 서 있다. 부속건물들도 대부분 고풍스러운 기와문양으로 장식돼 있다. 호텔 로비에서는 고운 한복을 차려입은 도우미가 고개 숙여 인사한다. 신라호텔은 국내 자본으로 지어지고 경영도 삼성이 독자적으로 하다보니 로열티를 지불하지 않는 토종 호텔이 됐다. 이에 따라 호텔 인테리어와 분위기에 한국 색채를 짙게 입히는 것이 가능했다. 신라호텔은 한국의 정(靜)적인 이미지를 강조한다. 업계 최초로 비즈니스 고객 전용층(executive floor)을 만들고 최근에는 위성통신 시스템까지 갖춘 비즈니스 호텔이지만 곳곳에 한국적 감각이 스며 있다. 최고급 스위트룸도 기본 시설은 서양식이지만, 객실의 창문은 창호문으로 되어 있고, 화병, 장식품, 문갑 등 인테리어는 한국고유의 방식을 채택했다. 최신식 시설을 갖추되 한국적 색채가 물씬 풍겨나는 호텔. 외국인 고객들은 이 매력에 빠져 한국에 오면 다시 신라호텔을 찾는다고 한다.

서울 남산 중턱에 자리잡은 그랜드하얏트호텔은 높은 천장과 짙은 브라운 색조의 벽면이 눈에 띈다. 이는 전 세계 200여개 하얏트호텔의 공통 콘셉트. 이곳은 철저하게 외국 비즈니스맨을 위한 호텔이다. 아예 한식당이 없을 정도이다. 직원들이 투숙객에게 인사할 때도 가벼운 목례나 눈인사를 하라고 주문한다. 외국인들은 허리가 90도로 꺾이는 정중한 인사를 받으면 오히려 부담스러워 하기 때문이다. 본사가 미국 시카고에 있는 하얏트호텔의 체인은 200여 개 되고 본사의 경영방침을 따른다. 세계 어느 하얏트호텔에 가더라도 같은 인테리어에 정형화된 서비스를 제공한다. 비즈니스맨에게 편안한 느낌을 주기 위해서다. 그랜드하얏트호텔은 매우 동(動)적인 호텔이다. 엔터테인먼트 시설이 가장 잘 돼 있는 호텔이기도 하다. 나이트 클럽인 'JJ마호니스'에는 매일 20~30대 비즈니스맨들이 몰려든다. 주말에는 바에 서있을 자리가 없을 정도로 붐빈다. JJ마호니스는 한국인에게도 큰 인기다.

매년 최고의 비즈니스호텔을 선정하는 영국의 '유로머니' 지는 올해 한국의 최고 비즈니스 호텔을 발표했다. 1위는 신라호텔, 2위는 그랜드하얏트호텔. 지난해에는 반대 순위였다. 두 호텔 모두 한국 최고급 비즈니스 호텔로 꼽히지만 서로 다른 콘셉트와 이미지를 가지고 고객에게 접근하고 있다.

2.3 서비스 마케팅믹스의 이해

호텔은 서비스업으로 전통의 마케팅 믹스인 4P만 가지고는 마케팅목표를 달성할 수 없으므로 서비스의 특성을 고려한 서비스 마케팅믹스 전략이 필요하다. 즉 서비스 마케팅에서는 서비스가 일련의 과정으로 구성되어 프로세스(process), 유형의 제품이 아니라 시설. 비품 등의 물리적 요소로도 고객에게 접근하므로 물리적 증거(physical evidence), 그리고 인적 서비스의 의존도가 높으므로 종업원(people)의 서비스품질 등 3P가 더해져 확장된 믹스(7P)로 구성되어야 한다.

상품(product) 호텔의 상품은 구체적으로 객실, 식음료, 부대시설 등으로서 고객이 시설적 편익을 이용하고 대가를 지불하는 무형의 상품이다. 물론 식음료와 같은 유형의 상품도 있지만 결국 먹거나 해서 고객이 소유할 수 없는 특징이 있다. 즉 호텔 서비스상품은 무형적이어서 소유할 수 있는 것이 아니라 경험의 가치와 편익을 구매하는 것이다. 따라서 고객에게 서비스가치를 창출하기 위해서는 "내가 왜 당신 회사의 서비스를 구매해야 하느냐?"라는 구매자의 질문에 설득력 있는 답을 제시할 수 있어야 한다. 이를 위해서는 서비스 품질관리, 부가서비스 개발, 서비스 브랜드관리, 서비스보증, 서비스의 차별화, 서비스 패키지상품 개발 등 서비스상품의 가치창출이 필요하다.

가격(price) 가격은 수익을 확보할 수 있는 수단이다. 특히 서비스의 가격은 주관적이고, 고객은 비용지불에 비하여 얻는 가치와 편익으로 평가된다. 경쟁사에 비하여 고객에게 지불 비용보다 높은 가치를 주기 위해서는 저가 또는 고가전략의 선택이 필요하다. ① 저가전략은 서비스품질 수준을 경쟁사와 동등하게 하거나 그 이상으로 높이면서 가격을 더 저렴하게 하고자 할 때 또는 비용을 줄여 즉 원가 절감을 통하여 가격을 낮추고 핵심서비스에 치중하고자 할 때 가능하다. ② 고가전략은 고객이 고가를 지불할 만큼의 서비스상품이 차별화 되어 있어야 하고 서비스품질 수준과 보장성을 높여 줄 때 가능하다.

입지 또는 판매의 경로(place) 호텔 서비스상품은 대부분 유통과정이 없으므로 고객이 직접 현장에 와야 한다. 따라서 입지조건이 중요하며, 입구에 들어서면서부터 구매과정 그리고 나갈 때까지 최대한의 편리를 제공할 수 있도록 관리되어야 한다.

촉진(promotion) 고객이 호텔상품에 대한 정보를 잘 알 수 있도록 커뮤니케이션 활동이 필요한데 그 수단으로서 인적 판매, 광고, 홍보 등의 활동을 들 수 있다.

프로세스(process) 서비스는 한 접점에서 끝나는 것이 아니라 일련의 과정(process)으로 되어 있다. 즉 고객은 일련의 서비스과정에 참여하며, 모두 경험한 후 그 대가를 지불하는 것이다. 따라서 부서 간 또는 직원 간의 서비스 프로세스가 원활하게 진행되어야 한다.

물리적 증거(physical evidence) 호텔서비스는 무형적이라는 점에서 유형성을 높여 주기 위해서는 물리적 증거의 관리가 필요하다. 즉 서비스는 진열판매가 안 되고 사전 설명이 안 되기 때문에 실제 경험해 보지 않으면 서비스 수준이나 품질을 알기 어렵다. 따라서 물적 시설 등과 같은 외형으로 서비스수준이나 품질을 유형화시킬 수 있다. 물리적 증거는 다음과 같이 3가지로 나눌 수 있다.

> **물리적 증거**
>
> - 외부 : 건물, 시설, 조경, 간판의 디자인. 색상 등
> - 내부 : 인테리어, 비품, 가구, 공기, 온도, 공간 배치 등
> - 기타 : 종업원 유니폼, 안내 팸플릿, 메뉴판, 티켓, 영수증, 입장권 등

종업원(people) 서비스는 고객과의 접촉과정에서 종업원에 의하여 생산되고 판매된다. 또한 종업원 개인이 가지고 있는 서비스 기술과 용모 자체는 구매와 평가의 대상이 될 뿐만 아니라 매출 극대화에 직접적으로 영향을 미친다는 점에서 종업원은 서비스 마케팅 믹스 중에서도 중요한 요소이다.

따라서 종업원 관리를 위해서는 건전하고 비전이 있는 서비스문화를 창조하고 조직구조를 개선해야 하며, 내부 마케팅 및 교육 · 훈련을 통하여 서비스자질과 품질을 높여야 한다.

3 호텔 마케터의 업무

3.1 마케팅 환경의 이해

마케터(marketer)는 변화하는 환경에 능동적으로 대처하기 위해 소비자의 트렌드(trend)를 잘 읽어야 한다. 흔히 21세기 사회를 창조화 사회라 하여 개성과 창의력, 그리고 아이디어가 중시되고 있으며, 소비자의 구매패턴이 과거 가격이나 물질보다는 가치

추구에 있으므로 획일적인 사고와 서비스로는 고객에게 접근할 수 없다. 따라서 마케팅의 패러다임도 변천하고 있다. 즉 대량 마케팅(mass marketing)에서 고객계층 세분화에 의한 타깃 마케팅(target marketing) 그리고 오늘날 고객개인을 타깃으로 컴퓨터의 데이터베이스를 이용한 데이터베이스 마케팅(database marketing)이 전개되고 있다.

이와 같이 호텔마케팅에서도 고객계층을 세분화하고, 고객의 다양성을 존중하여 그들의 욕구와 요구에 순발력 있게 대응할 수 있도록 개인 고객화를 위한 맞춤식 마케팅이 필요한 것이다. 즉, 고객을 호텔기업 내부의 시스템에 맞도록 표준화시키는 것이 아니라 호텔기업이 고객의 다양성과 욕구에 쫓아가야 하는 것이다.

[그림 11-3] **마케팅 패러다임의 변화**

3.2 성숙기의 마케팅 전략

호텔업 전체가 성장하고 있을 때는 시장 점유율을 위해 경쟁을 하지 않더라도 매출을 신장시킬 수 있지만 일단 시장의 성장이 멈추면 경쟁이 격하되고 업계 전체의 이익이 감소하는 성숙기현상이 발생하는데 그 특징은 다음과 같다.

성숙기 시장의 특징

- 신규 고객보다 고정고객의 확보가 요구된다.
- 고객이 가격에 민감해진다.
- 경쟁사와 서비스 내용이 비슷해진다.
- 고객의 서비스수준이 높아진다.
- 특정 호텔에 대한 애호도가 점점 떨어진다.
- 고객이 더욱 많은 부가서비스를 요구한다.
- 마케팅비용이 높아진다.

이와 같이 성숙기의 호텔기업은 경쟁호텔과 고객으로부터 많은 도전을 받고 있다는 점에서 고객관계 유지를 위한 마케팅과 노력이 요구된다.

3.3 관계마케팅

서비스가 성숙기에 접어들고 경쟁이 치열해짐에 따라 각 기업은 한정된 시장에서 점유율을 높이기 위해 고객과의 관계를 중요시하게 되었는데 이러한 접근 방법이 관계마케팅(relationship marketing)이다. 종전의 마케팅은 고객과의 일회성 또는 교환이 중심이었으나 관계마케팅은 신규고객의 획득보다는 기존고객의 유지와 향상에 초점을 두고 유대관계를 강화함으로써 고객과의 거래나 교환이 장기적으로 지속되어 기업과 고객 모두에게 이익을 보호하자는 개념이다.

따라서 마케터는 고객을 유지하기 위해서는 고객이 왜 이탈하는가를 사전에 파악하여 적절한 조치를 취해야 한다.

서비스기업에 있어서 고객이 이탈하는 사유

- 핵심서비스 제공의 실패
- 불친절한 고객 응대
- 가치획득보다 높은 가격
- 거리, 영업시간 등 이용에 대한 불편
- 불만, 불평처리 미흡
- 경쟁사의 유인
- 기업의 비윤리적 행위

3.4 고객관계관리

고객관계관리(CRM : Customer Relationship Management)란 선별된 고객 즉 우수고객으로부터 지속적인 수익창출을 유도하고 장기적으로 고객관계를 가능하도록 관리하는 것인데 결국 고객과 관련된 기업의 내 · 외부 자료를 분석하고 통합하여 각 고객 특성에 기초한 마케팅 활동을 계획하고 지원하는 과정이다. 이른바 고객 맞춤식 서비스를 제공하는 것이다.

호텔은 어느 업종보다 이용계층이 한정되어 있고 이들에 의한 매출효과가 극명한데 즉 VIP로 분류되는 우수고객들이 매출에 차지하는 비중은 대략 20% 이상을 상회하는 것으로 알려져 있다. 이러한 이치는 결국 19세기 이탈리아 경제학자인 파레토(Pareto)가 주장한 80/20의 법칙에 적용되는 것이다. 예를 들어 호텔의 80% 매출은 20%의 고객에서 창출된다는 것이다. 따라서 호텔에서는 80%의 매출을 올려주는 20%의 고정고객을 위한 고객관계관리가 요구된다. 호텔에서 고객관계관리의 주요 대상은 유료 VIP 회원, 피트니스(fitness) 멤버, 호텔 간 제휴 멤버십 회원 등이 있으며, 이들 고객에게 마케터는 텔레마케팅, DM, 뉴스레터, E-mail 등의 수단으로 관리해야 한다.

3.5 호텔 마케터의 직무

시장 및 경쟁사 분석 마케터는 마케팅의 개념을 이해하고 변화하는 마케팅 환경에 대하여 항상 관심을 가져야 한다. 또한 새로운 정보를 수집하고, 이를 관련부서나 세일즈맨에게 제공하며, 경쟁사 및 자사의 영업 등을 분석하여 자료를 만든다.

판매촉진 활동 판매촉진을 위하여 각종 이벤트(event), 프로모션(promotion), 패키지(package) 상품 등을 개발한다. 호텔에서 취급하는 패키지 상품은 호텔 특성에 따라 달리 운용되는데 주요 패키지 상품은 다음과 같다.

- Summer Package : 여름철 수영장 또는 해수욕장과 연계한 상품
- Winter Package : 겨울철 비수기 타개를 위한 상품
- Honeymoon Package : 신혼여행객을 대상으로 한 상품
- Biz Package : 회의실 및 회의기자재 등의 사용과 관련된 상품

고객관계관리 고객관계관리를 위하여 텔레마케팅 등을 실시한다. 텔레마케팅(telemarketing)이란 데이터베이스화된 고객에게 전화를 통하여 직접 자사의 상품을 홍보하거나 판매하는 기법이다.

팸 투어 기획 마케터는 판매촉진의 차원에서 팸 투어를 기획할 필요성 있다. 팸 투어(Fam. Tour : familiarized tour)란 호텔상품을 직접 판매하는 거래선의 직원을 초청하여 자사의 호텔상품을 설명하고 접대하여 친밀감을 느끼게 만드는 일종의 상품설명회 및 접대성의 이벤트로 비용은 대부분 호텔 측에서 제공한다.

부커 클럽의 운용 부커 클럽(booker club)이란 호텔예약을 담당하는 비서들의 모임으로 호텔에서는 국내 및 외국인 기업체 객실고객의 판촉활성화를 위하여 이들의 모임을 만들어 각종 파티의 개최, 야유회 실시, 실적에 따른 연말 인센티브 제공 등을 통하여 지속적인 관리를 하고 있다.

관광목적 고객의 호텔선택은 여행사에 달려 있지만, 비즈니스 고객의 경우 상당수는 비서들이 예약을 대신해 주고 있다. 즉 객실매출의 상당량이 비서들의 마음먹기에 달려 있는데 비서들이 어느 호텔로 예약을 하느냐에 따라 객실매출이 달라지기 때문이다. 따라서 마케팅의 타깃은 비즈니스맨이 아니라 비즈니스맨을 수행하는 비서라는 말이 나돌 정도로 비서들의 역할이 중요시되면서 호텔마다 부커들을 위하여 갖가지 판촉활동을 하고 있다. 결국 부커 클럽(또는 비서클럽)이란 비서 자신이 속한 기업이나 파트너 기업의 비즈니스맨을 특정 호텔에 지속적으로 송객 해주고 호텔은 이들 비서들에게 일정한 혜택을 줌으로써 상호 이익을 추구하자는 제도인데 호텔 측에서 이를 관리하고자 만든 사교모임이라고 할 수 있다. 각 호텔의 부커 클럽은 대체적으로 1박당 포인트제를 실시하여 일정 수준에 이르면 그에 상응하는 상품을 제공하고, 특정한 날에 부커들을 초청하여 파티를 열어주거나 야외 레크리에이션은 물론 다양한 이벤트행사를 갖기도 한다.

부커 클럽의 선두주자는 하얏트호텔로 1974년부터 운영하였는데 그 명칭은 '프라이빗 라인(private line)' 즉 전용회선이라는 뜻이다. 이후 80년대 말부터 각 호텔에서는 마케팅 차원에서 그 중요성을 인식되어 대부분의 비즈니스 호텔에서 운영하게 되었다.

[표 11-1] **서울지역 주요 호텔의 부커 클럽**

호텔명	클럽명	실시연도
하얏트	프라이빗 라인(Private Line)	1974
신라	바스클럽(Bas Club : Booking At Shilla Club)	1984
르네상스	앙코르 클럽(Encore Club)	1988
롯데	샤롯데 클럽(Char Lotte Club)	1989
힐튼	탑 키 클럽(Top Key Club)	1992
조선	텔레조이(Telejoy Club)	1993
노보텔	앙뜨레 누(Entre Nous Club)	1993
워커힐	아이티티 쉐라톤 초이스(ITT Sheraton Choice)	1995
리츠칼튼	라-넷(La-Net)	1997

4 세일즈 업무

4.1 세일즈 콜의 개요

고객육성과정 세일즈 업무를 성공적으로 하기 위해서는 고객의 육성과정을 이해할 필요성이 있다. 즉 고객은 모두 같을 수 없으며, 가장 낮은 단계의 잠재고객(suspects)에서부터 가장 높은 단계의 옹호고객(advocates)까지 7단계로 점점 육성되고, 각 단계의 고객별로 접근방법이 달라져야 하는 것이다.

[그림 11-4] **고객의 육성과정**

세일즈 콜의 의의 세일즈 콜(sales call)이란 호텔의 상품이나 서비스를 판매하기 위하여 고객을 방문하는 것을 말한다. 세일즈 콜을 훌륭하게 수행하기 위해서는 ① 방문목적(purpose)이 뚜렷해야 하고 ② 모든 방문은 계획(panning)에 의하여 진행되어야 하며 ③ 상품설명(presenting)에 대한 스킬(skill)을 소유하고 있어야 하고 ④ 고객을 잘 설득(persuading)하여 자사의 고객으로 유도해야 한다.

4.2 세일즈의 3단계 업무

사전업무 세일즈와 관련하여 다양한 지식의 습득, 호텔의 내 · 외부 시설 현황을 숙지하고, 호텔에서 판매되고 있는 상품 및 서비스에 대한 지식을 습득하고 있어야 한다. 또한 호텔의 영업방침과 각 부서의 업무에 대한 지식도 습득해야 하고, 경쟁호텔의 주요 시장 및 상품에 대한 정보 및 방문고객에 대한 정보도 알고 있어야 한다.

- 세일즈 콜 계획서 작성 : 주별, 월별 방문계획서를 작성하고, 판촉대상을 업종별, 지역별로 분류하여 코스를 선정한다. 방문하기 전에 사전 약속을 하고, 거래선을 ABC 등급으로 나누어 방문횟수를 결정한다.
- 세일즈 키트 준비 : 세일즈 키트(sales kit)란 각종 인쇄 홍보물을 보기 좋게 담을 수 있도록 두꺼운 종이로 된 폴더를 말한다.

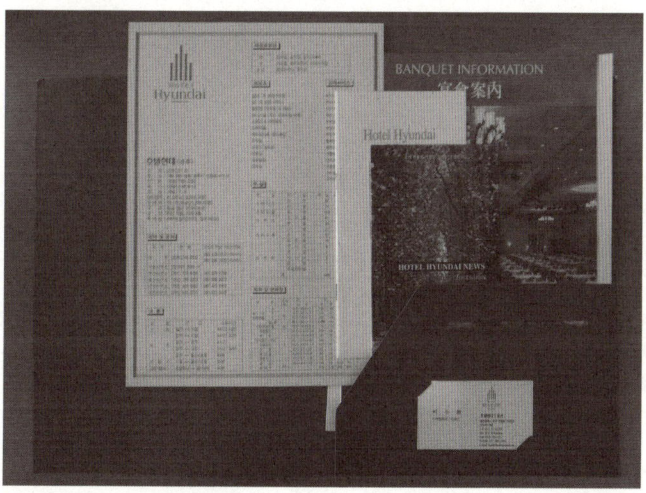

➔ 세일즈 키트(sales kit)

세일즈 키드 속의 홍보물

- 호텔 브로슈어(hotel brochure) : 호텔의 시설 전반을 소개한 인쇄물
- 팩시트(fact sheet) : 호텔의 개요 및 시설을 한 장에 소개한 인쇄물
- 컨벤션 및 연회 브로슈어(convention & banquet brochure) : 회의나 연회장의 규모, 시설 등을 상세히 소개한 인쇄물
- 패키지상품 안내서
- 식음료업장 프로모션(promotion) 상품 안내서
- 헬스클럽 브로슈어(health club brochure) : 헬스클럽의 시설이나 회원가입에 관한 안내가 소개된 인쇄물
- 유료회원 가입 안내서
- 객실요금표(room tariff)
- 뉴스레터(news letter) : 매월 또는 격월로 발행되는 호텔 소식지

- 판촉물 및 기타 준비물 : 호텔 판촉물(giveaway), 명함, 필기도구, 각종 서류를 넣을 수 있는 가방을 준비한다.
- 세일즈 콜 준비자세 : 호텔의 판촉직원은 호텔을 대표하여 호텔 내 · 외부에서 고객을 접촉하므로 항상 깔끔한 용모와 정장차림의 복장을 유지하여야 한다. 특히 능동적이고 긍정적인 사고를 통하여 판매에 대한 확신과 믿음을 가지고 있어야 하며, 또한 첫인상을 좌우할 수 있는 세련된 매너를 습득해야 하여 자신감과 안정적인 모습을 견지해야 한다.

방문 현장에서의 업무 방문 현장에서는 고객과 상담을 하거나 상품을 프리젠테이션하는 업무를 수행한다. 고객 앞에서의 훌륭한 프리젠테이션은 비즈니스를 성공적으로 이끄는데 결정적 역할을 한다. 사전에 철저한 준비와 프리젠테이션 스킬(presentation skill)을 연마하고 에티켓을 익혀둠으로써 비즈니스를 성공적으로 이끌어야 할 것이다.

- **상담 준비** : 상담에 필요한 서류를 순서대로 재확인하고 상담의 구체적인 목표와 주제를 요약하고 정리해 둔다. 시청각 도구가 필요할 경우 사전에 리허설을 하고 예상 질문에 대한 답변도 사전에 준비한다.
- **프리젠테이션 방법** : 프리젠테이션을 할 때는 원고를 줄줄이 읽지 말고 핵심을 이야기하면서 주제를 일관되게 견지한다. 때로는 예와 비유를 활용하는 것도 좋은 방법이며, 특히 적절한 제스처와 목소리의 톤을 중요한 대목에서는 강하게 하는 등 리듬을 줌으로써 상대방을 지루하게 해서는 안 된다. 프리젠테이션은 ① 소개(introduction) ② 개요 설명(overview) ③ 본문 설명(main body of the presentation) ④ 요약(summary) ⑤ 질의 · 응답(question and answer) 등의 순으로 진행한다.

상담 포인트

- 약속된 시간 정시에 시작한다.
- 목표를 분명히 한다.
- 상담에 들어가기 전에 날씨 등을 주제로 분위기를 부드럽게 만든다.
- 고객 입장을 경청하고 긍정적인 자세를 견지한다.
- 감성에 호소하기보다는 논리적이어야 한다.
- 상담이 끝나면 내용을 요점 정리한다.
- 적절한 질문기법을 통해서 고객의 니즈(needs)를 파악해야 한다.
- 최종적으로 합의된 사항은 문서화한다.

상담 에티켓

- 인사가 끝나자마자 곧바로 본론으로 들어가지 않는다.
- 상대방 말을 모두 메모하지 않아야 한다. 그렇게 되면 상대방이 본심을 털어놓지 않을 수도 있다.
- 상대방이 말하는 도중에는 끼어들지 않는다.
- 대화 중에 자기들끼리 입을 가리고 소곤거리는 것은 좋지 않다.

- 자신의 의사를 전달할 때는 핵심사항을 간결하고 쉽게 표현한다.
- 대화 중에는 상대방의 눈을 응시해야 한다.
- 칭찬을 고맙게 받아들이고 칭찬을 할 줄도 알아야 한다.
- 외국인과 대화를 할 때는 표정을 어느 정도 과장하는 것이 좋다.
- 상대방의 라이프 스타일에 관심을 보인다.
- 담배는 사양해도 예의에 어긋나지 않는다.
- 적절한 제스처와 바디 랭기지의 구사는 물론 이해할 줄도 알아야 한다.

사후업무 현장에서의 세일즈 업무가 끝나면 사무실에 돌아와서 명함이나 파일 등의 서류를 정리하거나 리포트를 작성하는 등 사후업무에 임해야 한다.

- 세일즈 콜 리포트(sales call report) 작성 : 세일즈 콜의 결과를 일정한 양식에 의하여 요점을 기록하고 향후 재방문 등의 계획을 수립한다.
- 견적서 및 계약서 작성 : 현장에서 협의가 된 사항을 토대로 견적서 또는 계약서를 만들어 재방문 시 전달하거나 긴급할 경우 팩스나 e-mail로 송부한다.
- 로스트 비즈니스 리포트(lost business report) 작성 : 객실이나 연회장 등의 시설 또는 기타 사유로 인하여 행사를 유치하지 못하고 경쟁호텔이 선택되었을 때 그 사유를 적어 부서장에게 보고하여 향후 적절한 대응책을 마련할 수 있도록 한다.
- 감사의 편지(thank you letter) 및 전화 : 연회장이나 객실을 사용한 거래고객에게 감사의 편지를 보내거나 전화로 호텔이용에 따른 소감을 피드백하여 향후 판촉전략에 반영한다.

4.3 마켓 분류

효율적인 세일즈 업무를 수행하기 위해서는 시장을 세분화하여 세일즈 직원별로 담당 마켓을 정하여 집중 관리한다. 마켓의 분류는 호텔의 환경에 따라 다르지만 다음과 같이 분류할 수 있다.

[표 11-2] **객실 및 연회 판촉의 마켓분류**

구분	마켓	내용
객실 판촉 부분	국내 기업체(corporate)	기업체 임직원, 출장직원, 바이어 등의 고객
	외국인 기업체 (foregin company)	한국지사, 사무소, 대리점 등에 근무하는 외국인 장기투숙객 및 출장직원 등
	국내여행사	허니문 고객
	인바운드(In-bound)	여행사 : 외국인 단체 관광객
	항공사	승무원 등
	관공서	관공서 직원들의 출장
연회 판촉	컨벤션(convention)	국제회의 등을 하는 대형 단체
	기업체	세미나, 상품설명회, 인센티브, 각종 파티 등
	학회 및 대학	각종 학회 및 대학에서 실시하는 행사
	협회 및 사회봉사단체	각종 협회나 라이온스클럽 등의 사회봉사 단체에서 실시하는 행사
	종교단체	각종 종교단체에서 실시하는 행사
	관공서	정부 및 각 시도 행정관서, 정당 등의 관공서에서 실시하는 행사
	동창회	각종 동창회에서 실시하는 행사

5 홍보업무

5.1 홍보의 의의

홍보는 마케팅의 한 도구로 대부분의 호텔에서는 마케팅부서 내에 별도의 홍보실을 두고 있다. 마케팅 차원에서 홍보는 '자사의 상품이 소비자의 필요, 욕구, 관심, 이익 등에 부합할 수 있다는 정보와 느낌의 전달을 통해 구매를 촉진시키는 프로그램을 계획, 실행, 평가하는 일이다' 라고 정의할 수 있다. 그러나 홍보에 대한 구체적인 영어표현은 PR(public relations)과 퍼블릭시티(publicity) 두 가지가 있는데 학자마다 그 규정 및 해석을 달리하고 있다. 본서에서는 다음과 같이 정의하고자 한다.

PR(public elations) PR이란 '기업이 직간접으로 관련이 있는 여러 집단들과 좋은 관계를 구축하고 유지함으로써 기업 이미지를 높이고 구매를 촉진하기 위하여 벌이는 활동' 또는 '직접적인 언론경비의 지출 없이 대중에게 메시지를 전달하여 개인이나 상품 또는 단체에 대한 대중의 견해를 분석하고 그 견해에 좋은 영향을 미치려고 하는 경영진의 노력'이라고 정의할 수 있다.

Publicity Publicity란 '뉴스가치가 있는 사항을 무료로 신문 등의 매체에 소개하면서 자연스럽게 기업이미지나 상품을 알리는 효과를 얻게 하는 방법'이라고 정의할 수 있다. 이와 같이 PR(public relations)과 퍼블릭시티(publicity)는 유사한 내용이나 PR이 여러 집단과 관계를 구축하고 유지한다는 점에서 퍼블릭시티보다는 넓은 개념이라고 할 수 있다.

홍보와 광고의 차이 광고(advertising)란 광고주가 자사의 상품을 판매촉진하기 위하여 TV, 라디오, 신문, 잡지 등의 매체수단을 유료로 이용하는 것이고, 홍보는 무료로 매체를 활용하여 단지 소비자의 관심을 유도한다는 점에서 차이가 있다. 따라서 광고는 광고주가 광고의 내용을 주관하지만 홍보의 메시지는 편집권이 매체에 있다.

5.2 홍보의 과정

1단계 : 목적 설정 홍보를 하기 위해서는 구체적인 목적이 있어야 하는데 일반적으로 다음과 같은 경우가 있다.

- 뉴스가치가 있는 사실을 널리 알리고자 할 때
- 회사 및 상품의 신뢰성을 확보하고자 할 때
- 회사 및 상품의 지명도를 높이고자 할 때
- 회사 및 상품에 대한 나쁜 지각을 변화시키고자 할 때
- 판촉사원의 동기를 유발하고 자극하고자 할 때

2단계 : 계획 홍보전략은 바람직한 결과를 산출하도록 고안하는 것인데 이를 위해서는 전략 계획을 세워야 한다. 즉 홍보목적의 설정에 따라 홍보를 언제(홍보시기), 누구

에게(홍보대상자), 무엇을(홍보내용), 어디에(홍보매체), 어떻게(홍보방법) 할 것인지 체계적인 계획을 수립해야 한다.

3단계 : 실행 실행은 계획된 홍보전략을 수행하는 것이다. 효율적인 수행을 위해서는 매체의 편집자와 좋은 관계를 유지하고 그들이 무엇을 원하는지 알고 그에 적합한 보도자료를 마련해야 한다.

4단계 : 측정 및 평가 홍보효과의 측정 및 평가는 상품에 대한 인지, 이해, 태도에 어떠한 변화가 이루어졌는지 조사하는 것이다. 이를 통하여 홍보 캠페인의 결과가 바람직하게 전개되었는지 파악할 수 있고, 향후 상품계획 및 홍보전략에 대한 대안을 마련할 수 있다.

5.3 홍보실의 직무

보도자료의 작성 홍보실의 주 업무는 호텔 내의 기사거리(news release)를 수집하고 만들어 각 언론사에 보도자료를 발송하는 일이다. 이러한 보도자료가 언론매체에 실리기 위해서는 기사로서의 가치가 있어야 하겠지만 해당 언론사의 담당기자와 좋은 유대관계를 유지하고 있어야 한다. 보도자료의 작성은 6하 원칙에 의하여 작성하고 가능한 적절한 사진을 곁들이면 더욱 좋다.

광고업무 수행 호텔상품의 판매촉진과 호텔의 이미지를 높이기 위해서는 단순히 홍보에 의존해서만은 안 되고 적절한 유료의 광고전략이 필요하다. 언론매체의 광고는 고가의 광고료가 지불된다는 점에서 연간계획을 세워 예산을 집행해야 한다. 광고매체의 수단은 TV, 라디오, 신문, 잡지 등이 있으며, 대부분 호텔의 홍보실에서는 광고대행사에 의뢰하여 시안을 만들어 검토하고, 매체에 내보내고 있다.

CI 작업 CI(corporate identity)란 기업 이미지통합 작업으로 경영이념이나 사원의 의식과 행동을 개혁하고 기업문화를 재구축하여 기업의 존재 의의와 이미지를 내외에 알리는 것을 말한다. 호텔은 기업 자체가 브랜드이므로 BI(Brand Identity) 즉 기업이 소비자들에게 브랜드 이미지의 통일성을 주기 위하여 브랜드명, 로고, 심볼마크 등을 통합 관리하는 것도 포함하고 있다. 강력한 브랜드를 구축하기 위해서는 자신만을 나타내는 단어, 슬로건, 색상, 상징과 로고 등을 구축해야 한다.

인쇄물 담당 호텔에서 사용하는 홍보 인쇄물의 종류는 각종 브로슈어(brochure), 리플렛(leaflet), 전단지(flyer), 뉴스레터(news letter) 등 다양한데 이들 인쇄물에 대한 카피라이트, 편집, 교정 등의 업무를 담당하며, 디자인실과 협의하여 호텔의 콘셉트(concept) 또는 CI에 근거하여 인쇄가 될 수 있도록 지휘 · 감독하여야 한다. 각종 인쇄물에 대한 용어를 정리하면 다음과 같다.

[표 11-3] **인쇄물의 구분**

종류	내용
브로슈어(brchure)	호텔 전반에 대한 안내서 등과 같이 소책자형으로 된 인쇄물
리플렛(leaflet), 팸플릿(pamphlet)	두세 겹으로 접어서 만든 인쇄물
전단지(flyer)	업장별 프로모션 또는 이벤트 등을 소개하기 위하여 한 장으로 만든 것으로 대량 인쇄하여 쉽게 배부할 수 있는 인쇄물

긴급 상황에서의 업무 호텔에서는 화재, 자살, 파업 등 긴급 상황이 발생할 수 있는데 이럴 때 적절한 대비전략을 마련해 놓지 않으면 언론으로부터 큰 낭패를 볼 수 있다. 따라서 긴급 상황이 발생하면 총지배인이나 홍보실장이 유일한 대변인 역할을 수행하도록 하고, 그 외의 간부나 직원이 언론의 기자를 접촉하는 것은 삼가야 한다. 특히 언론기관으로부터 긴급 상황에 대한 원인을 요구받았을 때는 쉽게 확인할 수 있는 사실만 말하고 추측으로 말해서는 안 되며, 가능한 관계기관에서 조사 중이라든지 정중히 거절하는 것이 좋다.

긴급 상황에 대한 뉴스는 가능한 미담형식으로 언론에 알릴 필요가 있다. 즉 고객을 사전에 대피시켜 피해를 줄였다든지, 어느 직원이 부상자를 구조하고 치료하였다는 등을 들 수 있다. 파업의 경우 법률자문을 통하여 적절히 대응하고 노사의 협상이 끝날 때까지는 어떤 발표도 하지 않는다고 언론에 알리는 것이 좋다. 그리고 화재나 정전의 경우 준비된 문구로 즉시 안내방송을 실시해야 하는데 특히 외국인을 위해 영문 또는 일문 등으로 된 시나리오를 사전에 만들어 즉시 방송을 한다.

호텔홍보의 대상

- 총지배인, 주방장 등 간부직원의 부임 및 퇴임, 인사이동 등의 임직원의 동향
- 영업장의 시설변경 및 증축, 새로운 영업장 신설 등
- 새로운 서비스의 도입
- 국내외 정치인, 연예인 및 저명인사 등의 내방
- 새로운 메뉴의 개발, 패키지 상품, 프로모션 상품
- 기념일 이벤트 등
- 국가적, 지역적으로 관심을 끄는 컨벤션, 연회행사, 전시회 등
- 지역사회와 관련된 공공행사
- 호텔 자체 또는 임직원들의 수상
- 호텔 내 선행직원이나 독특한 일을 수행하는 직원

연습문제(호텔관련 종사원 자격시험 대비)

1. sales kit란?

① 각종 인쇄 홍보물을 담은 판촉용 폴더
② 판촉용 기념품
③ 판촉 가방
④ 명함

2. 호텔 마케터의 직무의 직무가 아닌 것은?

① 시장 및 경쟁사 분석
② 고객관계관리
③ 부커 클럽의 운용
④ 홍보물 CI 작업

3. fact sheet란?

① 호텔의 개요 및 시설을 한 장에 소개한 인쇄물
② 객실요금표
③ 식음료업장 프로모션 안내서
④ 매월 또는 격월로 발행되는 호텔 소식지

4. 뉴스가치가 있는 사항을 무료로 신문 등의 매체에 소개하면서 자연스럽게 기업 이미지나 상품을 알리는 효과를 얻게 하는 방법은?

① publicity
② advertising
③ news letter
④ sales promotion

5. 호텔 안내서 등과 같이 소책자형으로 된 인쇄물을 무엇이라고 하는가?

① 뉴스레터(news letter)
② 브로슈어(brochure)
③ 리플렛(leaflet)
④ 팸플릿(pamphlet)

6. 호텔에 예약을 담당해 주는 기업체 비서들의 모임을 무엇이라고 하는가?

① secretariat club ② booker club
③ business club ④ agent club

7. 홍보실의 주 업무가 아닌 것은?

① 보도자료 작성 및 발송 ② 광고업무 수행
③ CI 작업 ④ 세일즈 콜

8. 서비스 마케팅믹스의 7P에 대하여 설명하시오.

9. 관계마케팅(relationship marketing)이란?

10. 호텔에서 80/20의 법칙에 대하여 설명하시오.

11. 팸 투어(Fam. Tour : familiarized tour)란?

12. 고객의 육성과정을 7단계로 나누어 설명하시오.

13. 홍보와 광고의 차이에 대하여 설명하시오.

제 12 장

관리부

1. 인사부 업무
2. 총무부 업무
3. 경리부 업무
4. 구매부 업무

호텔경영의 이해

제 12 장

관리부

1 인사부 업무

1.1 인사업무의 중요성

호텔의 경영목표를 달성하기 위해서는 조직이 필요하며 그 조직을 뒷받침하기 위해서는 적절한 인사시스템을 구축해야 한다. 인사시스템이란 ① 적합한 종업원의 채용에서부터 시작하여 능력개발을 위한 교육 및 훈련을 실시하고 ② 이렇게 육성된 인적 자원을 적재적소의 원칙에 따라 각 조직의 부문에 배치하고 ③ 책임과 권한을 주고 ④ 고과에 의하여 평가를 하고 ⑤ 적절한 동기부여를 하는 것을 말한다. 즉 종업원을 어떻게 선발하고, 배치하고, 어떤 일을 하게 하며, 업무 능력을 어떻게 향상시킬 것인가는 호텔 인사관리의 주요한 과제이다. 인적 의존도가 높은 호텔기업은 특히 종업원에 대한 인적 관리가 중요시되고, 인건비는 호텔사업에서 가장 큰 비용을 차지한다는 점에서 인사업무의 중요성이 강조된다.

따라서 인사업무의 궁극적인 목표는 최적의 인원을 유지하고 가용인적자원을 최대한 활용하여 경영목표를 달성할 수 있도록 하는 것이다. 이를 실천하기 위해서는 인원계획에서 출발하여 인재의 채용, 급여체계, 교육 · 훈련 실시, 직무만족 수립, 인사고과, 노사관계 정립 등의 업무를 차질 없이 수행해야 한다.

1.2 인원계획

호텔의 인원계획은 제조업과 달라서 어떠한 공식에 의하여 계수화하기 어렵다. 적정인원을 산정하기 위해서는 조직규모와 운용상의 양적인 변화 및 조직 내부의 질적인 변화를 고려하여 보다 현실적으로 적정인원을 산출하여야 한다. 인원계획 시 고려사항은 다음과 같다.

객실 및 부대업장의 규모 호텔의 전체인원을 산정하는 방법은 전통적으로 객실당 1.2명~1.5명 수준이었으나 부대영업장의 규모나 수에 따라 증감이 발생할 수 있다.

근무 시프트(shift) 각 영업장의 영업시간에 따라 2교대 또는 3교대로 인원을 운용하는 경우가 많으므로 각 영업장의 근무 시프트를 고려해야 한다.

정규직 · 비정규직의 비율 정규직원의 상시 고용은 많은 인건비가 소요되므로 업무의 성격에 따라 비정규직인 연봉제 계약직, 일용직, 파트타이머 및 아르바이트를 운용한다. 예산을 이유로 과다하게 비정규직의 인원을 늘리면 서비스의 질적인 측면에서 문제가 야기될 수 있으므로 이를 잘 고려해야 한다.

예산대비 인원 추정 매출액 대비 인건비 예산이 목표수치를 넘지 않는 범위 내에서 인원수를 결정한다. 호텔마다 인건비 예산의 목표수치는 다를 수 있는데 평균적으로 35% 전후이다.

분사/아웃소싱 경영전략상 일부 영업장이나 시설관리 유지 등의 업무는 외부로부터 아웃소싱(outsourcing)을 도입하거나 분사(分社)를 시켜 높은 인건비를 개선하기도 한다.

일반적으로 호텔에서 아웃소싱 및 분사를 많이 실시하는 분야는 ① 객실정비(룸메이드 등) ② 청소 ③ 주차관리 ④ 스튜어드 ⑤ 세탁실 ⑥ 경비 ⑦ 조경 등이다.

1.3 종업원의 채용

종업원의 채용 방법은 공개채용과 수시채용이 있으며, 산학협동에 의한 실습생 중에서 채용하는 방법도 있다. 채용의 절차는 서류전형, 면접 과정을 거치고 필요한 경우 필기시험 또는 토익이나 토플점수를 요구하기도 한다.

공개채용은 개관을 앞두거나 신규사업이 발생하였을 때 신문 등을 통해 공개적으로 채용하는 방법이고, 수시채용은 결원이나 보충인원이 필요한 경우 공식 또는 비공식 라인을 통하여 채용하는 방법이다. 수시채용에서 가장 보편적인 방법은 산학협동의 차원에서 실습생을 받아서 그 중에서 우수 자원을 선별하여 채용하는 것이다. 이들은 실습생 → 계약직 → 정규직의 코스를 밟게 된다.

일반적인 채용의 기준은 필기시험이나 외국어 공인 점수도 중요하지만 이보다 고객접객에 대한 적성을 가장 중요시해야 한다. 접객에 필요한 적성이란 융통성 있는 행동, 고객의 기분과 감정에 맞추어 대화할 줄 아는 감정이입 기법 그리고 대인관계 기법이 탁월함을 의미한다.

1.4 급여제도

급여제도는 여러 가지 있으나 호텔에서는 통상적으로 기본급과 제 수당으로 구성한다. ① 월급여는 기본급, 시간 외 수당, 직급수당, 직책수당, 특근수당, 봉사료 등으로 구성되고 ② 상여금은 호텔마다 연간 상여금의 폭이 다르고 지급방법 역시 기본급에 준해서 주는 경우(net)와 제 수당을 합쳐 적용(gross)하는 경우가 있으며 ③ 기타 연 · 월차 수당, 유급휴가수당, 가족수당, 학자금보조 등이 있다.

1.5 교육 · 훈련

많은 호텔기업에서는 교육 · 훈련을 시간과 비용의 낭비라는 단시안적 사고로 인식하고 있는데 이를 인적자원에 대한 투자의 개념으로 보아야 한다. 호텔기업에 있어서 교육 · 훈련은 종업원에게 능력개발의 기회와 직무에 동기를 부여하여 종업원은 고객에게 만족한 서비스를 제공하고 결국 기업에게 매출 증대를 기여하게 하는 것이다.

[그림 12-1] 교육 · 훈련효과의 삼각형

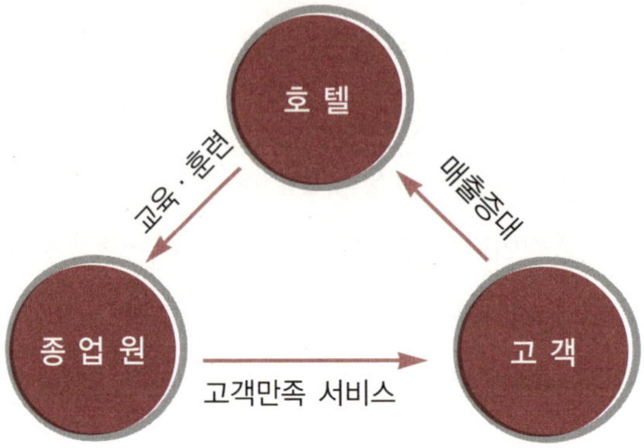

효과적인 교육 · 훈련을 위해서는 우선 실시하고자 하는 목적과 대상이 뚜렷해야 하고 단계적이고 체계적인 프로그램을 갖추어야 한다. 즉 신입사원에서부터 경영층까지 교육대상을 구분하고, 신입사원 오리엔테이션, 현장직무 교육(OJT : on the job training), 정신 및 교양교육, 전문 서비스기술 습득 및 신서비스 교육, 어학 및 전산 교육, 관리자 교육, 경영자 교육 등 장기적인 관점에서 단계적이고 체계화되어야 한다. 이와 같은 교육은 일반적으로 기본교육과 전문교육으로 구분되며, 그 내용은 다음 표와 같다.

[표 12-1] **호텔의 교육훈련과 내용**

<table>
<tr><th>구분</th><th>교육명</th><th>교육내용</th><th>비고</th></tr>
<tr><td rowspan="6">기본 교육</td><td>신입사원교육</td><td>전반적 오리엔테이션</td><td>OJT 등 포함</td></tr>
<tr><td>서비스교육</td><td>친절 서비스 및 예절 교육</td><td>사내강사 또는 외부기관 위탁</td></tr>
<tr><td>소방교육</td><td>소방안전 및 화재대피 요령</td><td></td></tr>
<tr><td>산업안전교육</td><td>재해방지 및 안전근무수칙 교육</td><td></td></tr>
<tr><td>보건위생교육</td><td>보건위생 수칙 및 건강한 생활지침</td><td></td></tr>
<tr><td>성희롱방지 교육</td><td>① 남녀고용평등법상 성희롱관련 규정
② 직장 내 성희롱 예방에 관한 사업장의 방침 또는 규칙에 관한 사항
③ 피해 근로자의 고충상담 및 구제절차
④ 직장 내 성희롱 발생의 처리 절차 및 성희롱 행위자의 징계 조치사항
⑤ 기타 직장 내 성희롱 예방에 필요한 사항을 포함하여 실시</td><td>성희롱이라 함은 업무, 고용 기타 관계에서 공공기관의 종사자, 사용자, 또는 근로자가 그 지위를 이용하거나 업무 등과 관련하여 성적 언동 등으로 성적 굴욕감 또는 혐오감을 느끼게 하거나 성적 언동 기타 요구 등에 대한 불응을 이유로 고용상의 불이익을 주는 것을 의미하며, 연 1회 의무적으로 실시해야 한다.</td></tr>
<tr><td rowspan="6">전문 교육</td><td>외국어교육</td><td>영어, 일어 등</td><td>연 1회 전 직원 테스트</td></tr>
<tr><td>관리자 교육</td><td>고객관리, 관리능력, 상담스킬, 회계 등</td><td></td></tr>
<tr><td>전산실무교육</td><td>신규도입 전산시스템 및 기존의 시스템 재교육</td><td></td></tr>
<tr><td>세일즈교육</td><td>판촉관련교육</td><td></td></tr>
<tr><td>국외연수</td><td>선진 호텔의 벤치마킹</td><td></td></tr>
<tr><td>사내강사양성 교육</td><td>사내강사의 역할, 임무, 강의기법 등</td><td></td></tr>
</table>

1.6 내부고객 만족

내부고객이란 자사의 종원업을 말한다. 호텔 종사원은 고객과의 접점에서 오는 과도한 스트레스, 장시간 근무조건에서 오는 피로감, 장래에 대한 불확실, 임금이나 승진 평가의 불공정성 등의 이유로 이직률이 높다. 한 기업에서 이직자가 많다는 것은 그 기업의 조직문화를 헤칠 뿐만 아니라 대외적으로 기업의 이미지를 추락시켜 결국 고객이 등을 돌릴 우려가 있다. 직무만족도가 떨어지면 고객만족 서비스를 기대할 수 없으므로 내부고객 만족을 위한 적절한 대책이 요구된다. 매리어트호텔(Marriott Hotel) 체인의 설립자인 매리어트는 “서비스산업에서 행복하지 않은 종업원이 고객을 행복하게 만드는 것은 불가능하다.”라고 말했다.

따라서 호텔과 같은 서비스기업에 있어서는 내부고객 만족이 외부고객 만족보다 우선한다고 할 수 있다. 내부고객 만족을 위해서는 만족도에 대한 조사가 필요한데, 이는 기업성과와 조직활성화에 지대한 영향을 미치는 사내 고객인 직원들의 만족도 진단을 통해 직원들의 만족과 불만요인을 추출함으로써, 불만요인과 조직활성화 저해요인에 대한 정확한 처방과 효과적 치유에 도움을 주는 핵심 수단이기 때문이다. 직원만족이란 직원이 회사의 일원으로 존재하는데 있어 유·무형의 요구가 충족되어 있는 상태라 할 수 있고, 직원만족도가 높아지면 이직률이 저하되고 우수 인력이 늘어남에 따라 고객만족과 이익증대의 기초가 된다.

종업원 만족도에 대한 유형은 ① 업무에 대한 만족도 ② 회사에 대한 만족도 ③ 조직·인사에 대한 만족도 ④ 근로조건에 대한 만족도 등으로 나눌 수 있으며, 그에 대한 조사내용은 다음 표와 같다.

[표 12-2] **호텔의 교육훈련과 내용**

유 형	조사 내용
업무에 대한 만족도	• 지금 자신이 하는 일에 만족하는가? • 지금 자신이 하는 일로 인하여 성장가능이 있는가? • 상사 및 동료들과 커뮤니케이션이 잘 되고 있는가?
회사에 대한 만족도	• 이 회사에 근무하는 것이 비전이 있는가? • 이 회사에 다니는 것에 대해 자부심을 느끼고 있는가? • 이 회사에 대한 좋은 이미지를 가지고 있는가?
조직·인사에 대한 만족도	• 인사평가는 공정하다고 생각하는가? • 개인의 고충에 대하여 상담을 잘 해주는가? • 기회를 공정하게 부여하는가?
근로조건에 대한 만족도	• 복리후생에 대하여 만족하는가? • 일에 비하여 보수는 적절한가? • 근무시간을 비롯한 근무여건에 대하여 만족하는가?

내부고객 만족을 위한 구체적인 방법으로는 다음과 같은 것들이 있다.

근로 생활의 비전 제시 근로 생활의 질(QWL : quality of working life)은 직장에서 일을 통하여 인생의 희망과 보람을 갖게 하는 것이다. QWL 수준을 결정하는 변수로는 적정하고 공정한 보수 체계, 안전하고 즐거운 근로 환경 조성, 개인 능력을 발휘할 수 있는 기회 제공, 성장과 안정을 위한 기회 제공, 건전한 조직 문화 구축 등을 들 수 있다.

내부 커뮤니케이션 강화 내부고객인 종업원의 만족은 곧 고객만족으로 연결된다. 따라서 인사관리자는 일에 대한 만족도, 직장에 대한 만족도, 인사에 대한 만족도, 근로조건에 대한 만족도, 회사에 대한 만족도를 주기적으로 조사하고, 제안제도, 고충상담실, 대화의 광장 등을 통하여 내부고객의 목소리를 개방적이고 진지하게 수렴해야 한다. 또한 열린 경영을 통하여 종업원에게 경영정보를 제공하고 경영계획과 의사결정과정에 종업원이 참여할 수 있는 길도 마련해야 한다.

공정한 직무 평가 공정한 직무평가를 위해서는 호텔조직 내의 여러 직무를 비교 평가하여 상대적인 가치를 정하고, 동일노동, 동일임금의 원칙을 실현할 수 있는 직무체계를 확립해야 하며, 조직 내의 임금 격차를 합리화함으로써 종업원 간의 이해를 증진시켜야 한다.

동기부여와 보상 동기부여란 조직의 경영층이 하부 종업원에게 일을 하고자 하는 의욕이 생기도록 영향력을 행사하여 조직의 목표달성을 위한 행동을 유발시키는 과정이며, 보상 역시 일정한 성과에 대하여 금전적 또는 비금전적으로 대가를 줌으로써 조직의 목표를 달성하고자 하는 방법이다.

1.7 인사고과

인사고과란 종업원의 능력과 업적을 평가하여 그가 보유하고 있는 현재적 · 잠재적 유용성을 조직적으로 파악하는 것이다. 인사고과의 목적은 ① 개개 종사원의 능력 및 업적을 파악하여 보상 또는 격려를 하는 것이고 ② 개개 종사원의 능력 및 적성을 파악하여 적재적소에 배치하는 것이고 ③ 급여사정을 위한 공정하고 객관적인 자료를 제공하기 위함이다.

인사고과는 상급자가 하부 직원만 평가하는 것이 아니라 하부직원이 상급자를 평가함으로써 양자의 균형을 이루도록 한다. 인사고과의 방법에는 여러 가지가 있으나 다음과 같이 10가지의 기준을 제시하고자 한다.

[표 12-3] **인사고과 내용 및 절차 요건**

구 분	내 용
내용상 요건	공식적인 직무분석을 통하여 직무기술서를 만들고 이를 토대로 평가한다.
	일반적으로 측정할 것이 아니라 구체적인 수치에 근거해야 한다.
	근무평정 기준은 객관적이고 타당성이 있어야 하며 확인 가능한 것이어야 한다.
	채점결과는 서류로 보관하여야 한다.
	채점결과가 평가자 사이에 격차가 심할 경우 재심을 거쳐야 한다.
절차상 요건	근무평정 기준은 종사원들에게 알려주어 이해시켜야 한다.
	평가자들의 특정지시사항을 명문화하여야 한다.
	평가자들은 2인 이상이어야 한다.
	평가자는 근무평정 결과를 해당 종업원과 함께 미비점을 검토하여 사전에 서류 보완 등을 하도록 한다.
	평가가 불합리하다고 생각하는 종사원에게는 소명의 절차를 제공한다.

1.8 노사문화의 정립

인사부의 주요 업무 중에 하나는 노사갈등을 해소하는 것이다. 호텔의 파업은 타 업종보다 피해의 규모가 크다. 서울 L호텔의 경우(2000년 6월에 파업) 파업 40여 일간 기준으로 호텔 면세점 손실액은 3백34억 원, 시설파손 피해액 46억 원 등 손실액이 모두 380억 원 달하고 이 호텔에서 열릴 예정이던 대형 국제행사가 4건이나 취소된 바 있다. 이 피해액은 드러난 수치이지만 보이지 않는 수치까지 합하면 상상을 초월할 것이다. 따라서 인사부는 노사관계에 노사가 함께 이기는 상생(win-win)의 전략으로 갈 수 있도록 유도해야 한다. 즉 경영자에게는 열린 경영을 실천하고 성과보상을 확대하는 등의 노력을, 노동조합에게는 시대적인 흐름을 인식하여 투쟁만이 유일한 방법이 아니라 기업의 경쟁력을 강화하는데 노력할 수 있도록 중재역할을 해야 한다.

신노사문화의 개념은 노사가 신뢰와 존중을 바탕으로 참여와 협력을 실천하고, 자율과 책임을 다함으로써 미래의 가치를 창출하는 노사공동체를 형성해 나가는 것이다.

신노사문화를 정립하기 위한 전제조건

- 기업은 노조를 경영자산으로 간주한다.
- 노동조합은 조합원의 복지가 기업의 성공에 달려 있다고 인식한다.
- 노동조합의 운영은 민주적이고 책임감이 있어야 한다.
- 기업은 노동조합의 내부 운영에 개입하지 않아야 하며, 근로자에게 노조에 대한 충성을 약화시키려 해서는 안 된다.
- 노사가 신뢰하고 존중해야 하며, 노사 어느 쪽도 힘의 논리로 제압해서는 안 된다.
- 문제해결을 위해 법적 소송을 하지 않는다.
- 추상적인 원칙보다 구체적 문제해결에 접근한다.
- 노사협의와 정보공유를 활성화시킨다.
- 고충은 즉시 해결한다.

2 총무부 업무

2.1 총무업무

호텔의 총무부서는 대외적인 공무, 임대업장 관리, 종업원 복리후생 등의 업무를 처리하고 있다. 구체적으로는 ① 대외 업무 즉 인허가를 비롯한 관공서와 관련된 공무 ② 호텔 내 임대업장(아케이드, 사진관, 꽃집, 나이트클럽 등) 관리 ③ 호텔 보유차량(버스 및 승용차) 배차 및 운전기사 관리 ④ 종업원의 후생복지, 휴게실운영, 종업원 식당운영 ⑤ 고객과 종업원을 위한 의무실 운영 등이 있다.

2.2 경비업무

경비는 고객의 안전과 호텔의 재산을 보호한다는 사명감을 가지고 ① 호텔 내외 순찰업무 ② 종업원의 출퇴근 관리 ③ 물건 반입 및 반출 통제 ④ 주차장 관리 ⑤ CCTV 모니터링 등의 업무를 수행한다.

객실 복도 순찰 시 체크사항

- 화기, 전기전열로 타는 냄새 유무 객실 내에서 취사 등 열기구 사용 유무 체크
- 객실 문이 불필요하게 열려있는지
- 복도에 설치된 각종 비품 상태
- 천장전구, 비상등, 소화기 상태
- 복도 내 온도
- 냉 · 온수 급수상태

2.3 관재업무

관재업무란 호텔 내의 재산 및 비품을 관리하는 것으로 모든 재산과 비품에는 효율적으로 관리하기 위하여 품명, 관리자, 고유번호, 최초 입고일 등을 기록한 스티커를 붙이고, 수리, 폐기처분, 구입 등의 관리를 한다.

3 경리부 업무

3.1 회계업무

회계란 정보이용자(경영자, 주주, 세무당국, 소비자, 종업원)가 판단이나 의사결정을 할 수 있도록 일정한 형식에 의하여 거래에 대한 계산 및 경제적인 정보를 기록, 분류, 요약을 하여 보고하는 기술이라고 할 수 있다.

이러한 회계자료들을 재무제표라고 하는데 재무제표란 기업의 경영활동에서 일어나

는 거래를 화폐가치로 측정, 기록하여 그 기업의 재무상태나 영업성과를 정보이용자에게 전달하는 수단을 말한다. 재무제표의 종류에는 대차대조표, 손익계산서, 이익잉여금처분계산서(또는 결손금처리계산서), 재무상태변동표 등이 있다.

3.2 경리부의 주요 업무

- 호텔운영자금 계획을 수립하고, 자금을 관리한다.
- 각종 회계보고서를 작성한다.
- 세무관계 업무를 처리한다.
- 출입금을 관리한다.
- 영업을 위한 시재금(fund) 및 거스름돈 화폐를 준비한다.
- 현금수납보관 및 계산서의 집계, 청구서 등을 작성한다.
- 환전업무를 수행한다.
- 신용카드 전표 처리 및 관련 업무를 수행한다.
- 외상매출금, 수금, 후불처리 등의 업무를 수행한다.
- 종업원의 급여와 관련된 업무를 처리한다.
- 재료의 구입과 영업결과를 토대로 원가를 분석하고 관리한다.
- 각 영업장 회계원(cashier)의 배치 및 근무 스케줄을 작성한다.

3.3 고객원장관리 및 정산

객실의 회계처리는 프런트 캐셔(front cashier)가 처리하는데 체크인에서부터 체크아웃할 때까지 고객의 모든 계산을 고객원장(folio) 하나로 관리하고 정산한다. 객실 이외 부대업장 등을 사용하고 현장에서 지불하지 않은 계산서는 룸 사인(room sign)을 통해 해당 업장으로부터 자동적으로 넘어오는데 고객원장에 기록하고 고객용원장 뒤에 해당 업장의 계산서를 첨부하여 영수 처리한다.

고객이 부대업장을 이용하고 룸 사인을 할 경우 해당 업장에서는 먼저 컴퓨터 모니터로 투숙고객인지 확인하고 성명(full name), 룸 넘버(room number), 서명(signature)을 받은 다음 프런트 캐셔로 넘긴다.

룸 사인을 통해 넘어오는 계산서

- 각 식음료업장에서 발생된 계산서
- 룸 서비스 이용에 대한 계산서
- 전화요금 계산서
- 세탁이용에 대한 계산서
- 미니 바 계산서(고객이 직접 계산서를 가지고 오지 아니한 경우)
- 사우나 수영장 등 레포츠 시설이용에 대한 계산서
- 비즈니스 센터 이용에 대한 계산서
- 단체고객일 경우 연회장 사용에 대한 계산서

3.4 수납처리

고객으로부터 요금을 받을 때는 현금, 수표, 신용카드, 후불 등의 방법이 있다. 현금으로 받을 때는 별 문제가 없지만 수표, 신용카드, 후불처리는 주의를 요한다.

수표처리 수표는 여러 종류가 있는데 수납할 수 있는 수표는 자기앞수표 및 여행자수표이며 가계수표, 당좌수표 등은 받아서는 안 된다. 수표를 받았을 때는 반드시 뒷면에 성명, 주민등록번호, 연락처 등의 이서를 받아 놓아야 한다.

신용카드 처리 신용카드는 제3의 화폐로 지불수단으로 많이 활용하는데 처리할 때의 주의사항은 유효기간, 한도금액, 본인의 것인지, 서명의 일치 등을 확인한다.

후불(city ledger) 처리 호텔에서는 원칙적으로 후불이 불가능하지만 사전에 여신계약을 한 경우에는 가능하다. 만약 여신계약이 되지 않은 개인, 기업체, 여행사 등이 후불을 원할 경우 여신지배인(credit manager)의 승인을 받아야 한다. 여신지배인도 나름대로 판단이 서지 않으면 예약을 받은 담당 직원(주로 판촉 직원 임)에게 후불승인서를 받도록 한다.

잡수입처리 호텔수입원으로 잡혔지만 특정한 계정과목이 없는 경우는 잡수입(miscellaneous or sundry)으로 처리한다. 잡수입 처리에 대한 증빙자료는 잡수입 바우처(miscellaneous voucher)를 사용한다.

호텔에서 발생되는 잡수입

- 고객이 받아가지 않은 거스름돈
- 호텔 기물파손에 따른 변상
- 객실 키 분실에 대한 변상
- 객실에 식사가 포함된 쿠폰고객이 객실만 사용할 경우 남은 식사금액

3.5 봉사료 및 세금부과 처리

봉사료 봉사료는 1979년 1월1일 당시 교통부장관령에 의하여 판매금액에 대한 10%를 봉사료로 부과할 수 있도록 성문화되었으며 발생 시 수입계정으로 지급 시 급료계정으로 처리한다. 호텔에서 서비스되는 상품은 대부분 봉사료가 부과되지만 종업원의 직접적인 서비스 행위가 제공되지 않은 다음과 같은 경우에는 부과되지 않는다.

봉사료가 부과되지 않는 품목

- 미니 바 품목
- 세탁실 사용
- 사우나, 수영장 등의 레포츠 시설 이용
- 임대 업장에서 판매되는 상품
- 호텔 외부업자로부터 공급된 품목
- 델리숍 품목(호텔에 따라 적용하는 경우도 있음)

사례 **팁과 봉사료**

팁과 봉사료의 구분은 자발성이냐 강제성이냐에 달려있다. 즉 팁(TIP)은 자발성(voluntary)을 전제로 하고, 봉사료(service charge)는 강제성(mandatory)을 띤다. 결국 우리나라 호텔에서의 봉사료는 강제성을 띠고 있으므로 별도의 팁을 요구하지 않는다. 그래서 노 팁핑(no tipping) 제도라고 할 수 있다.

그런데 봉사료가 급여의 일부가 되면서 최근의 호텔에서는 봉사료를 부과하는 호텔과 부과하지 않는 호텔로 나뉘고 있다. 노사협의 과정에서 봉사료가 급여로 포함되면 상여금 등에서 차이를 보이기 때문이다. 그렇다고 봉사료를 부과하지 않는다고 해서 그만큼의 요금이 낮아지는 것은 아닌 듯하다.

세금 및 기금부과 호텔에서의 세금은 판매금액에 봉사료를 더하여 10%의 부가가치세(VAT : value added tax)가 부과된다. 그러나 봉사료가 적용되지 않거나 세금이 면제되는 경우가 있으므로 그 항목에 따라 봉사료와 세금부과의 유·무를 확인해야 한다.

- 봉사료가 적용되지 않는 품목에 대해서는 판매금액에 세금 10%만 적용한다.
- 외교관이나 주한 외국인의 경우 면세의 대상이다. 증명서류를 요구하여 증거를 남겨 놓아야 한다.
- 수영장, 볼링장, 골프장 고객에게는 체육진흥기금(입장료의 5%)을 징수해야 한다.

예제1

E호텔의 객실요금은 200,000원이다. 고객의 입장에서는 얼마를 지불해야 하는가?

➡

판매가격	200,000원
10%의 봉사료	+ 20,000원
소계	220,000원
10%의 세금	+ 22,000원
계	242,000원

상기계산법외 판매가격에 1.21을 곱하면 10%의 봉사료와 10%의 세금이 부과된 금액을 산출할 수 있다.

200,000원 × 1.21 = 242,000원

3.6 할인 및 접대 빌 처리

할인요금 처리 각종 상품에 대한 할인하였을 때는 할인내역서(allowance sheet)를 작성하여 증빙을 남긴다. 여기서 할인이란 정상적인 할인제도가 아니라 고객의 불평제기에 따른 부득이한 조치로 객실이나 식음료 요금의 조정, 객실 추가요금에 대한 조정, 불만족 서비스에 대한 가격조정 등을 들 수 있으며, 반드시 할인내역서를 작성하여 부서 책임자에게 승인을 받아야 한다. 그 외 정상적인 할인처리에 대한 구체적인 내용은 다음과 같다.

- 객실 또는 식음료 등의 할인쿠폰을 가져올 경우는 해당금액을 할인해 주고 호텔보관용 빌(bill) 뒤에 쿠폰을 첨부시킨다.
- 할인이 적용되는 유료회원카드 소지자, 헬스클럽회원 등에는 규정에 의한 할인을 해주고 계산서에 회원고유번호 및 서명을 받아서 증빙을 남긴다.
- 직원 할인은 객실과 제과 · 제빵을 판매하는 델리카테슨에서 주로 이루어지는데 할인규정에 따라 적용하고 부서와 서명을 받아 영수처리한다.

접대 빌 처리 영업 및 고객관리 차원에서 총지배인을 비롯한 간부사원이나 판촉직원들이 호텔 내에서 접대를 하는 경우가 많은데 이때 처리하는 빌은 일반 빌이 아닌 접대용 빌을 사용해야 한다. 접대 빌을 엔터테인먼트 체크(ENT : entertainment check) 또는 오피스 체크(officer' s check)라고 한다.

접대 빌은 판매금액(net price)의 1/2에 해당하는 금액만 포스팅하고 접대대상자와 접대목적 그리고 접대하는 호텔직원의 서명을 받아서 한 장은 일일업무 마감 후 경리부 사무실로 보내고 한 장은 주방으로 보내어 원가처리할 수 있도록 하여야 하며 원가 담당자는 그 금액을 전액 비용 처리한다. 일정 금액 이상이면 사전에 총지배인 등의 승인서를 요하는 경우도 있으므로 접대처리에 대한 규정을 숙지하고 있어야 한다.

3.7 보이드 빌(void bill) 처리

보이드 빌(void bill)이란 무효화된 계산서로 이러한 상황이 발생되는 경우는 ① 스키퍼(skipper)가 발생하였거나 ② 빌은 발생되었는데 고객이 주문사항을 취소하였거나 ③ 캐셔가 본의 아니게 실수를 하여 해당 빌을 취소시킬 때이다. 이럴 경우 보이드빌에다 'VOID' 라는 스탬프를 찍는다. 모든 빌은 일련번호로 되어 있기 때문에 보이드 빌일지라도 없애지 말고, 무효화된 사유를 적어 근거를 남긴 다음 담당 지배인의 확인 서명을 받아 경리부 사무실로 넘긴다.

3.8 수입과 지출관리

호텔의 매출을 담당하는 객실이나 식음료부서의 수입과 지출에 대해서는 표준회계시스템을 통하여 분개되어야 한다.

객실부분 객실부분의 수입과 지출에 대한 분개를 미국 호텔 표준회계시스템의 사례를 들어 표로 나타내면 다음과 같다.

[표 12-4] **객실부 수입과 지출**

	금액($)	퍼센트(%)
객실판매액	2,555,110	100%
지출내역		
인건비	335,160	13.9
직원식사	10,220	0.4
급료세금 및 후생복지비	76,653	3.0
세탁비용	38,327	1.5
기물 및 린넨	25,5451	1.0
커미션	3,316	1.5
예약비용	17,886	0.7
청소용역	7,665	0.3
기타비용	76,647	3.0
총객실비용	646,425	25.3%
객실부 수익	1,908,685	74.7%

※ 자료 : Powers, T.(1995), Introduction to Management in the Hospitality Industry, John Wiley & Sons. Inc. p265

식음료부분 식음료부분의 수입과 지출에 대한 분개를 미국 호텔 표준회계시스템의 사례를 들어 표로 나타내면 다음과 같다.

[표 12-5] 식음료부 수입과 지출

	금액($)	퍼센트(%)
음식판매액	1,031,382	72.9
음료판매액	381,993	27.1
총식음료판매액	1,413.375	100
판매원가		
음식원가	347,544	33.6
음료원가	81,046	21.4
총식음료원가	428,590	30.3
총이익	984,785	69.7
연회장대여 등 기타수입	43,814	3.1
총이익과 기타수입	1,028,599	72.8
지출내역		
인건비	159,347	32.5
직원식사	21,201	1.5
급료세금 및 후생복지비	101,763	7.2
음악 및 엔터테인먼트비	40,988	2.9
세탁비용	12,720	0.9
주방연료	4,240	0.3
기물 및 린넨	26,854	1.9
청소용역	5,654	0.4
면허비	2,826	0.2
기타비용	70,669	5.0
총식음료비용	746,262	52.8%
식음료부 수익	282,337	20.0%

※ 자료 : Powers, T.(1995), 전게서, p266

3.9 원가관리

원가의 개념 원가관리회계는 경영자가 경영 활동에 대한 계획 및 통제 의사결정을 수행하는데 필요한 원가정보를 집계하고 분석하는 회계적 활동이다. 원가관리 업무란 표준원가 또는 계획원가와 실제원가를 대비하여 차이를 분석하고 대책을 수립하는 일련의 업무활동을 말한다. 원가와 비용은 같은 뜻으로 사용되기도 하나 엄격하게 차이가 있다. 즉 원가(cost)는 상품을 만들기 위하여 소비된 경제적 가치이며, 비용(expense)은 수익을 획득하기 위하여 사용한 자원의 경제적 가치이다.

원가의 분류 원가는 원가의 3요소(재료비, 노무비, 경비) 및 직접비와 간접비에 의하여 분류할 수 있다. 구체적인 내용은 다음 표와 같다.

[표 12-6] **식음료부 수입과 지출**

구 분		내 용
3요소	노무비	호텔 서비스에 소요되는 종업원의 노동력에 대하여 지급되는 급료, 상여금, 수당 등을 말한다.
	재료비	호텔 서비스에 소요되는 소비액으로 재료의 매입액이 그대로 재료비가 되는 것이 아니라 제품생산을 위하여 소비된 재료만이 재료비이다. 소비되지 않고 남은 재료는 기말재고자산으로 차기로 이월된다.
	경비	전기료, 가스료, 수도료, 감가상각비, 수선료, 보험료 등의 제조 경비를 말한다.
직·간접비	직접비	호텔 서비스상품 생산의 관련성 추적이 가능한 원가요소로써 직접재료비, 직접노무비, 직접경비 등이 있다.
	간접비	호텔 서비스상품 생산과 관련하여 추적할 수 없는 원가요소로 간접재료비, 간접노무비, 간접경비 등이 있다.

[그림 12-2] 호텔에서의 원가 및 판매가격

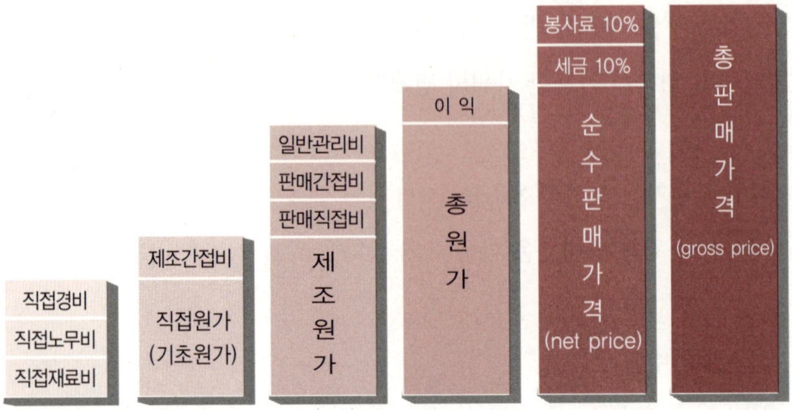

❶ 직접원가 = 직접재료비 + 직접노무비 + 직접경비

❷ 제조원가 = 직접원가 + 제조간접비

❸ 총 원 가 = 제조원가 + 판매비와 일반관리비

❹ 순수판매가격(net price) = 총원가 + 이익

❺ 총판매가격(gross price) = 판매가격(net price)×1.21(봉사료 10%, 세금 10%)

※ 자료 : 이정학(1998), 호텔식음료실무론, 기문사, p.21

4 구매부 업무

4.1 구매의 의의

구매란 소비자가 물건을 구입하는 행위 또는 기업이 생산활동을 하기 위하여 원재료 및 중간재를 구입하는 것을 말한다. 기업에서 구매는 곧 생산원가에 지대한 영향을 미치므로 구매관리의 중요성이 대두된다. 구매관리(purchasing management)란 기업이 생산활동에 필요한 원자재 및 중간재의 양을 적절한 시기에 적정가격으로 구매하기 위한 과학적인 관리활동을 말한다.

4.2 구매의 원칙

호텔에서의 구매는 식자재의 구매가 대부분을 차지하는데 식자재는 신선도의 문제,

변동이 심한 가격, 농 · 수 · 축산물 등 종류의 다양성 때문에 과학적이고 전문적인 구매 관리가 요구되며 다음과 같은 원칙이 필요하다.

구매의 가치분석 및 시장조사 용도에 따라 가장 적정하고 적합한 것을 찾아 구입한다. 따라서 품목별 유명산지, 작황상황, 가격동향 등을 파악하고 있어야 한다.

납기관리준수 납기일이 늦지 않도록 구입하여야 한다. 아무리 가격이나 품질이 좋아도 납기일이 지나면 소용이 없다.

적정재고관리 재고관리는 적정량의 식자재를 항상 보유함으로써 연속적인 생산을 촉진시키고 식자재의 유통량이나 가격의 변동에서 오는 불확실성을 대비하는데 있다. 만약 재고가 적정량 이하가 되면 생산에 차질을 빚어 결국 고객의 상실로 인하여 사업의 기회를 놓치게 되고, 적정량 이상이 되면 유지 관리비용이 소요될 것이다.

우량 납품업체 선정 호텔에서 통상적인 식자재는 납품업체를 통하여 구매하는데 납품업체의 공급능력과 신뢰성을 고려하여 납품업체를 선정한다.

식자재별 수송관리 식자재는 신선도가 문제이므로 종류별로 적절한 수송수단을 통해서 구입해야 한다.

4.3 구매방법

구매방법은 ① 공개경쟁방식 ② 임의계약방식 ③ 직구매방식이 있는데 각 방식의 장단점 및 적용 품목은 다음 표와 같다.

[표 12-7] **구매방법**

구매방법	장점	단점	적용 품목
공개경쟁	경쟁적인 가격으로 양질의 재료를 공급받을 수 있다.	시간이 많이 걸이고 절차가 복잡하다.	시간적 여유가 있는 품목
임의계약	구매시간이 적게 걸리고 절차가 간단하다.	공정성에 대한 의혹과 불리한 가격으로 계약하기 쉽다.	급하게 구하려는 품목
직구매	품질을 직접확인하고 단가를 낮출 수 있다.	직원의 출장 및 차량이 필요하다.	고가의 소량 품목

4.4 구매직원의 직무

- 각 부서로부터 구매의뢰서를 취합한다.
- 발주 품목을 일목요연하게 정리하고 구매의뢰서를 작성한다.
- 가장 적정한 구매방법과 납품업체를 선정한다.
- 적정한 가격과 납품시기를 결정하고 관리한다.
- 결재된 구매의뢰서를 토대로 발주서를 만들어 해당 납품업체에 송부한다.
- 입고된 구매품을 검수관리한다.
- 납품업체의 계산서를 확인하여 경리부로 넘긴다.

4.5 검수관리

검수관리의 업무 검수(receiving)란 구매를 통하여 입고된 각종 원재료 및 중간재의 수량 또는 무게, 품질 등을 주문사항과 대조하여 확인하는 것을 말한다. 검수원의 업무는 납입되는 모든 식자재를 최초로 확인하고 최종적으로 수령이냐 반품이냐를 결정하기 때문에 그의 능력에 따라 메뉴의 품질이 1차적으로 결정된다. 따라서 검수요원은 식자재에 대한 상당한 정보와 지식을 습득하고 있어야 하고, 효율적인 검수업무를 수행하기 위해서는 다음과 같은 검수 장비 및 시설, 시간관리가 필요하다.

- 저울, 자 등의 기본적인 도구와 장비, 식자재별 전문 도감 및 도형의 준비한다.
- 검수지역의 편리한 작업시설 및 안전시설을 갖춘다.
- 일시에 여러 검수품목이 들어오지 않도록 배달시간의 시차제를 실시한다.

- 시간을 다투는 식자재와 해당 식자재의 창고설비가 되어 있지 않을 경우 발주 주방에 연락하여 즉시에 수령할 수 있도록 조치한다.

검수방법 검수방법에는 전수조사와 표본조사가 있다. 전수조사는 구매된 물량 전체의 양과 질을 검수하는 것으로 오차는 거의 발생하지 않지만 시간과 비용이 많이 소요되는 단점이 있다. 이에 반해 표본조사는 구매된 물량 중에서 일부 표본을 추출하여 검수하는 것으로 경제적이고 신속한 것이 장점이나 다소 오차가 발생할 수 있는 단점이 있다. 따라서 구매량이 적고 단가가 고가의 경우는 전수조사를, 구매량이 많고 단가가 저가의 경우는 표본조사를 하는 것이 효율적이다. 예를 들어 사과 1박스에 40개가 들어 있는 것을 100박스 구매하여 검수를 한다면 몇 박스만 뜯어서 40개가 들어 있는지 확인하는 표본조사가 적합할 것이다.

4.6 저장관리

저장관리의 목적은 검수된 식자재가 상품화될 때까지 일정한 장소에 보관하여 부패와 도난을 방지하고 해당 주방에 공급을 원활하게 해 주는 것이다. 따라서 식자재를 효율적으로 저장하고 관리하기 위해서는 다음과 같은 원칙이 필요하다.

위생의 원칙 모든 창고는 청결해야 하며 곤충이나 벌레 또는 박테리아 등의 오염으로부터 보호해야 한다.

품목별 분류저장의 원칙 식자재를 쉽게 불출하기 위해서 식품군별로 즉 육류, 생선류, 유제품, 과일, 채소류, 건식품별 등으로 품목별 카드를 만들어 저장관리한다.

적정 온도유지의 원칙 식품군별로 적정 저장 온도와 습도는 다르므로 그에 맞는 냉장고나 창고시설이 필요하다. 식품군별 저장 온도와 습도를 미국식당협회(NRA)의 지침에 따르면 다음의 표와 같다.

[표 12-8] **식품군별 저장온도와 습도**

품 목	온 도	습 도
육류	0℃~2.2℃	75~85%
생선류	-1℃~10℃	75~85%
유제품	3.3℃~4.4℃	75~85%
과일, 채소류	4.4℃~7.2℃	85~95%
건식품	15℃ 정도	50~60%

선입선출(First-in, First-out)의 원칙 먼저 입고된 재료를 먼저 쓰는 원칙이다. 재료의 저장 기간이 짧으면 짧을수록 재고재산의 회전율이 높다. 특히 유효기간에 유념하고 식자재를 창고에 저장할 때도 들어온 순서대로 구분하여 적재하여 관리한다.

연습문제(호텔관련 종사원 자격시험 대비)

1. 전통적으로 호텔의 전체 인원을 계획할 때 객실당 몇 명을 기준으로 하는가?

① 1명　② 1.2명~1.5명
③ 1.6~1.9명　④ 2명

2. 내부고객 만족을 위한 구체적인 방법이 아닌 것은?

① 근로 생활의 비전 제시　② 내부 커뮤니케이션 강화
③ 공정한 직무 평가　④ 무노동 무임금의 원칙

3. 총무부서의 업무가 아닌 것은?

① 대외 공무　② 호텔 내 임대업장 관리
③ 종업원의 후생복지　④ 고객의 불평처리

4. 다음 중 연결이 잘못된 것은?

① folio – 고객원장
② city ledger – 선수금 내역서
③ miscellaneous voucher – 잡수입 처리
④ officer' s check – 호텔 내부 접대 빌

5. 다음 중 할인내역서(allowance sheet)를 작성해야 하는 경우는?

① 객실 예약 시 30% 할인을 해주었을 경우
② 고객의 불평제기에 따른 부득이한 조치로 할인을 해주었을 경우
③ 객실 또는 식음료 등의 할인쿠폰을 가져올 경우
④ 내부 직원이 제과 · 제빵을 구매하였을 경우

6. 보이드 빌(void bill)이 발생되는 경우가 아닌 것은?

① 스키퍼(skipper)가 발생하였을 경우
② 빌은 발생되었는데 고객이 주문취소를 하였을 경우
③ 캐셔가 본의 아니게 실수를 하여 해당 빌을 취소할 경우
④ 고객이 후불을 요구하였을 경우

7. 캐셔가 본의 아니게 실수를 하여 그 빌을 취소시킬 경우 어떻게 해야 하는가?

① 그 빌에 'VOID' 라는 스탬프를 찍는다.
② 찢어 없애 버린다.
③ 본인이 지불한다고 서명한다.
④ 접대 빌로 처리한다.

8. 다음 중 호텔 회계에서 잡수입으로 처리되지 않는 것은?

① 고객이 받아가지 않은 거스름 돈
② 호텔기물파손에 따른 변상
③ 객실에 식사가 포함된 쿠폰고객이 객실만 사용한 경우에서 식사요금
④ 호텔직원이 빵을 구매했을 경우

9. 다음 중 봉사료가 부가되는 경우는?

① 델리에서 판매하는 제과 제빵 ② 객실 미니 바
③ 레포츠시설 ④ 임대업장에서 판매되는 기념품

10. 원가의 3요소가 아닌 것은?

① 재료비 ② 노무비
③ 후생복지비 ④ 경비

11. A호텔의 객실요금은 300,000원이다. 고객의 입장에서는 얼마를 지불해야 하는가?

12. 인사시스템에 대하여 설명하시오

13. 교육 · 훈련효과의 삼각형에 대하여 설명하시오.

14. 구매방법의 종류와 장단점에 대하여 설명하시오.

15. 선입선출(First-in, First-out)의 원칙에 대하여 설명하시오.

16. 검수에 있어서 전수조사와 표본조사의 장단점에 대하여 설명하시오.

부록

호텔관련 자격증 시험제도

1. 호텔관련 자격증
   (호텔경영사, 호텔관리사, 호텔서비스사)
   전형과정
2. 응시자격 및 제출서류
3. 외국어시험의 점수 제출기준
4. 시험방법 및 과목
5. 시험과목 면제기준

호텔경영의 이해

부록 [호텔관련 자격증 시험제도]

1 호텔관련 자격증(호텔경영사, 호텔관리사, 호텔서비스사) 전형과정

해당 어학 공인시험 성적증명서 1부 제출 → 필기 (면제자는 해당 서류제출) → 면접

2 응시자격 및 제출서류

<table>
<tr><th rowspan="2">구분</th><th rowspan="2">응시자격</th><th colspan="2">제출서류</th></tr>
<tr><th>해당시험별</th><th>공통</th></tr>
<tr><td rowspan="2">호텔경영사
(총지배인)</td><td>호텔관리사 자격을 취득한 후 관광호텔에서 3년 이상 종사한 경력이 있는 자</td><td>영어공인시험 성적증명서 1부
경력(재직)증명서(소정양식) 1부
자격증사본(원본지참) 1부</td><td rowspan="6">응시원서 (소정양식) 1부
-사진 2매(동일사진, 최근 6개월 이내에 촬영한 탈모 상반신 반명함판) 부착
※인터넷 홈페이지 (edu.etourkorea.com)에서 출력사용 가능
응시수수료 20,000원</td></tr>
<tr><td>특2등급 이상 호텔의 임원(상근)으로 3년 이상 종사한 경력이 있는 자</td><td>영어공인시험 성적증명서 1부
경력(재직)증명서(소정양식) 1부
임원으로 명시된 법인등기부등본 1부</td></tr>
<tr><td rowspan="3">호텔관리사
(1,2급 지배인)</td><td>호텔서비스사 또는 조리사 자격을 취득한 후 관광숙박업소에서 3년 이상 종사한 경력이 있는 자</td><td>영어 공인시험 성적증명서 1부
경력(재직)증명서(소정양식) 1부
자격증사본(원본지참) 1부</td></tr>
<tr><td>「고등교육법」에 의한 전문대학의 관광분야 학과를 졸업한 자(졸업예정자를 포함한다) 또는 관광분야의 과목을 이수하여 다른 법령에서 이와 동등 이상의 학력이 있다고 인정되는 자</td><td rowspan="2">영어공인시험 성적증명서 1부
졸업(예정)증명서 1부</td></tr>
<tr><td>「고등교육법」에 의한 대학을 졸업한 자(졸업예정자를 포함한다) 또는 다른 법령에서 이와 동등 이상의 학력이 있다고 인정되는 자</td></tr>
<tr><td>호텔
서비스사</td><td>연령 · 학력 · 경력 · 국적 제한 없음</td><td>영어, 일어, 중국어 중 1과목
공인시험 성적증명서 1부</td></tr>
</table>

3 외국어시험의 점수 제출기준

자격구분 시험명		호텔 서비스사	호텔 관리사	호텔 경영사	만점
영어	TOEIC	490점 이상	700점 이상	800점 이상	990점
	TEPS	381점 이상	670점 이상	728점 이상	990점
	TOEFL(CBT)	147점 이상	207점 이상	230점 이상	300점
일본어	JPT	510점 이상	-	-	990점
	日(NIKKEN)	500점 이상	-	-	1000점
중국어	HSK	244점 이상	-	-	400점

• 응시원서 접수 · 마감일로 부터 2년 이내에 실시한 시험에서 취득한 점수

4 시험방법 및 과목

<table>
<tr><th rowspan="2">구분</th><th rowspan="2">자격</th><th rowspan="2">필기시험
(과목당 25문)</th><th rowspan="2">외국어시험</th><th colspan="2">면접시험</th></tr>
<tr><th>평가내용</th><th>평가방법</th></tr>
<tr><td rowspan="3">시험방법
및
시험과목</td><td>호텔
경영사</td><td>관광법규(10%)
호텔회계론(30%)
호텔인사 및
조직관리론(30%)
호텔마케팅론(30%)</td><td>공인외국어시험(영어)성적으로 대체</td><td rowspan="3">국가관 · 사명감 등 정신 자세 전문 지식 과 응용 능력 예의 · 품행 및 성실성 의사발표의 정확성과 논리성</td><td rowspan="3">영어구사
능력평가
호텔관광
상식평가</td></tr>
<tr><td>호텔
관리사</td><td>관광법규(30%)
관광학개론(30%)
호텔관리론(40%)</td><td>공인외국어시험(영어)성적으로 대체</td></tr>
<tr><td>호텔서
비스사</td><td>관광법규(30%)
호텔실무(현관, 객실, 식당중심)(70%)</td><td>영어, 일어, 중국어 택일. 외국어능력시험으로 인정(대체)</td></tr>
<tr><td colspan="2">합격결정기준</td><td>매 과목 4할 이상, 전 과목의 점수가 위의 배점비율로 환산하여 총점의 6할 이상</td><td>불, 독, 서, 노어 관광통역안내사는 총점의 6할 이상</td><td colspan="2">총점의 6할 이상</td></tr>
</table>

5 시험과목 면제기준

구분	면제범위	대 상 자	제출서류(각 1부)
공 통	필기 및 외국어 시험 면제	필기시험 및 외국어시험에 합격하고 면접시험에 불합격한 자에 대하여는 다음 회의 시험에 한하여 면제	
호텔 경영사	시험전부 면제	국내호텔과 체인호텔 관계에 있는 국외호텔에서 호텔경영업무에 종사한 경력이 있는 자로서 해당 국내체인호텔에 파견 근무하고자 하는 자(시험일자와 관계없이 연중 수시접수)	경력(재직)증명서 인사명령서
	필기시험 전부면제	호텔관리사 중 종전의 1급지배인 자격을 취득한 자로서 그 자격을 취득한 후 특2등급 이상의 관광호텔에서 부장급 이상으로 3년 이상 종사한 경력이 있는 자	자격증사본(원본 지참) 경력(재직)증명서 (소정양식)
		호텔관리사 중 종전의 1급지배인 자격을 취득한 자로서 1등급 관광호텔의 총괄관리 및 경영업무에 3년 이상 종사한 경력이 있는 자	자격증사본(원본 지참) 경력(재직)증명서 (소정양식)
호텔 관리사	필기시험 전부면제	고등교육법에 의한 4년제 대학 이상의 학교에서 호텔경영분야를 전공하고 졸업한 자 또는 졸업예정자	졸업(예정)증명서
호텔 서비스사	필기시험 전부면제	초, 중등교육법에 의한 고등학교 또는 고등기술학교 이상의 학교에서 관광분야의 학교를 이수하고 졸업한 자(졸업예정자를 포함한다)에 대하여 필기시험을 면제	졸업(예정)증명서
		관광숙박업소의 접객업무에 2년 이상 종사한 경력이 있는 자에 대하여 필기시험을 면제	

참고문헌

이정학(2012). 호텔식음료실습 3판. 기문사

이정학(2012). 주류학개론 2판, 기문사

이정학(2008). 관광마케팅 2판, 기문사

이정학(2013). 서비스경영 4판, 기문사

이정학(2013). 호텔연회 & 컨벤션, 기문사

이정학(2014). 호텔객실실무, 기문사

이정학(2002). 호텔 객실영업성과지표와 일드율과의 상관관계 분석, 관광레저연구, 14(2), 65-76.

이정학(2013). 개화기 호텔발전사에 관한 연구. 관광레저연구, 25(5). 53-70.

경주콩코드호텔 객실매뉴얼

부산시관광협회(1997). 관광숙박업서비스업무(식음료분야)

하얏트호텔 객실매뉴얼

한국관광공사(1991). 호텔서비스연구

한국관광협회(1985). 한국관광호텔발전사

한국관광협회(1991). 관광호텔 서비스 매뉴얼

해운대그랜드호텔 세일즈 · 마케팅 매뉴얼

Angelo, R. M. & Vladimir, A. N.(1994). An Introduction To Hospitality Today, Educational Institute of American Hotel & Motel Association

Albert E. Kudrle & Melvin Sandler(1995). Public Relations for Hospitality Managers : Comminicating for Greater Profits, John Wiley & Sons, Inc.(우경진 역, 일신사)

Astrott, M. T. & Abby, J. R.(1978). Convention Sales and Service, Wm. C. Brown Company Publishiers

Davis, B., Lockwood, A., Stone, S.(1998). Food and Beverage Management, Butterworth-Heinemann

Fitzsimmons, J.A. & Fitzsimmons, M. J.(1998). Service Management, McGraw-Hill

Futrell, C.(1993). Fundamentals of Selling, Irwin Inc.

Gee, C.Y(1994). International Hotels, Educational Institute of The American Hotel & Motel Association

Kotas, R.(1986). Management Accounting for Hotels and Restaurants, Surrey University Press

Lattin, G. W.(1995). The Lodging and Food Service Industry, Educational Institute of The American Hotel & Motel Association

Marriott, J.W Jr. & Brown, K.A.(1997). "The Spirit to Serve", HarperCollins Publishers

Powers, T.(1995). Introduction to Management in the Hospitality Industry, John Wiley & Sons. Inc.

Rutherford, D. G.(1990). Hotel Management and Operations, Van Nostrand Reinhold

Hyatt Sales System

講談社(1996), 世界の名酒辭典

日本ホテル教育センター(1995), レストランの實務

찾아보기

ㅇ

ㅈ

ㅊ

ㅋ

기타

저자약력

저자 | 이 정 학

[학력 및 경력]

- 동아대학교 관광경영학과 졸업(1987년)
- 동아대학교 경영대학원(관광경영전공) 경영학석사(1999년)
- 동아대학교 대학원 관광경영학과 관광경영학박사(2004)
- Hyatt Regency Pusan(특1급) 등 10여년 근무
- 2000년 – 現, 울산과학대학교 교수(leejh@uc.ac.kr)

[수상경력]

- 경기대학교 주최 전국 대학생 관광학술논문 발표대회 우수상 수상(1985년)
- 문교부후원 제10회 전국 대학생학술연구대회 사회과학분야 장려상 수상(1985년)
- 세계 관광의 날 경상북도 관광협회 표창장 수상(1994년)
- 2008 관광의 날 문화체육관광부 장관 표창장 수상(2008년)

[저서]

- 호텔식음료실무론, 기문사, 1998
- 서비스경영, 기문사, 2001, 2판(2006), 3판(2009), 4판(2013), 5판(2016)
- 국제매너, 기문사, 2001
- 호텔경영의 이해 1판, 기문사, 2002, 2판(2008), 3판(2010), 4판(2015)
- 관광마케팅, 기문사, 2003, 2판(2008), 3판(2015)
- 호텔식음료실습, 기문사, 2004, 2판(2008), 3판(2012)
- 주류학개론, 기문사, 2005, 2판(2012)
- 외식사업경영실무론, 대왕사, 2005, 2판(2011)
- 관광학원론, 대왕사, 2005, 2판(2010), 3판(2013), 4판(2015)
- 현대사회와 매너, 기문사, 2006
- 호텔연회관리론, 기문사, 2006

- 축제이벤트, 대왕사, 2008, 2판(2011)
- 에티켓과 매너, 기문사, 2009
- 서비스마케팅, 대왕사, 2009
- 문화관광의 이해, 대왕사, 2011
- 레저의 이해, 대왕사, 2012
- 가비에서 카페라떼까지(한국 커피와 다방의 사회문화사), 대왕사, 2012
- 호텔연회 & 컨벤션 실무, 기문사, 2013
- 마케팅전략72계, 백산출판사, 2014
- 호텔객실실무, 기문사, 2014
- 의료관광학개론, 백산출판사, 2015
- 방어진 근대의 길을 걷다, 울산발전연구원, 2016

[기타]

- 2006~2010년 울산광역시 시정자문위원(문화관광분야) 역임
- 2008~2011년 한국관광협회중앙회 정책자문위원 역임
- 울산광역시 문화관광해설사 선정 심사위원
- 울산 세계옹기문화엑스포 조직위원 역임
- 울산지역 각종 축제 자문 및 추진위원 역임
- 울산시 고래관광산업진흥기획단 위원 역임
- 동해안권(울산, 경상북도, 강원도) 발전 공동협의회 위원
- 울산관광수기공모전 심사위원
- 관광통역안내사 자격시험 출제위원
- 울산 관광상품 개발 공모전 심사위원
- 2014년 – 현 : 문화관광해설사 배치위원회 위원
- 2015년 – 현 : 동해안권 발전 공동협의회 위원
- 2015년 – 현 : 동남권(부산, 울산, 경남) 관광협의회 위원
- 2016년 – 현 : 울산광역시 북구 관광진흥위원회 위원
- 2016년 – 현 : 푸른 울산21 환경경위원회 위원
- 2012년 – 현 : 울산 시티투어 자문 및 평가위원
- 2016년 – 현 : 2017 울산방문의 해 추진협의회 위원
- 2016년 – 현 : 태화강 생태관광협의회 대표
- 2016년 – 현 : 울산광역시 의정자문 위원
- 2017년 – 현 : 한국관광레저학회 부회장

호텔경영의 이해

2002년 1월 10일 초　판 발행
2007년 7월 25일 2판 1쇄 발행
2010년 1월 30일 3판 1쇄 발행
2015년 2월 25일 4판 1쇄 발행
2018년 2월 25일 5판 1쇄 발행
2019년 8월 31일 5판 3쇄 발행

저　자 이 정 학
발행인 한 인 환
발행처 도서출판 **기 문 사**
등　록 1978. 8. 9. NO. 6-0637
주　소 서울시 동대문구 안암로 50-1(용두동) 홍신빌딩 3층
전　화 02) 2265-7214/922-8662~8663
팩　스 02) 922-8772

homepage : www.kimoonsa.co.kr
e-mail : book@kimoonsa.co.kr

ISBN : 978-89-7723-775-9 93320

정가 : 23,000원